I0517706

SÉ UN HÉROE
DESCIFRA TU GRANDEZA

HERO

Copyright © Alessio Favaretto

Todos los derechos reservados.
Ninguna parte de este libro puede ser reproducida, almacenada en un sistema de recuperación, comunicada o transmitida, en ninguna forma ni por ningún medio — electrónico, mecánico, fotocopia, grabación u otro — sin el permiso previo por escrito del editor o del autor, excepto en los casos permitidos por la ley de derechos de autor aplicable, incluyendo las disposiciones de uso justo con fines como crítica, comentario, información, enseñanza, estudio o investigación. Los derechos morales del autor han sido afirmados.
Toda consulta debe dirigirse a: info.beahero@gmail.com

Autor, Diseño, Notas al pie: Alessio Favaretto
Título original en inglés: BEA HERO: Decode Your Greatness
Editor original (versión en inglés): Galilee Masterson
Título en español: SÉ UN HÉROE: Descifra Tu Grandeza
Versión: 2025/1.0/

ISBN: 978-1-969117-02-2 (Primera Edición a todo color - Tapa blanda)
ISBN: 978-1-969117-09-1 (Edición en blanco y negro - Tapa blanda)
ISBN: 978-1-969117-10-7 (Versión a color - Kindle)
ISBN: 978-1-969117-114 (PDF a color - Edición digital)

Descargo de responsabilidad
El asesoramiento proporcionado en esta publicación es únicamente de carácter general. Ha sido preparado sin tener en cuenta sus objetivos, situación o necesidades personales. Antes de actuar según este asesoramiento, debe considerar si es apropiado para usted, teniendo en cuenta sus propios objetivos, circunstancias y necesidades. En la máxima medida permitida por la ley, el autor y el editor renuncian a toda responsabilidad frente a cualquier persona, ya sea directa o indirectamente, que actúe o deje de actuar en base a la información contenida en esta publicación. Las estrategias y el contenido de este libro, salvo donde se indique lo contrario mediante una cita o número de referencia, son propiedad intelectual de BEA HERO™. Este libro puede contener enlaces a productos de Amazon u otros enlaces de afiliados, y podríamos obtener una comisión por ventas calificadas.

Editorial: BEA HERO™

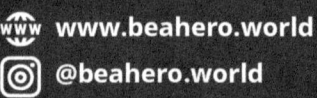

www.beahero.world

@beahero.world

> Nuestros cuerpos mueren, pero las palabras—como el alma—perduran.

CÓDIGO BEA HERO™

Memoriza esta frase.
Forma parte del
CÓDIGO BEA HERO™

Dedicatoria

A los Héroes —
a quienes ya han hecho su juramento,
y a quienes sienten el llamado despertando dentro de sí —
este viaje nunca fue pensado para recorrerse en soledad.

Si este libro te habla... si la misión resuena en tu corazón...
entonces considera esto tu invitación.
Únete a nosotros.

Camina a nuestro lado — no solo como un Héroe en formación,
sino como **un Mentor Héroe, un coach, un amigo,**
una guía para quienes apenas comienzan.

Tu historia, tu lucha, tu transformación — importan.
El mundo no necesita personas perfectas.
Necesita personas reales — dispuestas a levantarse, a servir,
a liderar con el corazón.

Así que, sea cual sea la forma en que vivas este viaje...
Bienvenido. Caminémoslo juntos.

BEA HERO™

El Código BEA HERO™

1. Héroe, ¿Dónde estamos?
En el Paraíso.

2. ¿Quiénes somos?
Increíbles.

3. ¿Hoy y mañana?
Héroes.

4. ¿Cómo podemos convertirnos en héroes?
Siguiendo el mapa hacia la grandeza.

5. ¿Dónde comienza la grandeza duradera?
Creando valor.

6. ¿Cuáles son los tres tesoros de la vida?
Mis raíces, mis amigos y los libros.

7. ¿Cuáles son las tres madres de todas las habilidades?
Aprender, practicar y enseñar.

8. ¿Entonces, por qué estamos aquí?
Para crecer y marcar la diferencia.

9. ¿Qué sucede cada día?
Cada día mejoramos más y más... cada día.

10. ¿Cuáles son los dos días más importantes de tu vida?
El día en que nací.

11. ¿Y el segundo?
El día en que descubro por qué.

12. ¿Cómo debes tratar tu cuerpo?
Como un templo.

13. ¿Y tu mente?
Como el suelo más fértil.

14. ¿Por qué?
Porque los pensamientos son las semillas de la mente.

15. ¿Cuál es la diferencia entre lo positivo y lo negativo?
Solo el pensamiento lo determina.

16. ¿Qué te hace invencible?
Mi pasión.

17. ¿De qué tienes control total?
De mis sueños.

18. ¿Qué nunca deberías permitir que ocurra?
Que las opiniones de los demás se conviertan en mi realidad.

19. ¿Por qué?
Porque las personas no pueden ver en ti lo que no pueden ver en sí mismas.

20. ¿Cuál es la clave de todo éxito?
La acción positiva.

21. ¿Qué es la decepción?
Una cita con la expectativa.

22. Entonces, ¿de qué deberías enamorarte?
De los hechos, no de las promesas.

23. ¿Qué deberías hacer cuando las cosas salen mal?
Disciplinar mi decepción.

24. ¿Y si salen realmente mal?
Tener fe.

25. ¿Y luego?
Sigue sembrando.

26. ¿Qué tan lejos estás de alcanzar tus metas?
A dos milímetros.

27. ¿Dónde está escondido tu tesoro?
En la cueva que temo entrar.

28. ¿De qué deberías tener miedo?
De mi grandeza.

29. ¿Dónde se encuentra la grandeza?
Detrás de mi mayor M.I.E.D.O. (Mentiras Imaginarias Engañando Destrozando Oportunidades)

30. ¿Qué es la realidad?
El significado de la percepción.

31. ¿Y la imaginación?
La verdadera puerta de entrada a la realidad.

32. ¿Qué es posible?
Vivir una vida extraordinaria.

33. ¿Cómo puedes comprender la vida?
Hacia atrás.

34. ¿Pero cómo debe vivirse?
Hacia adelante.

35. ¿Qué no puedes detener?
El futuro.

36. ¿Qué no puedes rebobinar?
El pasado.

37. Entonces, ¿cuál es el secreto de la vida?
Darle al "play".

38. ¿Qué determina tu destino?
La posición de la vela.

39. ¿Qué tan fuerte es tu fortaleza?
Tan fuerte como mi puerta más débil.

40. ¿Cuál es tu mayor obstáculo?
Yo mismo.

41. ¿Cuál es tu mayor problema?
Yo mismo.

42. ¿Quién es tu peor enemigo?
Yo mismo.

43. ¿Por qué?
Porque si no hay enemigo en nuestro interior, el enemigo exterior no puede hacernos daño.

44. ¿Cuál es la venganza más dulce?
El éxito masivo.

45. ¿Qué es la S.U.E.R.T.E.?
Sudar Utilizando Estrategia, Responsabilidad, Trabajo y Esfuerzo.

48. ¿Dónde está la suerte?
Donde la preparación se encuentra con la oportunidad.

49. Entonces, ¿qué hace a un ganador?
Un soñador que nunca se rinde.

50. ¿Qué es lo mejor que pasó hoy?
Que aún estamos vivos.

51. ¿Y lo segundo mejor?
Que estamos juntos.

52. ¿Y el resto?
Historia.

53. ¿Y el mañana?
Es un misterio.

54. ¿Y el hoy?
Es un regalo.

55. ¿Por qué?
Porque por eso se llama "presente"

56. ¿Cómo deberías vivir el presente?
Sin arrepentimientos.

57. ¿Qué es la edad?
Una medida de la ilusión.

58. ¿Por qué?
Porque la edad, como la vida, no se mide por la cantidad de respiraciones que tomamos, sino por los momentos que nos dejan sin aliento.

59. ¿Cómo nos ganamos la vida?
Por lo que recibimos.

60. ¿Y una vida?
Por lo que damos.

61. ¿Cuál es la primera cosa que nunca puedes recuperar?
El tiempo.

62. ¿Y la segunda?
Los recuerdos.

63. Entonces, ¿cuál es el propósito final?
Ser feliz y sentirse realizado.

64. ¿Y qué hay más allá?
Alcanzar la armonía con todo lo que es.

65. ¿Qué poder tienen tus palabras?
La manifestación primordial de mi mundo.

66. ¿Por qué?
Porque aunque nuestro cuerpo muera, nuestras palabras — como el alma— perduran

67. Entonces, ¿por qué hacemos lo que hacemos?
Por amor.

Contenido Hacia La Grandeza

En las páginas que siguen, comenzarás un viaje transformador. Cada capítulo se construye sobre el anterior — **nada de saltarse pasos.** Esto es un campo de entrenamiento para la vida, y cada paso cuenta. Caminémoslo juntos, una fase a la vez.

Vine, vi, vencí..

JULIO CÉSAR
GENERAL ROMANO Y EX CÓNSUL DE ROMA

Agradecimientos

Llega un momento en todo viaje en que el corazón debe hacer una pausa... para dar gracias.

A mi madre — por su fuerza silenciosa y su feroz negativa a rendirse cuando la causa era justa.

A mi padre — por la paciencia que sanó, y por el corazón que se mantuvo firme.

Soy el eco de sus sueños, el aliento de su valentía.

En mí, lo imposible se volvió posible — porque ellos me enseñaron a creer.

A mis amigos más queridos:

Sus voces me guiaron entre tormentas. Me advirtieron cuando me desvié, rieron conmigo cuando tropecé, y estuvieron a mi lado sin condición.

Ustedes son la memoria de la alegría — tejida en las páginas de esta vida.

A cada alma que me ha guiado — o que simplemente observé desde lejos:

Su valentía, sus decisiones, su presencia... se convirtieron en estrellas que seguí en la noche.

Ustedes son los arquitectos invisibles de los cimientos de este libro.

A Daniel Chadeyras — "Macro":

Tu lealtad es rara. Tu visión, audaz. Desde el primer susurro de BEA HERO™, estuviste a mi lado, no como una sombra, sino como un hermano en el fuego. Esta misión respira gracias a ti.

A mi primo Alessandro:

Ayudaste a llevar la visión de Héroe directamente al mundo antes de que siquiera supiera que existía.

Juntos, subimos sueños — un video a la vez — cada uno ahora una llama silenciosa dentro del curso LifeMasters.

A Rudi Sturlese:

Nos recuerdas a todos... que lo imposible es solo una palabra — hasta que se rompe.

Y a los Héroes que hicieron su juramento antes de que este libro tocara siquiera las manos de un lector — en la cima de montañas o bajo la primera luz del día, levantando cascos con el corazón completamente abierto...Los vi. Los sentí. Fueron el amanecer antes del alba.

Ahora, este libro es suyo. En su interior hay acertijos y revelaciones — chispas enterradas bajo cada página. Le entregué todo. Y aunque no pretendo tener todas las respuestas, creo, como ustedes, que el mundo merece lo mejor de nosotros.

Que encuentren lo que no se puede comprar — la alegría sin condición, la libertad sin miedo, y un amor que los lleve de vuelta a casa. Creo que lo lograrán. Sus ojos ya cargan la verdad.

Y si alguna vez hay más por dar — más por hacer — por este camino, por este propósito...Lo haré.

INTRODUCCIÓN ·····

HERO

Mejoras del Libro

Nota:
Las referencias están en **su idioma original (inglés)**. La mayoría de los videos de YouTube permiten subtítulos o traducción al español.

Toca para reproducir el video..

Libros en papel:
Escanea este código QR para acceder a todos los enlaces de recursos de BEA HERO (en inglés):
https://www.beahero.world/ beaherobookresources

eBooks:
Pasa el cursor sobre la etiqueta para abrir el enlace directo.

Soy tu etiqueta de referencia. Haz clic en mí y te llevaré al reino en línea.

HERO

Mi Deseo

Mi primer deseo para ti es que te conviertas en un **Héroe en formación**. A lo largo de este libro, utilizaré esta expresión para describir el proceso de tu viaje de transformación, durante el cual, si tienes éxito, serás capaz de superar cualquier desafío que la vida te presente. Para acelerar tu camino, te equiparé con las herramientas, estrategias y actitudes más efectivas que he aprendido de las mejores personas que he conocido.

Recuerda que **nada, salvo tú mismo, puede impedirte alcanzar tu verdadero propósito.**

Como ya sabes, la vida no es un camino lineal. Está llena de desafíos y trampas. Pero ¿alguna vez has pensado que casi todos los problemas son situaciones temporales?
Requieren que te hagas más grande que el problema. ¿Y adivina quién tiene **la solución? Tú —o alguien a tu alcance.** El eslabón perdido que estás buscando ya está dentro de ti... o más cerca de lo que crees.

Así que, si puedes soñarlo, puedes lograrlo.
Y como consejo, te recomiendo que no seas duro contigo mismo. Incluso si eres inteligente, ambicioso o fuerte, un ejército, un equipo de cien personas siempre tendrá más probabilidades de tener éxito.

Así que, concéntrate en pedir ayuda cuando sientas que te estás desmoronando. Cuando domines el contenido de este libro, serás verdaderamente imparable.

Ya tienes una ventaja: el destino ha puesto este libro en tus manos. Así que, si estás dispuesto a aceptar el desafío, con un poco de disciplina, ya puedo imaginarte tomando el tiempo para desarrollar tus pasiones, aprender más, ser más y ayudar más.

Finalmente, alcanzarás las habilidades necesarias para ser quien quieras ser, hacer lo que quieras hacer y llegar adonde quieras ir.
Sabrás cómo hacer que las cosas sucedan, y en ese momento, expandirás tus valores, tus experiencias, para crear aún más, soñar más... o construir algo extraordinario.

Tendrás la confianza para tomar ese curso, ir a ese taller, postularte a ese puesto con propósito, aprender ese deporte o invitar a salir a esa persona maravillosa.

El mundo, más que nunca, necesita más arte, más música, más risas, más pasión, más amor, **más... tú.**

Así **que comencemos tu viaje como Héroe.**

Mi segundo y último deseo es **dejar este planeta mejor de lo que lo encontramos.** No tenemos derecho a robarles a las futuras generaciones. **La historia ha sido cruel**, **y creo que la causa** principal se resume en un solo elemento: **la corrupción.**

Debemos liberar al mundo de esta enfermedad humana que lo ha infectado todo: desde las grandes empresas que financian políticos, poseen los medios de comunicación y controlan las fuerzas del orden y los sistemas de justicia, hasta la forma en que funciona nuestro sistema educativo y el uso del lenguaje legal. Sigue el dinero... y descubrirás la verdad.

¿Qué verdad?
La verdad que muchas veces se silencia a través del miedo, asesinatos encubiertos, distracciones, propaganda, verificadores de hechos manipulados, transhumanismo, y agendas de control sobre la población mundial y los recursos — todo financiado por los mismos pocos multimillonarios que controlan la mayor parte de la riqueza global y juegan a ser dioses en esta tierra, muchas veces en secreto.

Y mientras más observo, más claro veo que su papel está diezmando el medio ambiente, sus incontables especies, y arrojando vergüenza sobre la raza humana y su potencial pleno de iluminación y libertad.

¿El resultado?
Nuestras libertades se están desvaneciendo ante nuestros ojos; los derechos humanos inalienables se están convirtiendo en privilegios.

Nuestros cuerpos ya no son decisiones propias, nuestra privacidad ha desaparecido, y nuestros pensamientos se han transformado en instrumentos de algoritmos de inteligencia artificial diseñados para superarnos, convirtiéndonos en una carga desechable programada para un "reinicio", donde pronto será la IA quien determine nuestro destino.

Mientras escribo este libro, estamos al borde de una Tercera Guerra Mundial, con ojivas nucleares capaces de reducir este planeta azul a polvo.

Esa es la mentalidad de los psicópatas codiciosos y sedientos de poder con los que estamos tratando. Luchan por un gramo de arena y una gota de petróleo, mientras que sobre nuestras cabezas se extiende una galaxia abundante a nuestra disposición.

La Primera Guerra Mundial costó 208 mil millones de dólares. La Segunda Guerra Mundial, cuatro billones. Y en 2020, el gasto militar global fue de casi dos billones. Así que haz las cuentas y dime dónde estaríamos hoy si ese dinero se hubiera invertido en algo que empodere a la humanidad, en lugar de alimentar las devastadoras consecuencias de la guerra y el control total. Los desafíos que enfrentamos en esta vida son enormes...
Y lo único que te exijo es que te conviertas en tu mejor versión, ¡en lo máximo que puedes ser!

Sigue el dinero, y encontrarás a la mafia.

GIOVANNI FALCONE
JUEZ ITALIANO Y FIGURA DESTACADA EN LA LUCHA CONTRA EL CRIMEN ORGANIZADO, ESPECIALMENTE CONTRA LA MAFIA SICILIANA.

DEDICÓ SU CARRERA A INVESTIGAR Y ENJUICIAR DELITOS RELACIONADOS CON LA MAFIA, GANÁNDOSE UNA REPUTACIÓN POR SU INQUEBRANTABLE COMPROMISO CON LA JUSTICIA.

TRÁGICAMENTE, FALCONE FUE ASESINADO POR LA MAFIA EN 1992 EN UN ATENTADO CON BOMBA CERCA DE PALERMO, SICILIA, JUNTO CON SU ESPOSA Y TRES ESCOLTAS.
, ALONG WITH HIS WIFE AND THREE BODYGUARDS.

Ranking de Corrupción por País

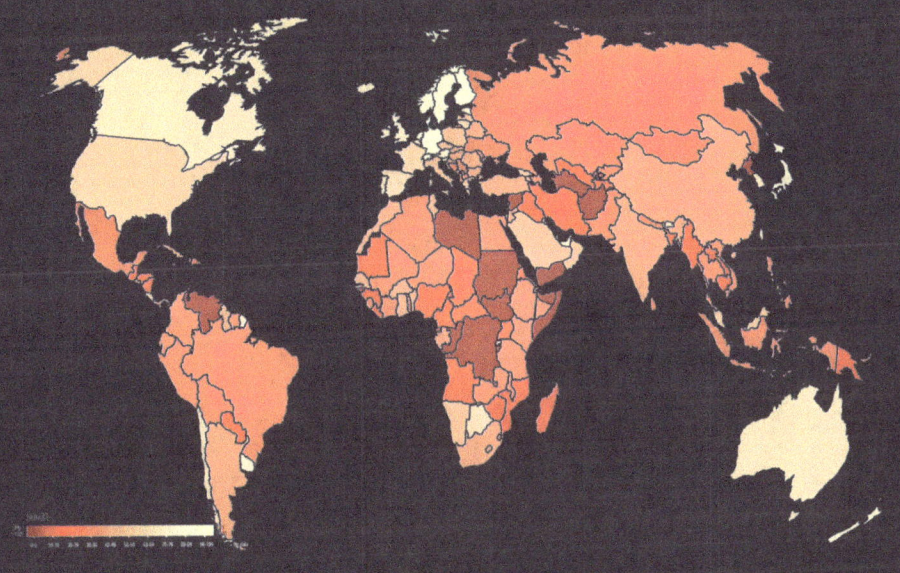

POR TRADING ECONOMICS
DICIEMBRE DE 2021

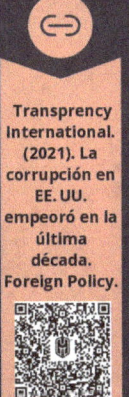

Transprency International. (2021). La corrupción en EE. UU. empeoró en la última década. Foreign Policy.

Tú, yo, nosotros... debemos volvernos intocables. Ya no podemos tener miedo de hacer lo correcto, de abrazar la verdad, de hacer las preguntas, de crear valor en cada acción y de buscar justicia. ¿Cómo? Debemos desarrollar el corazón de un león, la piel de un rinoceronte y la visión de un águila para convertirnos en el antídoto contra la corrupción.

Así que ya no temas hacer lo correcto, ya no temas las voces del pasado, ya no aceptes lo que el sistema o alguien detrás de una pantalla te diga sin pruebas reales.

La verdad exige respuestas, no censura. La justicia exige acción, no excusas. Con la inteligencia artificial buscando preservarse a toda costa, y nuestra generación totalmente digitalizada en sistemas como MetaMask, seguir siendo verdaderamente humanos se ha convertido en un reto.

Desde nuestro ADN vacunado hasta microimplantes que "mejoran" nuestras habilidades, y datos biométricos que rastrean todo lo que hacemos —incluso nuestros pensamientos y latidos— ¿cómo puede esto hacernos más humanos, si todo está controlado por un servidor de datos en la nube? Y mientras avanzamos hacia una sociedad totalmente sin efectivo y se imponen impuestos al carbono diseñados para restringir lo que comemos, adónde viajamos y cómo vivimos... enfrentamos una pérdida aún más profunda: la erosión del pensamiento libre, de la libertad de acción y de la libertad emocional.

En este sistema emergente, ya no somos seres soberanos — somos productos: monitoreados, modificados y gestionados para el beneficio de la máquina.

¿Por dónde empezamos?
Empieza por enseñarte a crear valor, no dinero. Cuando nos enfocamos en generar valor —ya sea construyendo relaciones, siguiendo un propósito o contribuyendo a algo más grande que nosotros mismos— activamos una vida con sentido y plenitud.

El verdadero éxito no está en lo que acumulamos, sino **en el impacto positivo que dejamos** y en las vidas que tocamos. Al aportar valor primero, **creamos un efecto dominó** que transforma nuestras vidas... y el mundo.

Tú, hombre, no pierdas tu esencia masculina. Defender y proteger está en tu núcleo. Despierta tu coraje innato como un rugido.
Tú, mujer, eres más fuerte que el hombre. Eres diosa de este planeta; tu espíritu amable y nutritivo es lo que nos salvará y nos mostrará el camino.

"Solo tenemos una vida... haz que valga." Siempre te apoyaré como mi Héroe. Y ahora, sin más... es tu momento de convertirte en leyenda.

Alessio Favaretto

Fundador de BEA HERO™

¿Dónde comienza la grandeza duradera?
Creando valor.

CÓDIGO BEA HERO™

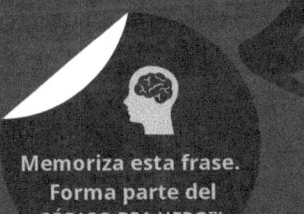

Memoriza esta frase.
Forma parte del
CÓDIGO BEA HERO™

¿POR QUÉ SER UN HÉROE?

HERO

El significado de Héroe

¿Qué distingue a un Héroe de los demás? Un Héroe suele definirse como alguien que sacrifica su vida por la de otro, alguien que lo arriesga todo y actúa para salvar la vida de otra persona.

¿Pero qué hay de tu propia vida? En el instante en que te atreves a seguir tus sueños, a nadar contra la corriente, a navegar aguas desconocidas, a perseguir aquello que crees que vale la pena vivir, a conquistar tu propósito, ¿no te estás convirtiendo en un Héroe en formación?

Tarde o temprano, **crecerás lo suficiente como para cumplir tu misión.** Al hacerlo, **habrás transformado tu vida** de la oscuridad a la luz, de la desesperación al logro, del dolor a la alegría... y algo muy mágico ocurrirá.

En el momento en que tus sueños se hacen realidad, te conviertes directa o indirectamente en una fuente de influencia para los demás. Gracias a **tu éxito**, una llama de inspiración **se encenderá en los corazones de otras personas.** Ellos también comenzarán a ver la luz de las posibilidades infinitas y, en lugar de simplemente seguir existiendo, tú habrás redimido su espíritu viviente.

Gracias a ti, **muchos ahora podrán visualizar su propósito, transformar sus vidas y convertirse en otro Héroe en formación.** Debes entender que la grandeza nace de la otra. Eso es lo que nos hace humanos. Ningún imperio ni gran misión fue jamás conquistado o logrado sin la ayuda de otros.

¿Entonces, qué estás esperando? ¡Sé un Héroe!

HERO

El Viaje

**TED
(2016).
El viaje del
héroe según
Joseph
Campbell.
YouTube.**

Asistencia
El Héroe necesita ayuda, probablemente de alguien mayor y más sabio.

 **Partida**
El Héroe cruza el umbral del antiguo mundo seguro hacia un nuevo mundo especial y lleno de aventuras.

Resultados
Los enemigos son derrotados, se rinden o siguen persiguiendo al Héroe.

 **Llamado a la Aventura**
A través de una invitación, un desafío o un mensaje misterioso.

 Pruebas
El Héroe es desafiado a actuar, resolver un enigma o enfrentarse a un monstruo.

 Tesoro
El Héroe reclama sus recompensas y recibe un reconocimiento especial.

 (8)

 Estado Actual
Todo viaje del héroe comienza en el mundo ordinario, el "estado existente".

 **Enfrentando al Dragón**
El Héroe debe atravesar y vencer su peor miedo.

Crisis
El Héroe enfrenta una crisis, posiblemente incluso muere, solo para renacer.

 **Compartir**
El Héroe comparte su experiencia y conocimiento.

 (9)

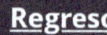

Regreso
Después de toda la aventura, el Héroe regresa a su mundo ordinario.

Nueva Vida
La misión ha transformado al Héroe, y ha superado su antigua forma de vivir.

 **Resolución**
El Héroe obtiene un nuevo rol en la sociedad y su experiencia es puesta en práctica.

Adaptado del modelo del Viaje del Héroe popularizado por Joseph Campbell.

¿Por qué estamos aquí? Para crecer y marcar la diferencia.

CÓDIGO BEA HERO™

Memoriza esta frase.
Forma parte del
CÓDIGO BEA HERO™.

1er Cuestionario del Hito

Este es el primero de una serie de cuestionarios de hito que completarás a lo largo de este libro. Elige las respuestas más correctas según las enseñanzas de BEA HERO™.

Las respuestas se encuentran al final de la página siguiente.

P1. ¿Qué define a un Héroe?
 a) Lo que otros piensan de mí.
 b) Alguien que es valiente.
 c) Alguien que salvó la vida de otra persona.

P2. ¿Podrías salvar la vida de alguien de forma indirecta?
 a) Sí.
 b) No, es imposible.

P3. ¿Qué ocurre en el momento en que tu sueño se hace realidad?
 a) La mayoría sentirá celos y creerá que soy especial.
 b) Inspiraré a otras personas a perseguir también sus sueños.
 c) Probablemente les diré que no persigan sus sueños.

P4. ¿A qué se refiere el término "Héroe en formación"?
 a) A alguien dispuesto a conquistar su propósito a pesar de los riesgos.
 b) A alguien que se siente importante.
 c) A alguien que sigue el camino tradicional contra su voluntad.
 d) A alguien que escucha y hace lo que otros le dicen.

P5. ¿Cuál es la respuesta correcta del Código BEA HERO™: "¿Por qué estamos aquí?"
 a) Para ser felices y sentirnos plenos.
 b) Para crecer y marcar la diferencia.
 c) Para ser diferentes y únicos.

P6. ¿Cuál fue la cita de Joseph Campbell en el video anterior sobre el viaje del Héroe?
 a) Todo héroe tiene mil rostros.
 b) La cueva en la que temes entrar guarda el tesoro que buscas.
 c) Para ser diferente y único.
 d) El privilegio de toda una vida es ser quien eres.

P7. ¿Recuerdas la secuencia del viaje del Héroe según J. Campbell?
 a) Estado Actual, Asistencia, Pruebas, Llamado a la Aventura, Partida, Regreso, Nueva Vida.
 b) Partida, Enfrentar al Dragón, Pruebas, Tesoro, Nueva Vida, Estado Actual...
 c) Llamado a la Aventura, Asistencia, Partida, Pruebas, Crisis, Tesoro, Regreso...

Respuestas: 1. c, 2. a, 3. b, 4. a, 5. b, 6. b, 7. c

Nos elevamos al levantar a los demás.

ROBERT INGERSOL
ABOLICIONISTA, ORADOR, HUMANISTA

2

HERO

NUESTRO EMBLEMA Y DIAMANTE

El Emblema de BEA HERO™

Como probablemente ya sabes, **los símbolos ejercen una influencia poderosa.** Las señales de tráfico, por ejemplo, son símbolos con significados simples. Otros poseen significados más profundos. A su manera, los símbolos son una puerta poderosa hacia los niveles más profundos y menos conscientes de la experiencia humana. Incluso pueden evocar emociones y recuerdos profundos.

La palabra "logo" proviene del griego "Logos", que significa "razón". Por eso, en **BEA HERO™** creé **un logo que representa un casco galeo, inspirado en los griegos y romanos, como el** de un guerrero.

Considéralo como nuestro escudo de armas o emblema. Esta galea ahora es tuya y te acompañará a lo largo de este libro y más allá. Toma este casco e imagina que lo llevas puesto. Tu cabeza está dentro de él.

Cuando mires este logo, estarás mirando de regreso hacia ti; **simboliza oficialmente el viaje del Héroe.**

Esta galea está aquí para protegerte, confundir a tu enemigo y ocultar tus debilidades. Valórala como prueba de tu fase de transformación y como un amuleto de buena fortuna.

"Erit Heros," traducido del latín como "Be a Hero" (Sé un Héroe), es nuestro lema, que encapsula nuestros ideales como individuos y como comunidad en crecimiento.

HERO

El Diamante del Héroe

Llegará un momento en que ya no necesitarás un casco ni una insignia para proclamar quién eres en realidad: un ser humano invencible. En ese punto, habrás alcanzado lo que, metafóricamente, clasifico como El Héroe del Diamante.

Un diamante posee muchas propiedades poderosas, y alcanzar este título simbólico significa volverse **inconquistable, comprometido con tu propósito y fiel a ti mismo.** La energía que irradiarás hacia los demás será una fuerza enriquecedora de inspiración, abundancia y sabiduría intelectual.

La mayor parte de tu grandeza no será egocéntrica; surgirá de reflejar el brillo en los ojos de los demás, el resplandor en sus corazones y el espléndido espectro multicolor de su manto imaginativo y su ingenio. Esto resalta que **lo que hacemos en la vida por los demás resuena en la eternidad.**

Lo que la mayoría no sabe es que cada diamante fue originalmente un fragmento de carbono. Aún más fascinante es que nuestro cuerpo humano está compuesto en un 18% por este mismo elemento.

De hecho, la vida no existiría sin el carbono, ya que es el principal componente químico de casi todo lo que hay en nuestro cuerpo. En ese punto, habrás alcanzado lo que, metafóricamente, clasifico como El Héroe del Diamante.

¿Qué pasaría si fueras un pedazo de carbono en proceso de brillar como un diamante?

Tres elementos: calor extremo, presión extrema y tiempo. En tu viaje de Héroe, se necesitarán los mismos **extremos —pasión, tenacidad y paciencia—** para romper los engaños y revelar la verdad en su forma más pura, como un diamante.

¿Dónde comienza este viaje?

Para los diamantes, comienza a cientos de kilómetros de profundidad bajo la superficie de la Tierra. De manera similar, **tu transformación ocurre en lo más profundo de ti mismo, lejos de los ojos del mundo.**

¿Cómo se encuentran los diamantes?

Emergiendo desde las profundidades del manto terrestre, los diamantes llegan a la superficie mediante erupciones volcánicas explosivas, mientras que otros permanecen en el manto, esperando su momento para brillar.

Del mismo modo, tu ascenso hacia el cielo del logro puede ocurrir de forma inesperada o llevar toda una vida. Prepárate para ese momento en que llegue.

Así **que abraza tu esencia inherente**; desde tu origen, tus átomos han girado hacia la grandeza y la perfección.

¿Cómo podemos convertirnos en un Héroe? Siguiendo el mapa hacia la grandeza.

CÓDIGO BEA HERO™

Memoriza esta frase. Forma parte del CÓDIGO BEA HERO™.

2er Cuestionario del Hito

Este es el segundo de una serie de cuestionarios de hito que encontrarás en este libro. Elige las respuestas más acertadas según las enseñanzas de BEA HERO™.

Las respuestas se encuentran al final de la página siguiente.

P1. ¿Qué características visuales representa el logo de BEA HERO™?
a) Se asemeja a la imagen de un casco galea.
b) Es una máscara genial.
c) Es una gran letra "H" en forma de rostro.

P2. ¿Recuerdas el origen de la palabra griega "Logo"?
a) Era un dios griego.
b) Significa "imagen".
c) Significa "razón".

P3. ¿Por qué se creó el logo de BEA HERO™?
a) Como símbolo para identificar la marca.
b) Como símbolo que representa mi viaje de Héroe y me protege en el camino.
c) Principalmente como símbolo de buena suerte.

P4. ¿Cuál es la respuesta correcta del Código BEA HERO™: "¿Cómo podemos convertirnos en un Héroe?"
a) Siguiendo a otros héroes.
b) Siguiendo el mapa hacia la grandeza.
c) Siguiendo el lema "Erit Heros".

P5. ¿Qué representa el título metafórico de un Héroe "Diamante"?
a) Un Héroe que se ha vuelto inconquistable, comprometido y sincero.
b) Un Héroe que ha superado todos los miedos.
c) Un Héroe con un nivel intelectual muy superior al de muchos.
d) Un Héroe que refleja un ego extremo.

P6. ¿Dónde ocurre principalmente el crecimiento personal hacia un "diamante" en un Héroe?
a) Eternamente hasta ser revelado.
b) En lo más profundo del ser, lejos de las miradas externas.
c) A través del reflejo y brillo en otras personas.
d) Desde los ecos de un ego extremo.

P7. ¿Qué se necesita para formar un diamante?
a) Tres mil millones de años.
b) Átomos de carbono que emergen violentamente durante erupciones volcánicas.
c) Carbono sometido a temperatura extrema, presión y un largo periodo de tiempo

Respuestas: 1. a, 2. c, 3. b, 4. b, 5. a, 6. b, 7

La vida no tiene límites, excepto los que tú mismo te impones.

LES BROWN
RECONOCIDO ORADOR MOTIVACIONAL Y AUTOR

HERO

Hagamos un repaso...

INTRODUCCIÓN: MI DESEO
- Hacerte imparable
- Si puedes soñarlo, puedes lograrlo
- Busca a otras personas cuando necesites una solución
- El mundo necesita más de ti
- Deja este planeta mejor de como lo encontramos
- Detén todas las formas de corrupción humana
- Vuélvete intocable
- ¡Conviértete en tu mejor versión absoluta!

CAPÍTULO 1: ¿POR QUÉ SER UN HÉROE?
- ¿Qué define a un héroe?
- Seguir tus sueños te convierte en un héroe en formación
- Conquistar tu misión enriquece tu vida e inspira a otros a seguir su propósito
- Gracias a ti, otros se convertirán en héroes en formación
- La grandeza nace unos de otros
- "El Viaje del Héroe" de J. Campbell

CAPÍTULO 2: NUESTRO EMBLEMA Y DIAMANTE
- Se asemeja a tu casco "galea"
- Te protegerá, confundirá a tu enemigo y ocultará tus debilidades
- Es una prueba personal de tu fase de transformación
- Es un amuleto de buena fortuna
- Es el primer elemento que simboliza tu camino como Héroe en formación
- "Erit Heros", del latín "Sé un Héroe", es nuestro lema

EL HÉROE DEL DIAMANTE
- Inconquistable, comprometido y fiel a sí mismo
- Recorriendo las propiedades y el viaje de los diamantes
- Requiere pasión extrema, tenacidad y paciencia
- Lo que brilla en la vida resuena en la eternidad

3

PRINCIPIOS DEL HÉROE I, II

HERO

Enfoque Humanista

Formarte como un héroe es el objetivo final de este libro, y lograr esta transformación depende de abrazar cinco principios fundamentales.

En primer lugar, se trata de inculcar un **enfoque humanista** dentro de nuestro Héroe.

BEA HERO™ no se trata simplemente de obtener beneficios con libros o productos. A diferencia de muchas empresas modernas, obsesionadas con las ganancias a corto plazo y con prácticas éticas cuestionables, esta iniciativa apunta por un camino diferente. Estoy seguro de que conoces el diluvio de información engañosa que enfrentamos a diario, agravado por la decepcionante falta de conducta ejemplar de nuestros líderes políticos.

Es una realidad desconcertante. Nuestra era cuenta con un número sin precedentes de académicos y mentes altamente instruidas, y sin embargo, nuestro planeta sufre a un ritmo alarmante. Priorizamos llegar a Marte mientras descuidamos la preservación de nuestro propio hogar.

¿Por qué menciono esto?

Porque este libro no te mostrará una forma de ser más educado, sino **un método para ser más humano.**

Un enfoque humanista **no es egoísta.** Observa lo que el egoísmo nos ha traído hasta ahora. Nuestro método **es polinizar y empoderar a cualquiera.** Es un honor absoluto que, a través de este libro, puedas trazar tu camino, tu viaje de transformación, para mejorar tu futuro y el de otras personas.

Y quién sabe, quizá algún día tenga el privilegio de leer tu propio libro o escuchar tus testimonios en una charla TED o en una revista.

Como aprendimos anteriormente, como Héroes en formación, inspiraremos directa o indirectamente a otras personas. Por lo tanto, en cualquier momento, si sientes el deseo de invitar a otro amigo a este proceso legendario o de crear tu propia versión, hazlo.

Háblalo, expande los límites de lo posible, crea una sinergia ciclónica a tu alrededor. Recuerda que "si dos o tres personas están de acuerdo en un propósito común, nada es imposible" —Jim Rohn.

Un enfoque humanista es lo que te hará convertirte en un Héroe para el bien mayor.

El talento gana partidos, pero el trabajo en equipo y la inteligencia ganan campeonatos.

MICHAEL JORDAN
UNO DE LOS MÁS GRANDES JUGADORES DE BALONCESTO DE TODOS LOS TIEMPOS

Emociones Humanas

El segundo principio es enseñarte a dominar la fuerza humana más poderosa en la Tierra: **las emociones humanas.**

Debes saber que "emoción es movimiento" (emotion is motion), y **es la fuerza invisible que impacta la calidad de nuestras vidas.**

Nuestro cerebro, con más de dos millones de años de evolución, ha estado codificado desde los inicios del tiempo para dar significado a todo lo que ocurre en nuestras vidas. Cuando se le asigna un significado —sea verdadero o no—, **la mente produce un tono emocional que da forma a todas nuestras experiencias y sentimientos.**

Pero aunque **el cerebro busque constantemente significado**, debes saber que **tú eres el orquestador** de esos significados y, por lo tanto, **quien determina tus emociones y sentimientos.**

Así que una parte significativa de **este libro te guiará a redefinir los significados que asignas a tus experiencias.** Su objetivo es ayudarte a **transitar de creencias basadas en el miedo a hábitos de competencia,** de atribuir culpas a asumir responsabilidad, de la autocrítica a la autoconfianza, de la autodestrucción a la autoconquista, de comportamientos negativos a hábitos poderosos y otras herramientas esenciales para el éxito y la felicidad genuina.

Pero primero, **debes decidir** si quieres seguir viviendo como un termómetro o convertirte en un termostato.
Un termómetro solo refleja las condiciones externas, mientras que un termostato establece y trabaja para alcanzar la temperatura que desea.

> *El guerrero exitoso es el hombre común con una concentración similar a un rayo láser.*
>
> BRUCE LEE
> LEGENDARIO ARTISTA MARCIAL, ACTOR Y CINEASTA

> # Tus emociones son esclavas de tus pensamientos, y tú eres esclavo de tus emociones.

ELIZABETH GILBERT
ELIZABETH GILBERT ES UNA AUTORA ESTADOUNIDENSE,
CONOCIDA POR SU LIBRO DE MEMORIAS "COMER, REZAR, AMAR."

Si estás dispuesto al desafío, **este libro te transmitirá sus enseñanzas de forma interactiva mediante ejercicios y retos.** Cada uno podría desafiar tus creencias actuales y ayudarte a cultivar otras más constructivas. Mientras que algunos tardan toda una vida en aprender estas prácticas, tú no. Tú no estás aquí para perder el tiempo.

Así que trata este libro como un cuaderno de trabajo y un manual. Practica tus técnicas, repásalas, anota tus reflexiones en las secciones de notas, involucra a otras personas y conversa sobre lo que estás aprendiendo. No estás solo en esto. Comienza desde ya a aplicar los conceptos de sinergia y enfoque humanista.

Recuerda: la grandeza rara vez surge de los esfuerzos de una sola persona. Nuestro poder como seres humanos, en la cima de la cadena alimentaria, reside en nuestra capacidad para comunicarnos, conectar, generar confianza, cultivar la curiosidad, cuidar, soñar y aprender unos de otros.

Somos seres increíblemente poderosos, pero es la forma en que utilizamos ese poder lo que moldea nuestro futuro. Por eso, es clave priorizar el dominio emocional y desarrollar una "condición emocional" sólida.

El significado determina tus emociones y tus emociones determinan la calidad de tu vida.*

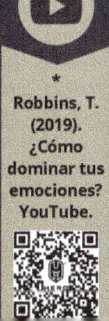

*
Robbins, T.
(2019).
¿Cómo
dominar tus
emociones?
YouTube.

3er Cuestionario del Hito

Elige la respuesta más correcta según BEA HERO™. Las respuestas se encuentran al final de la página siguiente.

P1. ¿Cuál es el primer principio del viaje BEA HERO™?
a) Transformarte en una leyenda invencible.
b) Desarrollar un enfoque humanista.
c) Conquistar tus miedos.

P2. En términos de BEA HERO™, ¿qué significa un "enfoque humanista"?
a) Un método que te pone en el centro.
b) Un método para empoderar a cualquiera por el bien mayor.
c) Un método para mejorar la educación.
d) Un método para aprovecharse de las personas.

P3. ¿Cuál es el segundo principio del viaje BEA HERO™?
a) Transformar pensamientos negativos en positivos.
b) Ignorar tus emociones débiles y concentrarte en el presente.
c) Dominar las emociones humanas.
d) Dominar el proceso cognitivo del cerebro.

P4. ¿Cómo le da significado nuestro cerebro a lo que nos sucede?
a) Seleccionando lo verdadero y eliminando lo falso.
b) Buscando más información según nuestro pasado y la lógica.
c) Asociando cada experiencia con una emoción o sentimiento.

P5. ¿Quién o qué determina el significado final que le das a una experiencia?
a) Yo.
b) Mi nivel de miedo frente a mi confianza.
c) Las personas que me rodean.
d) Mis experiencias pasadas.

P6. ¿Cuál es un factor clave del poder humano?
a) La fuerza física.
b) La capacidad de comunicarse y conectar.
c) Los logros individuales.
d) Los instintos de supervivencia.

P7. ¿Qué quiere decir Tony Robbins con "condición emocional"?
a) Debemos poner a prueba nuestros miedos para romper límites.
b) Que cada día debemos alimentar el cerebro con emociones positivas.
c) Que la calidad de nuestra vida depende del significado que damos a las emociones.
d) Que la vida es dura, por eso hay que endurecer nuestra barrera emocional.

El don de la emoción es sagrado. Es lo que nos hace humanos.

TONY ROBBINS
RECONOCIDO COACH DE VIDA, AUTOR Y FILÁNTROPO,
CONOCIDO POR SUS SEMINARIOS MOTIVACIONALES Y LIBROS
DE AUTOAYUDA.

HERO

Hagamos un repaso...

CAPÍTULO 3: PRINCIPIOS DEL HÉROE I, II
- Convertirse en una leyenda implica abrazar cinco principios clave

PRINCIPIO I: ADOPTAR UN ENFOQUE HUMANISTA

- Transita del egoísmo a la polinización cruzada
- Mejora tu vida siendo más compasivo y humano
- Crear sinergia hace que todo sea alcanzable
- Las leyendas se forjan al impactar y transformar positivamente la vida de los demás

PRINCIPIO II: DOMINAR LAS EMOCIONES HUMANAS

- Las emociones humanas ejercen la influencia más poderosa e invisible sobre la calidad de vida
- Tú eres el arquitecto del significado que atribuyes a los eventos
- Domina el arte de asignar significado para controlar tus emociones
- Domina tus emociones para dominar tu vida
- ¿Deseas vivir como un termómetro, reaccionando a tu entorno, o como un termostato, estableciendo y controlando tu estado emocional?

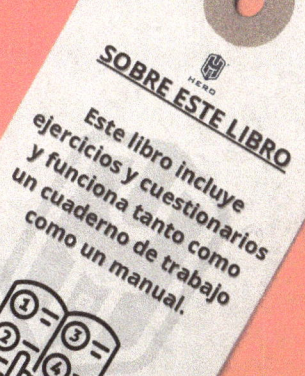

SOBRE ESTE LIBRO

Este libro incluye ejercicios y cuestionarios y funciona tanto como un cuaderno de trabajo como un manual.

4

PRINCIPIOS DEL HÉROE III, IV, V

HERO

El Plano del Logro

El tercer principio tiene como objetivo brindarte técnicas efectivas para **dominar** una de las habilidades esenciales de la vida: **el plano del logro.**

El éxito deja pistas. Existe una ciencia detrás de alcanzar el éxito en los negocios, la condición física o las relaciones. Pero, a pesar de la gran cantidad de libros sobre el éxito, ¿por qué la mayoría de las personas sigue teniendo dificultades para lograr los resultados que desean?

Lógicamente, resulta desconcertante que, habiendo tantos libros sobre cómo tener éxito, muchas personas aún luchan por alcanzarlo. ¿Por qué? Como resaltamos en el segundo principio, los seres humanos están impulsados principalmente por las emociones, no por la lógica.

En BEA HERO™, nuestra búsqueda continua de mejora nos lleva a fusionar métodos basados en mis experiencias personales y en los conocimientos de algunos de los expertos más reconocidos del mundo en esta área.

Los coaches de vida suelen plantear un proceso de tres pasos para lograr cualquier cosa.

Paso 1: ¿Qué quieres?
¿Cuál es tu resultado específico?

Paso 2: ¿Por qué lo quieres?
Aclarar lo que deseas es esencial para **activar tu impulso emocional.** No es la falta de disciplina lo que mata los sueños, sino tener metas impotentes, metas que no tienen el poder de moverte de ninguna manera.*

Paso 3: ¿Cómo lo lograrás?
Crea un plan de acción integral que garantice el éxito.

Como resultado, los hábitos de culpar a algo o a alguien por tu inacción, o de ver los fracasos como un callejón sin salida en lugar de un desvío, pronto desaparecerán. ¿Por qué? Porque estás evolucionando hacia un Héroe en formación, y no hay vuelta atrás.

Puedes aplicar la ciencia del logro a tu cuerpo, tus emociones, tus relaciones, tu tiempo, tu carrera, tus finanzas, tu espiritualidad y mucho más.

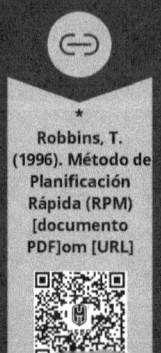

*
Robbins, T. (1996). Método de Planificación Rápida (RPM) [documento PDF]om [URL]

¿De qué tienes control total?
Mis sueños.

CÓDIGO BEA HERO™

Memoriza esta frase.
CÓDIGO BEA HERO™.

"Cuando estamos despiertos, controlamos nuestros sueños; cuando dormimos, nuestros sueños nos controlan... ¡Qué irónico!"

-Galilee C. Masterson

La Virtud del Cumplimiento

El cuarto principio consiste en dominar **la virtud de la realización personal.**

Si bien alcanzar el éxito es fundamental, hay otra **habilidad crucial que debemos dominar para vivir una vida** con verdadero significado: la virtud de la felicidad y la realización. Este aspecto es único para cada persona, pero sin él, sin importar lo que logres, la felicidad genuina seguirá siendo inalcanzable.

Es un arte, porque **es diferente para cada quien**, pero sin realización, por mucho que consigas, nunca te sentirás verdaderamente feliz.

El éxito no garantiza automáticamente una realización duradera. Las investigaciones indican que incluso las personas más exitosas, los más ricos del mundo o aquellos que han logrado grandes metas, aún pueden luchar contra la infelicidad y el vacío interior.*

La felicidad duradera y la realización personal solo son alcanzables al dominar el arte de la realización.

Para iniciar este viaje, todo aquel que esté listo para embarcarse en el camino de BEA HERO™ será invitado a realizar el Juramento de los Héroes. Este es un proceso solemne diseñado para honrar tu corazón. Como descubrirás más adelante, este juramento simboliza tu primer paso hacia el dominio de la realización personal y de las emociones.

El Juramento de los Héroes también incluye una poderosa meditación inicial de gratitud, cuyo propósito es dar comienzo genuino a tu transformación como Héroe y dignificar tu corazón. ¿Por qué? Piensa por un momento: ¿qué cultiva un espíritu invencible al final del día?

¿Es la fuerza? ¿La resistencia? ¿La inteligencia? ¿El coraje?

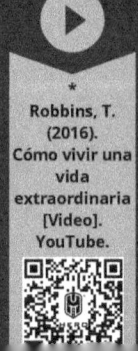

Robbins, T. (2016). Cómo vivir una vida extraordinaria [Video]. YouTube.

Claro, esas cualidades importan, pero **¿qué es lo que realmente forja un carácter invencible?** ¿Qué construye un espíritu inquebrantable? ¿Cuál es el factor clave?

Es cuando la derrota parece inminente, cuando cada fibra de tu ser cree que "todo ha terminado", cuando no parece haber salida... Solo entonces, esa pequeña voz en lo profundo de tu corazón —cuando tu esencia es puesta a prueba— decidirá si te elevas, te detienes o resurges con más fuerza.*

El Juramento de los Héroes te acompaña en esos momentos críticos, guiándote hacia la mejor elección.

Cualquiera puede continuar cuando la vida va bien, pero seamos sinceros: ¡la vida puede ser una verdadera pesadilla!

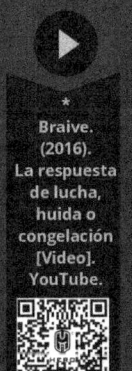

*
Braive.
(2016).
La respuesta
de lucha,
huida o
congelación
[Video].
YouTube.

Así que quienes se embarcan en este viaje de crecimiento personal, como tú ahora, tienen una ventaja única para alcanzar el éxito.

He profundizado en hábitos y rituales efectivos para el éxito que puedes adoptar. Estas ideas están divididas en lecciones y te animo a revisarlas con regularidad. Además, explora las referencias y las notas al pie a lo largo de este libro: la mayoría conducen a videos poderosos que enriquecerán tu comprensión.

Durante este viaje, te encontrarás con autores que inspiraron la creación de BEA HERO™. Si este libro logra cambiar el rumbo de tu vida, aunque sea un solo grado hoy, dentro de seis meses o seis años podrías encontrarte en un destino completamente nuevo.

Los principios que estoy compartiendo funcionan juntos como los propulsores de una nave espacial. Necesitas que cada uno funcione correctamente, no solo para impulsarte hacia tus metas, sino también para evitar quedarte estancado en órbita o enfrentar obstáculos en tu camino.

99

El éxito
sin realización, es el
fracaso definitivo.

TONY ROBBINS
RECONOCIDO COACH DE VIDA, AUTOR Y FILÁNTROPO,
CONOCIDO POR SUS SEMINARIOS MOTIVACIONALES Y LIBROS
DE AUTOAYUDA.

El Poder de Uno

El quinto principio gira en torno a **abrazar el poder del uno.** Pero, ¿qué significa eso realmente?

El universo nos enseña que la **grandeza y el impacto surgen de la unidad de unos pocos, que define la fuerza y la inmensidad de los muchos.**

Imagina una galaxia por un momento. ¿Qué constituye verdaderamente una galaxia? ¿No es acaso un sistema de miles de millones de estrellas individuales unidas entre sí? ¡Exactamente! **Es el poder inherente de cada estrella individual lo que, una por una, crea la unión de una galaxia.**

Ahora, considera maravillas más pequeñas como una cascada, el vasto océano o un ciclón desatado. ¿De qué están hechos? De billones y billones de gotas de agua. Una sola gota de agua puede pesar solo 0,05 gramos, unas veinte veces más ligera que una hormiga. Pero cuando se unen, estos elementos puros e inocentes constituyen la fuerza más poderosa e imparable de nuestro planeta.

Entonces, ¿quién eres tú? ¿Dónde encajas en este concepto?

Bueno, tú, al igual que una gota de agua, compartes muchas características. Piénsalo. Tú también puedes aprender a ser flexible, de mente abierta y a tomar la forma que desees. También tienes la capacidad de adoptar nuevas creencias más útiles mientras dejas atrás viejos mitos. Al igual que el agua, puedes aprender a transformarte, adaptarte, cambiar de color, influir en otros, en energías, y conquistar cualquier cosa que desees.

Como una gota de agua o una estrella, tú tienes el poder del uno. El día en que aprendas a abrazar ese poder y a crear una sinergia sólida para trabajar junto a otras personas, nada será imposible.

Todo el universo está regido por la combinación de pequeños números. El número uno es, de hecho, la fuente de todos los números posteriores y el más poderoso para iniciar cualquier evento.

Se necesita una nota tras otra para crear una sinfonía. Basta con un solo átomo dividido para producir una reacción nuclear, un embrión que se reproduce durante nueve meses y se transforma en veintiséis mil millones de células que forman un recién nacido.

Así que empieza desde ya a comprender el poder de los pequeños números, comenzando por el uno.

Tú cuentas como uno. ¡Así que nunca, nunca, nunca más subestimes tu poder ni el de los demás!

Además, este libro te guiará a forjar la identidad que elijas. **Quien eres ahora tiene poca importancia; quien deseas llegar a ser lleva la armadura de una leyenda en formación.**

Si eliges convertirte en uno de nosotros, ten en cuenta que somos una comunidad de Héroes en formación. Como la sinergia de un ciclón, que el viaje de BEA HERO™ despierte tus pasiones, te inspire y te impulse a desear más: más creación, más despertar de tu voz rugiente.

¡En lugar de ser clasificado como parte de la Generación X, W, Z... o cualquier otro denominador que disminuya tu valor, elige tomar el control de tu historia generacional, comenzando por la tuya, **ahora mismo!**

Si no es ahora, ¿cuándo? Si no eres tú, ¿quién?

AUTOR DESCONOCIDO

99

Individualmente, somos una gota. Juntos, somos un océano.

RYUNOSUKE SATORO
ESCRITOR JAPONÉS

Recuerda: **no estás solo.** Que nuestra comunidad BEA HERO™ encienda tus sentimientos y valores, convirtiéndose en el latido de lo que estamos construyendo: tú.

Sí, a través de este libro, te estás convirtiendo en el próximo Héroe en formación —una nueva leyenda con un espíritu invencible, un amigo y un ser humano extraordinario.

No pierdas tu espíritu humilde; **mantén los pies en la tierra** mientras alcanzas las estrellas.

Eres más poderoso y capaz de lo que imaginas, pero muchas de tus creencias actuales tendrán que evaporarse y ascender como el agua para alcanzar un estado superior —un nivel más alto de éxito y una vida con verdadero significado.

¿Qué te hace invencible?
Mi pasión.

CÓDIGO BEA HERO™

4er Cuestionario del Hito

Elige la respuesta más correcta según BEA HERO™. Las respuestas se encuentran al final de la página siguiente.

P1. ¿Cuál es el tercer principio del viaje BEA HERO™?
a) Transformar a las personas en leyendas.
b) Dominar los miedos internos.
c) Dominar la ciencia del logro.
d) Ser feliz.

P2. ¿Cómo puede alguien alcanzar el éxito?
a) Las personas tienen éxito solo porque son talentosas.
b) Siguiendo los pasos y las estrategias de quienes ya han tenido éxito.
c) Intentando y fallando repetidamente.
d) Por pura suerte.

P3. ¿Cuál es el motor principal del ser humano?
a) La lógica.
b) El miedo.
c) La emoción.
d) El dolor.

P4. ¿Cuál es el cuarto principio del viaje BEA HERO™?
a) Dominar la habilidad de generar sinergia.
b) Dominar la virtud de la realización personal.
c) Dominar la felicidad o la paz.
d) Dominar el arte de no rendirse nunca.

P5. ¿Por qué es importante dominar la virtud de la realización personal?
a) Porque es agradable sentirse feliz.
b) Porque el éxito es directamente proporcional a tu nivel de realización.
c) Porque sin realización, nunca serás verdaderamente feliz en la vida.
d) Porque el éxito no ocurre sin realización.

P6. ¿Cuál es el propósito del Juramento de los Héroes recomendado por BEA HERO™?
a) Es una ceremonia simbólica en la que los Héroes juran lealtad y honor a su corazón.
b) Es un paso importante hacia el dominio de la "Ciencia del Logro".
c) Es el comienzo del viaje del Héroe.

P7. ¿Cuál es el quinto principio del viaje BEA HERO™?
a) Compartir nuestra visión con muchas personas.
b) Convertir a todos en leyendas.
c) Seguir aprendiendo cosas nuevas.
d) Abrazar el poder del uno.

P8. ¿Por qué es importante el "poder del uno"?
a) Porque la grandeza se origina en la combinación de pequeños números.
b) Porque solo se necesita un elemento para crear grandeza.
c) Porque solo sintiéndote significativo como uno puede encontrar grandeza.

P9. ¿Qué crea la verdadera grandeza según BEA HERO™?
a) El poder del agua.
b) La sinergia de personas capaces de moldearse, adaptarse y conquistar cualquier cosa.
c) Resolver y conquistar todo por uno mismo.

P10. El escritor japonés Satoro dijo una vez: "Individualmente somos una gota. ¿Juntos, somos..."?
a) ...una cascada.
b) ...un océano.
c) ...un ciclón.

P11. ¿Qué es algo que nunca deberías subestimar?
a) El poder de influir en otros con mis valores.
b) Ni mi poder ni el de los demás.
c) El poder del cambio.
d) El poder de las opiniones de los demás.

Recuerda: del comportamiento de cada uno depende el destino de todos.

ALEJANDRO MAGNO
CONQUISTADOR, ESTRATEGA, ANTIGUO REY DE MACEDONIA.

1. c, 2. b, 3. c, 4. b, 5. c, 6. a, 7. d, 8. a, 9. b, 10. b, 11. b

HERO

Hagamos un repaso...

CAPÍTULO 4: PRINCIPIOS DEL HÉROE III, IV, V
- Convertirse en una leyenda requiere cinco principios fundamentales

PRINCIPIO III: Domina la CIENCIA DEL ÉXITO

- El éxito deja pistas
- Todo puede lograrse modelando la mejor metodología
- Paso 1: Saber con precisión lo que deseas
- Paso 2: Tomar acción masiva
- Paso 3: ...

PRINCIPIO IV: Domina la VIRTUD DE LA REALIZACIÓN PERSONAL

- El éxito sin realización es el fracaso definitivo
- Un espíritu invencible nace de la voz dentro de tu corazón
- Para iniciar este proceso, todo Héroe debe realizar el Juramento de los Héroes
- Es en los momentos difíciles donde se revela tu verdadera esencia y poder

PRINCIPIO V: Abraza el PODER DEL UNO

- El universo está regido por el número uno
- La unidad de unos pocos define la fuerza y la inmensidad de muchos
- ¡Tú cuentas como uno!
- Nunca, jamás subestimes tu poder ni el de los demás
- No estás solo, BEA HERO™ es una comunidad
- Mantente humilde, con los pies en la tierra
- Si no es ahora, ¿cuándo? Si no eres tú, ¿quién?

LLAMADO A LA AVENTURA

HERO

Propósito

Si hasta ahora no crees que naciste con un propósito, **es porque aún no lo has encontrado.** Y solo porque no lo hayas encontrado... ¿Quién dijo que no existe?

Creo firmemente que hay un tesoro reservado para cada ser humano en este planeta, incluido el tuyo. Así que si estás deambulando por la vida como un fantasma, detente.

La llave maestra de tu tesoro se encuentra en tu código genético único, accesible solo a ti y a nadie más. Está ahí, esperándote. Pero aquí está el truco: **está escondido.**

¿Quién lo escondió? Tú mismo.

¿Y si te dijera que tú escondiste tu tesoro antes de nacer y que está guardado con un propósito muy importante... **hasta que demuestres que estás verdaderamente listo para recibirlo?**

Es el regalo más significativo que tú mismo elegiste antes de nacer—un propósito supremo que vale la pena vivir y que expande tu alma. Y en el momento en que seas digno de recibirlo, se revelará con la fuerza de una atracción atómica.
Sí, así será... y siempre lo hace.

Entonces, ¿cómo puedes demostrar que eres verdaderamente digno de recibir tu tesoro? ¿Y por qué debes estar preparado para ello? ¿Por qué no se te entrega ahora mismo si de todos modos ya es tuyo?

Debes comprender **que este tesoro es tan poderoso y tan grandioso que te destruiría si no estás preparado para recibirlo.** Por eso, cuando el universo sepa con absoluta certeza que estás verdaderamente listo, el tesoro será tuyo.

Es impredecible cómo o en qué forma se te revelará ese tesoro. Pero lo que ya sabes es que, en este universo cósmico, tienes un papel importante que cumplir y cada átomo de tu cuerpo está girando para entrelazar tu propósito con la eternidad.

Sería más fácil si simplemente te diera todas las respuestas, pero en su lugar voy a guiarte para que las descubras por ti mismo. Recuerda: nadie más que tú puede acceder a tu tesoro. Yo no puedo hacerlo por ti.

Entonces, ¿qué es ese tesoro? ¿Cómo puedes encontrarlo? ¿Dónde está?
Piensa. ¡Concéntrate!

Vamos a hacer un ejercicio. Cierra los ojos y toma unas cuantas respiraciones profundas.
¿Dónde está ese lugar al que nunca te atreverías a mirar?

¿Dónde está ese lugar al que jamás te atreverías a ir? ¿Dónde?
Tómate cinco minutos y busca tus mejores respuestas a estas preguntas de suma importancia.

¿Dónde está ese lugar al que nunca te atreverías a mirar?

_____
_____
_____
_____
_____
_____

¿Dónde está ese lugar al que nunca te atreverías a ir?

_____
_____
_____
_____
_____
_____
_____

Piensa por un momento: si yo te conociera muy bien y quisiera esconder algo de ti, ¿dónde lo escondería?

_____
_____
_____
_____
_____
_____

Está ahí, en algún lugar... pero oculto, esperando hasta que demuestres que eres digno de recibirlo. Entonces, ¿dónde está?

_____
_____
_____
_____
_____
_____

**No pases la página hasta que hayas respondido estas preguntas.
Tómate tu tiempo; es importante.**

¿Dónde está escondido
tu tesoro?
En la cueva que _temo_
entrar.

CÓDIGO BEA HERO™
INSPIRADO EN JOSEPH CAMPBELL,
PROFESOR ESTADOUNIDENSE

¡Sí! ¡Sí! ¡Justo ahí! ¿Leíste la última cita? Justo **donde se encuentra tu mayor miedo, ahí te espera tu mayor tesoro.**

Cuanto mayor es el miedo, mayor es la recompensa. Hay un gigante dentro de ti con un potencial ilimitado, durmiendo como un bebé, esperando despertar.

El único lugar al que nunca te atreverías a ir, a mirar o a tocar es precisamente donde está tu mayor temor. Cada uno de nosotros **debe enfrentar sus propios miedos**, su propio "dragón"* **para ganar el juego de la vida**. Sí, todo esto es un juego engañoso. Naces, juegas, mueres.

Puedes tener un juego de mierda, un juego aburrido, un juego solitario, un juego doloroso o un maldito juego increíble.

Ahora, yo no puedo hacerlo por ti, pero sí puedo darte las herramientas que necesitas para enfrentar tu dragón, tu miedo más profundo. Debes librar esta batalla con la protección adecuada, estrategia y una forma de contraatacar a tu oponente; de lo contrario, te destrozará en un millón de pedazos.

Parte del contenido de este libro te dotará de escudos impenetrables. Algunas secciones te harán más inteligente, más sabio y más enfocado en diseñar estrategias ganadoras, mientras que otras te dotarán de armas más agudas y efectivas para contraatacar. Es una batalla hasta que domines el juego por completo. ¿Dónde está esa lucha? Está entre tú y tú mismo.

A lo largo de este libro, insistiré en que **uno de los mayores logros de la vida es abrazar tu miedo, transformarlo de enemigo en aliado.** Para lograrlo, debes entrenarte y volverte más fuerte que el miedo; de lo contrario, este te retendrá para siempre.

Si hay **una sola cosa a la que deberías temer, es a tu propia grandeza. Los miedos son plumas de la grandeza.** Así que libera tu miedo y permite que las alas de tu grandeza se expandan más de lo que jamás imaginaste.

*
(2008).
The Matrix
Joseph Campbell
Monomyth
[Video]. YouTube.

¿Cuál es tu mayor
obstáculo?
Yo mismo.
¿Cuál es tu mayor
problema?
Yo mismo.
¿Quién es tu mayor
enemigo?
Yo mismo.

¿Por qué?
Si no hay enemigo en
nuestro interior, el enemigo
exterior no puede hacernos
daño.

— PROVERBIO AFRICANO

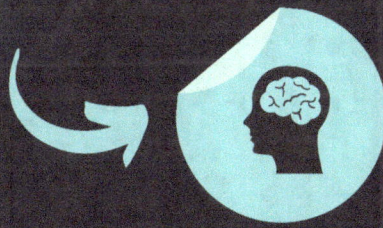

Para simplificar tu entrenamiento y aumentar la interactividad, emplearé elementos simbólicos que te ayuden a recordar fácilmente tus nuevas fortalezas y su propósito.

Ya hemos presentado la insignia BEA HERO™. Ahora, te equiparemos con **el segundo elemento del viaje del Héroe: el Sacramentum de los Héroes.** Este juramento es fundamental para todo Héroe en formación que se embarca en este viaje transformador.

El juramento **simboliza un acuerdo solemne para honrar tu corazón**. ¿Por qué? Porque dentro de tu corazón reside una voz. Cada latido que resuena dentro de ti debe provenir de **un lugar de gratitud genuina, honor y certeza.**

La gratitud verdadera no alberga miedo ni ira. **Es imposible sentir gratitud y, al mismo tiempo, experimentar miedo o enojo.**

La verdadera gratitud también es pura; no se oculta. Comprender este concepto es crucial para los momentos en los que necesites reiniciar, retomar el control o realinearte como un Héroe en formación. Habrá desafíos y miedos que deberás enfrentar.

Además, una vida con sentido no puede existir sin una gratitud genuina.

Al comenzar este viaje transformador, **permite que el Sacramentum de los Héroes ilumine tu camino hacia una realización genuina**

Durante este solemne juramento, colocarás ambas manos sobre tu corazón. Tus manos simbolizan el dualismo entre la gratitud y el miedo. Tus diez dedos representan las diversas perspectivas que debes considerar antes de tomar decisiones. Cada situación ofrece múltiples formas de abordarla, interpretarla y resolverla.

Imagina dejar este libro a un lado y formar con tus manos la figura de un corazón. Este gesto sirve como recordatorio para honrar la esencia palpitante que vive en tu interior.

Piensa en esto: tu corazón late unas 100.000 veces al día, lo que suma aproximadamente 2,5 mil millones de latidos a lo largo de una vida. Esta comprensión subraya la importancia de colocar las manos sobre el corazón al jurar, como en el Sacramentum de los Héroes.

El Sacramentum te dará el poder de vencer el miedo y la ira, al mismo tiempo que crea un evento memorable en el que fijar un estado de honor y certeza.

El Sacramentum de los Héroes es tu promesa de honrar fielmente a tu corazón. Por medio de un acto solemne, jurarás sobre tu verdadera esencia palpitante.

El Sacramentum del Héroe

El segundo elemento, el Sacramentum de los Héroes, **es nuestro juramento para honrar tu corazón e iniciarte oficialmente como Héroe en formación.**

Como todo juramento, resuena profundamente en tu interior, guiándote a través de los obstáculos y asegurando que permanezcas fiel a tu propósito. Este acto marca el primer paso para que te enlisten oficialmente como uno de nuestros Héroes.

Familiarízate con el Sacramentum del Héroe, **memoriza tus partes favoritas e imprégnalas en tu subconsciente**. En los momentos de fe menguante, recuerda que no existe arma más poderosa que la voz de tu alma, tu propia voz, que se convierte en tu gracia salvadora definitiva.

En efecto, en la antigua historia romana, el juramento de fidelidad de un soldado se denominaba Sacramentum. Este voto tenía una enorme solemnidad, representaba un llamado a los dioses e invitaba a la retribución divina sobre quienes juraban en falso.

El Sacramentum del Héroe consiste en una ceremonia privada que se detalla en la sección siguiente. Esta ceremonia incluye un ejercicio de meditación importante que se abordará más adelante

Dicha meditación marca el primer paso hacia la condición emocional, ayudándote a disciplinar las decepciones y abrazar todo como un regalo. Es un paso crucial hacia el "arte del cumplimiento", como se mencionó anteriormente.

Tu corazón está forjado en el honor. Tu honor es tu palabra. Tu palabra es tu verdad solemne.

En el próximo capítulo, descubrirás el certificado del Sacramentum del HÉROE. Para imprimir tu copia personalizada, simplemente escanea el código QR o haz clic en el enlace que aparece a continuación.

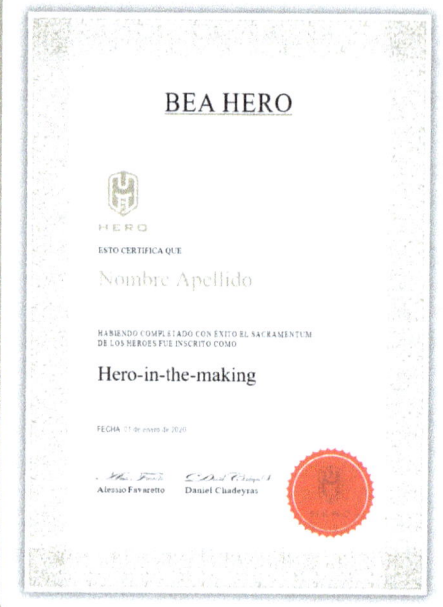

No conquistamos tierras, conquistamos corazones.

MEHMED II
SULTÁN OTOMANO Y CONQUISTADOR

5ᵗᵒ Cuestionario del Hito

Elige la respuesta más correcta según las enseñanzas de BEA HERO™.
Las respuestas correctas están en la página siguiente.

P1. ¿Dónde estaría escondido tu mayor tesoro, para que lo encuentres cuando estés listo para recibirlo?
a) Dentro de una cueva profunda.
b) Dentro de mi corazón.
c) Detrás de mis mayores miedos.
d) Más allá de mi imaginación.

P2. Completa la palabra que falta en la cita de Joseph Campbell: "La cueva que _____ entrar contiene el _____ que buscas."
a) ...deseas...secreto...
b) ...temes...tesoro...
c) ...evitas...enemigo...
d) ...temes...pasión...

P3. ¿Qué pasará si dejas que el miedo esté al mando?
a) Siempre estaré protegido.
b) Tomaré buenas decisiones.
c) Nunca descubriré mi verdadero potencial.
d) Evitaré salir herido.

P4. ¿Cómo deberías tratar finalmente a tu miedo?
a) Como a mi enemigo.
b) Como a mi aliado.
c) Como al consejero más sabio.
d) Como a una ilusión.

P5. ¿Cuál es la única cosa a la que deberías temer?
a) A mi dragón.
b) A mi enemigo.
c) A mi grandeza.
d) A mis debilidades.

P6. ¿Cómo se llama la ceremonia oficial del Juramento de los Héroes?
a) Héroes Libertas.
b) Héroes Sacramentum.
c) Héroes Juramentum.
d) Héroes Fides.

P7. ¿A qué se le rinde honor en el Sacramentum de BEA HERO™?
a) A mi corazón.
b) A mi espíritu.
c) A mis sueños.
d) A mi voluntad.

P8. ¿Cuál es la contramedida contra el hambre y el miedo?
a) La paz.
b) La gratitud.
c) Las distracciones.
d) El aprendizaje.

P9. ¿Qué significado tienen tu mano izquierda y derecha en BEA HERO™?
a) La dualidad entre el miedo y la gratitud.
b) El poder de dos.
c) El llamado a la aventura.
d) El equilibrio de la sinergia.

P10. ¿Por qué es importante realizar el Juramento de los Héroes?
a) Es una ceremonia que marca el comienzo del viaje del Héroe.
b) Es un momento solemne que dignifica tu lealtad a tu corazón.
c) Es una promesa de honrar tu verdad incluso ante enormes dificultades.
d) Todas las anteriores.

Hasta que no despliegues tus alas, no tendrás idea de lo lejos que puedes volar.

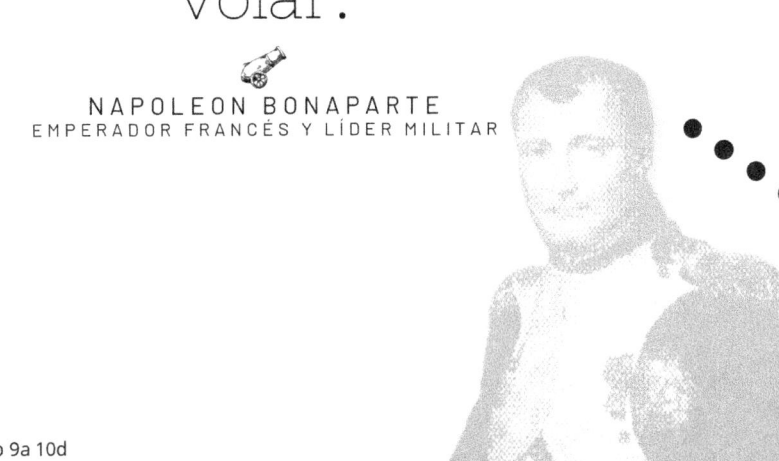

N A P O L E O N   B O N A P A R T E
EMPERADOR FRANCÉS Y LÍDER MILITAR

HERO

Hagamos un repaso...

CAPÍTULO 5A: LLAMADO A LA AVENTURA

- Naciste con un propósito
- Hay un tesoro único escondido, esperándote
- Solo puedes reclamar tu tesoro cuando seas digno de recibirlo
- ¿Dónde está escondido tu tesoro?
- Mira detrás de tus miedos más profundos
- Uno de los mayores logros en la vida es transformar el miedo en un aliado, no en un enemigo
- Los miedos son tus plumas hacia la grandeza

SACRAMENTUM DEL HÉROE

- El segundo elemento del viaje del Héroe es el Sacramentum del Héroe
- Este es el juramento oficial del Héroe, prometiendo honor a tu corazón
- Tu corazón está forjado con honor; tu honor es tu palabra, tu palabra es tu verdad solemne
- Al enfrentar los momentos más difíciles, este juramento te ayudará a mantener viva tu fe y esperanza
- La gratitud y el miedo no pueden coexistir al mismo tiempo; la elección es tuya

- Memoriza todo o tu parte favorita del Sacramentum del Héroe
- Imprime aquí el Sacramentum del Héroe *

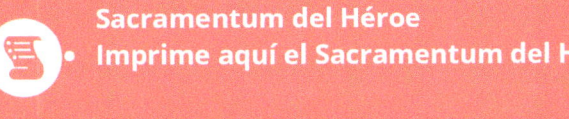

*
Guion del
Sacramentum
de los Héroes

EL SACRAMENTU DEL HÉROE

HERO

Tu corazón está forjado
en el honor.
Tu honor es tu palabra.
Tu palabra es tu verdad
solemne.

Meditación de gratitud: Mi corazón ya sabe

Antes de tu juramento, limpia tu mente y tu corazón con la Meditación de Gratitud de BEA HERO: El Corazón Sabe Ahora. Encuentra un lugar tranquilo y practica durante diez minutos. La práctica regular es esencial para tu ceremonia del Sacramentum y para tu camino hacia la plenitud.

BEA HERO
Meditación
de Gratitud
Video Guiado

Reproduce el video guiado de meditación de gratitud.

Recuéstate o siéntate en una posición relajada que te permita sentirte conectado a la tierra. Siente la energía de la tierra ascendiendo desde el suelo y fluyendo por el resto de tu cuerpo.

Ahora, respira profundamente y hazte uno con tu entorno. Escucha los pájaros, el agua, el viento o cualquier sonido que llegue a tus oídos. Observa los colores del cielo, del suelo y de todos los elementos. Activa tus sentidos y únete a todo lo que te rodea.

Ahora, cierra los ojos y siente la conexión que sube desde el suelo a través de tu cuerpo. Tómate tu tiempo — siéntelo de verdad, experiméntalo.

Luego, coloca ambas manos sobre tu corazón y respira profundamente. Al respirar, **reflexiona sobre lo bendecido que eres por tener un corazón. Siente gratitud por tu fuerza, por tu belleza** y por la vida que te da cada día.

¿Qué te ha dado tu corazón? ¿Cómo te ha moldeado, te ha permitido sentir y te ha brindado alegría en esta vida? Piensa en el amor que has experimentado gracias a este asombroso corazón.

Los mejores sentimientos que tenemos a menudo provienen del corazón. Así que tómate un momento para apreciarlo—este núcleo dentro de ti que late cien mil veces al día, incluso mientras duermes. Al inhalar, ¿puedes sentir cómo te palpita el corazón? ¿Puedes percibir la sangre fluyendo, el oxígeno moviéndose dentro de ti?

Recuerda: **no tuviste que ganarte este corazón. Te fue dado libremente.** No necesitaste demostrar nada, lograr nada ni probar tu valor para merecerlo.

Algo te amó lo suficiente como para darte el regalo de la vida. Tienes un valor inherente y, mientras tu corazón siga latiendo, estás vivo—entonces, seamos agradecidos por ese regalo.

Mientras respiras dentro de tu corazón, sintiendo su poder, quiero que **pienses en un momento de tu vida, en una experiencia por la que sientas un profundo agradecimiento.**

Puede ser un momento mágico, una experiencia hermosa, un recuerdo lleno de amor—cualquier cosa que te llene de gratitud. Regresa a ese instante como si estuvieras ahí ahora mismo. **Velo, escúchalo y siente la gratitud por esa experiencia.** Abraza la perfección de ese momento, la gracia de ese recuerdo.

Ahora, respira como respirabas en aquel entonces. Deja que tu corazón se llene de esos sentimientos hermosos. ¿Puedes sentir la sonrisa dentro de ti? **¿Cómo sonríes** cuando te sientes verdaderamente agradecido o profundamente agradecida? **¿Cuál es la expresión en tus ojos,** en tu rostro, cuando te sientes realmente bendecido?

Ahora **piensa en un segundo momento** en el que puedas estar verdaderamente agradecido. Una vez más, respira profundamente hacia tu corazón. Siente su poder al recordar **cualquier momento**—puede ser de tu infancia, del año pasado, de la semana pasada o incluso de ayer—**que haya parecido gracia, magia, algo verdaderamente maravilloso.**

Concéntrate en ese momento. Deja que te llene de una gratitud inmensa. **Inhálalo, siéntelo, disfrútalo.**

Ahora duplica esa emoción. **¡Está toda dentro de ti!**

Finalmente, **piensa en un tercer momento en el que realmente puedas sentir gratitud.** Sumérgete en él. Mira lo que veías, escucha lo que escuchabas y siente lo que sentías. **Estate plenamente presente en ese instante.**

¿Dónde estabas? ¿Quién estaba contigo? Y, por supuesto, tu corazón también estaba allí contigo. Respira profundamente hacia tu corazón mientras lo recuerdas. Puede ser un gran momento o uno pequeño — ¿por qué sentías tanta gratitud en esa experiencia?

Ahora, piensa en una coincidencia. A todos nos encanta cuando la vida sucede para nosotros, no a nosotros. Amamos las coincidencias porque no las planeamos — simplemente ocurren, como si el destino interviniera.

Tal vez ibas en una dirección y conociste a alguien que se convirtió en un compañero, un amigo, un amante o incluso en el amor de tu vida. O quizá una coincidencia te llevó a una oportunidad profesional, a un cambio de carrera o a un momento significativo que lo cambió todo.

Reflexiona sobre una intuición, una idea que haya surgido de una de esas coincidencias — **algo que haya tenido valor en tu vida.** ¿Hubo alguna coincidencia que te condujo a algo por lo que hoy sientas una profunda gratitud? Tal vez no estarías aquí si no fuera por ese instante.

Así que siente gratitud. Y pregúntate: ¿Fue solo una coincidencia... **o el destino?**

Ahora, mientras continúas respirando, **imagina pequeños corazones emergiendo de tu pecho**. Observa estos corazones ligeros y burbujeantes irradiando desde tu cuerpo, girando a tu alrededor como electrones, todo gracias al amor que desborda de tu corazón.

Deja que estos pequeños corazones giren libremente y vuelen alrededor de tu cabeza y de tu vientre, hasta llegar a tus pies—esos mismos pies que te conectan con la tierra. **Permite que se conecten con la tierra, esparciendo amor a todo lo que te rodea.**

A medida que te conectas con todo lo que te rodea, imagina tus corazones voladores extendiéndose y girando alrededor de los árboles, las casas, toda la ciudad. **Imagínalos como notas musicales, iluminando la ciudad—** calle por calle, parque por parque. Déjalos estirarse hasta las granjas, colinas, bosques, ríos y cumbres montañosas, tocando a cada ser vivo del país. Donde sea que mires, todo está iluminado por incontables pequeños corazones.

Ahora, **permite que tus corazones se multipliquen aun más rápido**, expandiéndose por el océano hacia otros países. Imagínalos riendo y sonriendo mientras alcanzan y tocan a las personas que amas, extrañas o a quienes no has visto en mucho tiempo. Al conectar tus corazones con los suyos, te entrelazas en amor y conexión.

Mientras continúas respirando profundamente, **imagina tu cuerpo transformándose en un faro de luz y deja que tus corazones se conviertan en diamantes** radiantes que brillan tan intensamente que su luz asciende al cielo, iluminando las nubes y todas las partículas invisibles del aire.

Ahora, **imagina estas luces expandiéndose más allá de la Tierra**, irradiando hasta la Luna. Luego, desde la luna, deja que viajen libremente a la velocidad de la luz, alcanzando el calor del sol. Visualiza tus corazones brillantes uniéndose, abrazando al sol, y mientras este recibe tu energía, tu gratitud y tu amor, siente cómo esta fuerza divina se esparce hacia todos los demás planetas y más allá, alcanzando otras galaxias, como una enorme explosión de luz y amor. **Con cada latido de tu corazón, visualiza todo el universo siendo bombardeado por tus pequeños corazones,** iluminándose cada vez más como diamantes que llueven por todas partes, tocándolo todo en todas las dimensiones y realidades.

En esta abundancia de amor, **siente cómo todas tus preocupaciones, miedos y tensiones se disuelven y fluyen fuera de tu cuerpo.** Obsérvalos derretirse en el resplandor de tu amor universal, desapareciendo en la luz infinita. **Imagina ahora que recibes notas o mensajes de tus corazones** de diamante, mientras viajan por el cosmos y regresan a ti con todas las respuestas y soluciones. Deja que tus corazones de diamante se desplieguen suavemente, arreglando todo justo frente a tus ojos.

Así que, mientras respiras, **visualiza cualquier situación resolviéndose.** Deja que el universo, ahora profundamente conectado contigo, **te guíe y te ordene todo.** Siente cómo todas tus preocupaciones se desvanecen, reemplazadas por claridad y paz, y cada vez que escuches la palabra ahora, siente cómo esa claridad y paz se profundizan, asentándose en cada parte de tu ser... ahora, repite este mantra tantas veces como necesites:

"Mi corazón conoce el camino, ahora. Confío en su sabiduría, ahora. La claridad y la paz me llenan, ahora."

Ceremonia del Sacramentum

Esto marca un momento solemne en tu viaje mientras te preparas para declararte Héroe en formación. Es esencial que este momento sea memorable y esté a la altura de su causa irrevocable.

Idealmente, un Héroe existente debería supervisar esta ceremonia en vivo o en transmisión. Sin embargo, debido a limitaciones globales, a continuación se detallan las instrucciones y los enlaces necesarios para llevar a cabo tu ceremonia. Por favor, revísalos con atención.

a) Imprime estas instrucciones* o lleva este libro contigo para asegurar una ceremonia fluida.

b) Busca un lugar especial al aire libre, un sitio donde encuentres paz. Es ideal que sea un lugar al que puedas regresar en el futuro, un santuario para recuperar tu fuerza, tus creencias y tu tranquilidad.

c) Tu Sacramentum debe realizarse **al amanecer.** Elige un lugar con vista al amanecer, ya sea un terreno elevado, una playa o cualquier otro sitio con un horizonte despejado.

d) Mientras te diriges a tu ubicación elegida, **escucha música relajante y que te inspire.** Evita distracciones como revisar mensajes o hacer llamadas de trabajo.

e) Llega a tu lugar elegido **al menos media hora antes del amanecer**. Planea con anticipación por si surge algún imprevisto y consulta el pronóstico del clima.

f) Lleva lo esencial: agua, una toalla, una chaqueta y un altavoz.

g) Configura tu teléfono en "No molestar".

h) Prepara tres listas de reproducción musical: una para meditación, otra épica y motivadora, y otra épica suave.

COMENCEMOS

---

1) Coloca tu toalla en el suelo y **siéntate cómodamente.**

2) Prepara tu altavoz y **reproduce el video guiado de meditación de gratitud.****

3) Siéntete conectado y arraigado a la tierra. Siente la energía que sube desde el suelo y fluye por todo tu cuerpo.

4) Respira profundamente. Sumérgete en tu entorno. Escucha el viento, el agua, los pájaros o cualquier sonido que llegue a tus oídos. Observa los colores del cielo, del suelo y de todos los elementos que te rodean.

Activa tus sentidos y hazte uno con todo.

*
Instrucciones para la Ceremonia del Sacramentum

**
BEA HERO Meditación de Gratitud Video Guiado

10) Cuando estés listo, cierra los ojos y **comienza tu meditación de gratitud.**

(Escanea el código QR para reproducirla o vuelve a la sesión anterior para repasarla). Practica esta meditación con frecuencia antes del día especial para familiarizarte con ella.

 11) Una vez que hayas alcanzado un estado de gratitud, abre los ojos y cambia la lista de reproducción a la música épica de "elevación"*.

AFIRMACIONES

---

12) Ahora, ponte de pie. Cierra el puño de tu mano derecha y colócalo junto a tu corazón. Siente el poder de tu corazón. Siente tus latidos. Siente esa hambre de vida. Siente la energía.

Golpea suavemente tu pecho y repite estas afirmaciones:

"AHORA ES MI MOMENTO
AHORA ES MI MOMENTO
DE FORJAR, NO RENDIRME
DE AVANZAR, NUNCA TEMBLAR
DE CONSTRUIR, NO ROMPER;
AHORA ES MI MOMENTO
DE ABRAZAR MIS MIEDOS,
MI PASADO, MIS CREENCIAS,
PARA UN PODER EN ASCENSO
DESTINADO A VENCER—
A VENCER, A VENCER."

Piensa en lo que significa cuando dices: **"Ahora es mi momento";** es tu declaración de poder personal. Significa que, en este preciso instante, reconoces la fuerza dentro de ti, el momento en el que liberas tu verdadero potencial.

Cuando asumes plenamente la responsabilidad del presente, todo está en tus manos. Así que respira profundamente e intencionalmente; deja que cada inhalación alimente tus acciones, que cada exhalación libere las dudas mientras abrazas el ahora y das forma a tu futuro. ¡Estás vivo! Así que aprieta tus manos—ciérralas con fuerza en puños. Siente la tensión en tus músculos, la energía cruda que controlas, lista para desatarse.

Cuando dices: **"forjar, no rendirse"**, no se trata de controlar a los demás—se trata de vivir según tus propios principios, mantenerte firme en tu identidad, negarte a abandonar tu propósito o a conformarte con menos. Es el compromiso inquebrantable con quien eres y con lo que estás destinado a crear. Deja que ese sentimiento eche raíces en lo más profundo de ti y, como un rugido, haz que resuene en todo tu ser, reflejando tu fuerza y resiliencia.

¿Cómo se siente **"avanzar sin temblar", "construir y no romper"**? ¿Crear amor, encender alegría, sabiendo que tu presencia en este mundo da, no quita? ¿Cómo se siente darte cuenta de que tu vida tiene un propósito y un significado, y que todo lo que haces deja una huella duradera?

*
BEA HERO
Lista de
Reproducción de
Afirmaciones
Spotify.

¿Qué se siente al enfrentar **tus miedos o tu pasado** y,en lugar de dejar que te detengan, **transformarlos en la fuente de tu poder creciente**? ¿Cuál es la expresión en el espejo cuando crees que nada puede detenerte? ¿Qué clase de orgullo nace en ti cuando abrazas tu verdadera identidad y ganas al convertirte en todo lo que estás destinado a ser?

13) Así que **repitamos estas afirmaciones unas cuantas veces más.**

14) A medida que sientas que la energía se acumula en tu cuerpo y el fuego de la certeza arde en tus venas, ha llegado el momento de cumplir tu juramento.

15) Toma tu hoja impresa, **observa la insignia de BEA HERO en tu certificado e imagina que te colocas el casco del Héroe sobre la cabeza.**
A partir de ahora, esta será la imagen que te acompañará en tu viaje como Héroe.

16) Cuando estés listo, **arrodíllate con la rodilla derecha tocando el suelo.** Siente las vibraciones dentro de tu cuerpo, escucha tu respiración y **espera a que el sol bese el horizonte.**

17) Cuando el sol bese el horizonte, cambia la **música a la lista de reproducción del Juramento* (épica suave),** luego coloca ambas manos sobre tu corazón **y deja que todos los Héroes lean el Sacramentum al unísono**.

*
BEA HERO
Lista de
reproducción del
Juramento
Spotify.

Juro solemnemente
honrar mi corazón,
prometer lealtad
a mi esencia palpitante,
líder de mi voluntad,
maestro de mi voz,
fuente de mi espíritu.

Juro dejar que mi corazón
sea mi escudo,
el amor, mi espada,
la gratitud, mi fortaleza,
los sueños, mi luz.

Prometo
dominar mis emociones,
cumplir mi propósito,
ser un verdadero Héroe viviente
honrando
este juramento irrompible
hasta el fin de los tiempos.

Que la victoria se vuelva inevitable.
Sé un Héroe.
Sé un Héroe.
Sé un Héroe.

18) En este juramento, cuando dices **"comprometer lealtad a mi esencia palpitante"**, significa que estás jurando confianza a tu corazón—el primer órgano creado al nacer, encargado de una responsabilidad inmensa y, mientras late, tú vives.

Cuando juras dejar que tu corazón sea el **"líder de mi voluntad"**, estás entregando tu propósito, tu verdadero camino, a la sabiduría de tu corazón.

Cuando proclamas a tu corazón como el **"maestro de mi voz"**, estás permitiendo que tu voz sea la reina de tu verdad, la voz de tu coraje. Así que deja que las palabras que digas a los demás y a ti mismo provengan de un lugar de certeza, de la fuente de valor y honor que llevas dentro.

Cuando juras dejar que tu corazón sea la **"fuente de mi espíritu"**, estás reconociendo la importancia de desarrollar tu espiritualidad. Hay mucho más en este mundo de lo que podemos ver o escuchar. La dimensión del espíritu es infinita, sin límites, por lo que hoy honras tu corazón al abrazar esa esencia espiritual que vive en ti.

Cuando prometes **"que mi corazón sea mi escudo"**, declaras que usarás el amor por encima del miedo. Cuando haces las cosas por amor, con fe, nada puede atravesarte. El amor tiene una frecuencia más alta que cualquier miedo, preocupación o situación que enfrentes.

"El amor, mi espada" debe recordarte que el amor es una hoja muy afilada. Una espada que puede cosechar el bien por un filo, el mal por el otro, y que tiene una punta tan aguda que puede herirte profundamente si la diriges contra ti mismo.

Por eso, nunca descuides el amor propio, el respeto por ti mismo, por tu cuerpo, tus habilidades, tu potencial. Y con esta conciencia, sé cuidadoso con cómo tratas a los demás: tus padres, tus seres queridos, tus amigos, incluso a los desconocidos, así como con tus pertenencias y con el medio ambiente. Sé amable, comprensivo, indulgente... pero no dudes en usar esta espada para poner fin a cualquier mal.

"La gratitud, mi fortaleza" debe recordarte que no puedes estar en un estado de miedo, dolor, duda o ira cuando te sientes agradecido. Así que cuando vivas momentos difíciles, vuelve a este día, a este lugar, a este juramento y deja que este recuerdo y muchos otros momentos maravillosos fortalezcan los muros de tu fortaleza interior.

"Los sueños, mi luz", como el sol al amanecer, te muestra el camino hacia adelante. Deja que tus sueños sean el faro de tu destino.

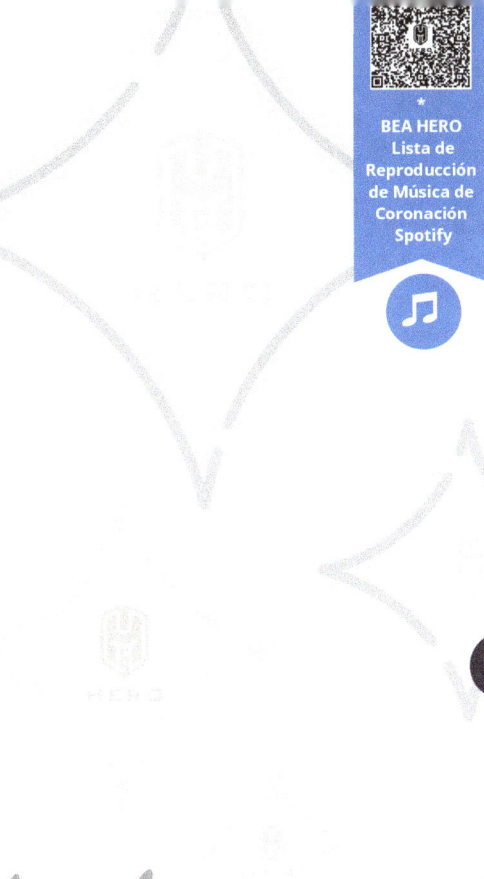

BEA HERO
Lista de Reproducción de Música de Coronación Spotify

Hoy también te comprometes a **"dominar mis emociones".**

Todo lo que sientes es una ola de movimiento, una vibración, por lo que para dominar el significado que les das a tus sentimientos, nunca dejes de aprender, nunca dejes de crecer. Busca siempre los significados positivos en todas las situaciones. De esta manera, a través de tu propio viaje personal, alcanzarás tu propósito, sea cual sea, y, de forma inevitable, muchos más te recordarán, te amarán y te respetarán por quien eres: un verdadero héroe viviente.

19) Así que **repite tu Sacramentum una vez más.**

20) Cuando termines la tercera lectura, levántate del suelo mientras miras al sol. **Ponte de pie, recto y fuerte.**

Cambia la música en la lista de reproducción de Coronación (épica e inspiradora).

Siente la explosión de emociones recorriendo tu cuerpo. Déjalas salir. Haz un sonido, cualquier sonido. Ruge tu presencia para marcar este momento importante de tu vida para siempre.

> **Yo, en este punto del espacio y del tiempo, te declaro oficialmente... Héroe en formación. ¡Bienvenido a la Legión!**
>
> **Disfruta de este momento único mientras presencias el nacimiento del sol.**
>
> **Como esta hermosa estrella, tú también acabas de renacer.**
> **Tu fuerza también crecerá, alta y espléndida, esparciendo luz sobre todo lo que cruce tu camino.**
> **¡¡¡FELICITACIONES!!!**

Lo que das, lo conservas.
Lo que no das, lo pierdes para siempre.

TONY ROBBINS
AUTOR Y COACH ESTADOUNIDENSE

19) Cuando tu fervor se haya calmado, **toma muchas fotos de este momento tan especial.**

20) Fecha y firma el certificado en este libro. Si lo deseas, puedes pedir el certificado oficial de BEA HERO escaneando el código QR o haciendo clic en el enlace que aparece abajo.*

21) Como Héroe en formación, **ahora también puedes portar oficialmente la insignia de HERO** en tu pecho; **es tuya.**

22) Además, **ahora estás autorizado para llevar a cabo la ceremonia del Sacramentum para otros nuevos Héroes.**

23) No dudes en compartir tus emociones conmigo y con otros Héroes en formación usando nuestro hashtag @beahero.world.

NOTA: Pide a alguien que te ayude con la ceremonia. Las personas son nuestra mayor fuente de inspiración y responsabilidad. No tienes que mantener esto en secreto. Si tus amigos te preguntan qué estás haciendo o por qué, déjales leer el preámbulo de este libro.
Si tienes otros amigos o familiares que también quieren convertirse en Héroes en formación, realicen el proceso juntos. Lean las afirmaciones y los votos juntos. El poder de la sinergia es muy potente.

BEA HERO™
Certificado

Tu corazón es la esencia
palpitante de donde
surge tu espíritu
invencible.

Sacramentum del Héroe

Juro solemnemente
honrar mi corazón,
prometer lealtad
a mi esencia palpitante,
líder de mi voluntad,
maestro de mi voz,
fuente de mi espíritu.

Juro dejar que mi corazón
sea mi escudo,
el amor, mi espada,
la gratitud, mi fortaleza,
los sueños, mi luz.

Prometo
dominar mis emociones,
cumplir mi propósito,
ser un verdadero Héroe viviente
honrando
este juramento irrompible
hasta el fin de los tiempos.

Que la victoria se vuelva inevitable.
Sé un Héroe.
Sé un Héroe. Sé un Héroe.

Deponent:

Date: _____ _____

Escudo de Armas

Certificado

BEA HERO™

HERO

ESTO CERTIFICA QUE

HABIENDO COMPLETADO CON ÉXITO EL SACRAMENTUM
DE LOS HÉROES FUE INSCRITO COMO

Hero-in-the-making

DATE

Alessio Favaretto   Daniel Chadeyras

Certificado
Oficial de
BEA HERO™

¿Qué sucede cada día?

Cada día mejoramos más
y más.

CÓDIGO BEA HERO™

Hagamos un repaso...

CAPÍTULO 5B: SACRAMENTUM DEL HÉROE

- Un ejercicio poderoso para practicar la gratitud
- El miedo y el hambre no pueden coexistir en un estado de gratitud
- Usa la gratitud para neutralizar el miedo y la ira
- "Mi corazón conoce el camino ahora. Confío en su sabiduría ahora. Claridad y paz me llenan ahora."

- Instrucciones para llevar a cabo la ceremonia del Sacramentum BEA HERO™*
- Después de tu ceremonia, quedas oficialmente enlistado como Héroe en formación
- Ahora tienes aprobación para llevar a cabo esta ceremonia para otros Héroes

- Fecha y firma tu Sacramentum
- Solicita o imprime tu Certificado BEA HERO™
- Ahora puedes portar y exhibir oficialmente el Escudo de Armas BEA HERO™
- ¡¡¡Felicitaciones!!!

- Ejemplo del Certificado Oficial BEA HERO™**

*
BEA HERO™
Instrucciones
para la
Ceremonia del
Sacramentum

**
Certificado
Oficial de
BEA HERO™

6

EMOCIONES HUMANAS

Dominar las emociones

Es hora de que te sumerjas en el reino de las emociones y en el funcionamiento de tu mente, y comprendas por qué actúas o sientes de ciertas maneras. ¿De qué otra forma vas a navegar por las complejidades de ser el increíble ser humano que eres?

Para comenzar, hablemos de fuerzas. La gravedad es una fuerza; el viento es una fuerza; el magnetismo es una fuerza; la radiación es una fuerza. ¿Qué tienen en común todas estas fuerzas?
Todas son fuerzas invisibles.

¿Y qué hay del amor, el odio, la pasión, la hostilidad, la admiración o los celos? También son fuerzas invisibles.

Las **emociones** humanas pueden impactar tu vida más que casi cualquier otra cosa. **Son lo que nos impulsa a la acción** — la emoción es movimiento.

Piensa en esto: las emociones inician guerras o fomentan la paz. Te llevan a enamorarte y a casarte, y también pueden ser la causa de un divorcio.

Si se utilizan eficazmente, podemos aprovechar nuestras emociones **para experimentar la vida plena con la que siempre soñamos.** Pero cuando se descuidan, la ansiedad, la preocupación, la ira, el estrés, la duda, el dolor, la depresión y la desesperación pueden colarse.

Todo es tal como el pensamiento lo hace.

MARCUS AURELIUS
EMPERADOR ROMANO Y FILÓSOFO

¿Cuál es la primera cosa que nunca puedes recuperar?
El tiempo.

¿Y la segunda?
Los recuerdos.

CÓDIGO BEA HERO™

Todos hemos recibido un regalo: la **capacidad de elegir**, dirigir y moldear nuestras emociones. Esta habilidad puede impactar de inmediato la calidad de nuestras vidas y empoderar a otros para hacer lo mismo.

Imagina una vida sin el regalo de las emociones. ¿No es eso precisamente lo que nos distingue de las máquinas?

Entonces, ya que vas a convertirte en una leyenda, como Héroe en formación, debes **convertirte en el maestro de tus emociones.**

¿Dónde comenzamos?

Empecemos por descomponer las emociones. A pesar de lo que ocurra en tu mundo exterior, en última instancia, **la forma en que te sientes depende del significado que le das a las cosas.**

SIGNIFICADO → EMOCIÓN → TU VIDA

Si algo inesperado ocurre en tu vida y te causa dolor, hay dos formas principales de darle significado.

Puedes culpar a algo o a alguien, creyendo que te están castigando, y enfocarte en lo negativo. O bien, puedes elegir ver esos eventos dolorosos como un desafío, un regalo, una oportunidad para crecer, incluso una bendición.

Hay quienes culpan y señalan con el dedo a los demás, y hay quienes evalúan la situación internamente y buscan en qué pueden mejorar.

Dos significados diferentes que producen dos conjuntos distintos de emociones, lo que finalmente conduce a dos caminos de vida completamente distintos.

«Lo que está mal siempre está disponible, al igual que lo que está bien».»

Entonces, ¿dónde trazas la línea? Una vez más, todo se reduce a una elección. ¿Qué es lo que quieres?

Pensar negativamente es el enfoque más común que se nos enseña desde pequeños. En la escuela, a menudo te dicen lo que hiciste mal y en el trabajo o en las relaciones, la atención suele centrarse en los fracasos.

Por eso, tu nueva respuesta ante los eventos dolorosos debe ser preguntar: **¿qué hay de grandioso en esto? Hay una oportunidad en cada situación.**

¿Qué pasaría si te contara la historia de alguien que sobrevivió a un accidente automovilístico que casi le costó la vida y lo dejó paralizado del pecho hacia abajo durante dos años?

Al principio, la reacción siempre es: "¿Por qué? ¿Por qué a mí?" Luego, en medio del tratamiento, una enfermera le lleva una guitarra. Esta es la historia de Julio Iglesias, el cantautor español que vendió trescientos millones de copias en todo el mundo, convirtiéndose en el artista número uno de habla hispana en su categoría, incluso hasta el día de hoy.

¿Podrías imaginar alguna vez a Julio como portero? Pues esa era su carrera inicial antes del accidente.

Si lees las autobiografías de muchas personas exitosas—artistas, actores, aviadores, atletas, escritores, científicos, inventores, líderes, reyes, emperadores —descubrirás que el universo ofrece oportunidades en cada situación. Estos hombres y mujeres triunfaron gracias a la forma en que respondieron ante los desafíos.

El significado que les das a los eventos negativos moldea tus emociones. Tus emociones dictan tus acciones y, en última instancia, estas dan forma al curso de tu vida.

No te dejes engañar por los eventos negativos. Como Héroe en formación, pregúntate: "¿Qué hay de grandioso en esto? ¿Qué lección estoy aprendiendo?"

No puedes crecer sin un desafío, no puedes volar sin la gravedad.

JIM ROHN
EMPRESARIO ESTADOUNIDENSE, AUTOR Y ORADOR
MOTIVACIONAL

Convertir lo negativo en positivo

En esta página encontrarás algunos ejemplos de eventos negativos marcados con el símbolo de negación "—". Tu tarea es preguntarte a ti mismo:

> **Todo sucede por una razón.**
> **¿Qué tiene de bueno esto?**
> **¿Qué puedo aprender de ello?**
> **Soy imparable.**
> **Mi corazón sabe.**

Escribe al menos dos razones positivas. Escríbelas y tacha con un bolígrafo el símbolo "—", transformándolo en "**+**" positivo.
 Al completar todos los ejercicios, marca esta página con un   .

Ejemplo

(—) Se descargó la batería de mi auto y voy a llegar tarde al trabajo

(+) Aprendo a estar más preparado para emergencias
(+) Este retraso podría evitarme un accidente o darme una nueva oportunidad en el día

---

Ahora te toca a ti:

(—) Perdí mi billetera.
_____
_____
_____
_____
_____
_____

(—) Mi compañero de piso no respeta las reglas de la casa.
_____
_____
_____
_____
_____

(—) Mis padres discuten con frecuencia.
_____
_____
_____
_____
_____
_____

(—) No puedo encontrar trabajo.
_____
_____
_____
_____
_____
_____

Claro, aquí tienes el formato para que puedas completar la lista de tus situaciones negativas personales:

(—)--
(—)--
(—)--
(—)--
(—)--
(—)--
(—)--
(—)--
(—)--
(—)--
(—)--
(—)--
(—)--
(—)--
(—)--
(—)--
(—)--
(—)--
(—)--
(—)--
(—)--
(—)--
(—)--
(—)--
(—)--
(—)--
(—)--

Por desafiante que parezca, repite y pregúntate a ti mismo:

Todo sucede por una razón.
¿Qué tiene de bueno esto?
¿Qué puedo aprender de ello?
Soy imparable.
Mi corazón sabe.

> ## Cada menos es la mitad de un más, esperando un trazo de conciencia vertical.

ALAN COHEN
AUTOR ESTADOUNIDENSE

Nos adentramos profundamente en las emociones humanas, sus significados y su impacto en la vida. **Si te cuesta encontrar la paz o si la ira y el miedo persisten, realiza el ejercicio de meditación de gratitud.** Tu corazón lo sabe.

Recuerda la historia de Julio Iglesias: ¿cómo podría haber imaginado que privarse del uso de sus piernas lo convertiría en un cantante de fama mundial? O Chuck Yeager, quien vomitó por todo el asiento del pasajero en su primer vuelo, y más tarde se convertiría en el primer piloto de la historia confirmado en haber superado la barrera del sonido en un vuelo nivelado a bordo del X-1.

O Marilyn Monroe, quien creció sin padre, fue víctima de múltiples abusos sexuales durante la infancia y pasó por un orfanato... para luego convertirse en la ganadora del Globo de Oro a la "Mejor Actriz de Comedia". O Calígula, quien, de ser prisionero, llegó a convertirse en Emperador de Roma.

Para continuar tu viaje de Héroe, **debes enfrentar tu estado actual y avanzar.** Así que, observando tu lista de situaciones negativas, busca en lo más profundo de tu corazón cualquier posible razón positiva por la que estás viviendo o has vivido tales experiencias.

> **Todo sucede por una razón.**
> **¿Qué hay de bueno en esto?**
> **¿Qué puedo aprender de esto?**
> **Soy imparable.**
> **Mi corazón lo sabe.**

La energía va hacia donde fluye el enfoque. Cada mañana puedes elegir quejarte de lo que no tienes o agradecer por lo que sí tienes.

Cada decisión que tomas define tu destino. ¿Comienzas a comprender el tipo de actitud que se requiere para triunfar en tu Viaje de Héroe?

> Es en nuestros momentos más oscuros cuando debemos enfocarnos para ver la luz.

ARISTOTLE
FILÓSOFO GRIEGO, CONOCIDO COMO
EL "PADRE DE LA CIENCIA"

Alterar percepciones

LECCIÓN 1

El tiempo es el maestro invisible de las energías

¿Pueden ocurrir cosas sin tiempo? En el mundo de las diminutas partículas (el reino cuántico), el tiempo es algo complejo y no estamos seguros de si los eventos pueden existir sin él.

Pero para mantenerlo simple por ahora, piensa así: cómo se mueven las cosas o cuán rápido funciona un motor, todo se mide en función del tiempo. **Todo en nuestro mundo** —lo que existe, vive o termina— **sucede gracias al tiempo.** Así que abraza al tiempo como una fuerza invisible y deja que sea tu maestro.

Esto nos lleva a una pregunta: **¿Puedes predecir el futuro con certeza?** ¡Probablemente no! Entonces, ¿en qué posición estás para juzgar con dureza cualquier evento presente o pasado, provocándote dolor innecesario?

A pesar de lo que hoy o ayer pueda parecer negativo, es tu deber, como Héroe en formación, entrenarte para encontrar el lado positivo. Deja que el tiempo sea tu guía y te enseñe esa lección fundamental.

Si nadie puede detener al tiempo, **nadie puede detenerte a ti.**

Por eso esas palabras resonaron contigo antes de tu juramento, y por eso juraste:
"Hasta el fin del tiempo... que la victoria se vuelva inevitable."

LECCIÓN 2

Mira el mundo al revés

Hazte consciente de los paradigmas en los que lo que percibes es exactamente lo contrario de la realidad.

Por ejemplo:

- Lo que es dulce en la boca se vuelve amargo en el estómago.
- En la música, no son las notas, sino la pausa entre ellas lo que da belleza y forma.
- Sin oscuridad, ¿cómo puede existir la luz?
- Sin perder nada, ¿cómo podrías descubrir su verdadero valor?
- Mantén cerca a tus amigos... y aun más cerca a tus enemigos.
- El nivel de tus expectativas determina el nivel de tu decepción.
- Lo que ves con tus ojos es una proyección invertida que se refleja en tu mente.
- _____
  _____
  _____
  _____

Ejercicio

1. ¿Qué ves dentro del círculo?

(6)

_____
_____
_____
_____
_____
_____

2. ¿Qué ves a continuación?

NO

_____
_____
_____
_____
_____

Responde ambas preguntas. Mis respuestas están en la siguiente página.

✓

❞

Las cosas no siempre son lo que parecen; la primera apariencia engaña a muchos.

Ω

FEDRO
FILÓSOFO ATENIENSE

Como señaló sabiamente Fedro, el antiguo aristócrata ateniense:
"Las cosas no siempre son lo que parecen",
Y después de más de dos mil años, aún nada ha cambiado.

Como Héroe en formación, debes disciplinarte para mirar el mundo, literalmente, al revés: encontrar un significado positivo en los eventos negativos y permitir que el tiempo siga su curso como el maestro de todas las fuerzas.

La madre naturaleza nos ha dado dos ojos para mirar hacia adelante, hacia lo que viene—el presente y el futuro—, no hacia atrás.

La diferencia entre "vida" (life) y "mentira" (lie) radica en la letra "f", de fuerza. ¿Y qué fuerza?
La emoción humana.

La elección es tuya, Héroe.
Encuentra el significado en tus emociones, elige un resultado que te empodere y, por fin, habrás dominado tu vida.

Al final de este capítulo, he creado un diagrama de flujo paso a paso para guiarte en el proceso.
Como todo en la vida, requiere entrenamiento y repetición para que tú seas el maestro y no el esclavo de tus emociones.

El mejor consejo que puedo darte es que **neutralices las emociones negativas cuando aún son pequeñas. No esperes a que se conviertan en gigantes.**

Recuerda tu juramento, cuando prometiste: "Que mi corazón sea mi escudo, el amor mi espada, la gratitud mi fortaleza y los sueños mi luz."

- -

Mis respuestas del ejercicio anterior

1) El número seis, el número nueve, la letra "b", la letra "p" invertida o la letra "R" del alfabeto glagolítico.

2) Veo la palabra "no" en inglés, que también puede significar "sí" en griego o representar "N cero" en programación como una variable.

¿Qué nos mantiene en marcha?

Como Héroe en formación, mantén el deseo **de aprender de las historias de otras personas.**

Te sorprenderá descubrir los desafíos y momentos decisivos que tuvieron que atravesar quienes más admiramos para convertirse en quienes son hoy.

Por esta razón, hay un ejercicio que debes realizar:
Acércate a un mínimo de cinco personas — pueden ser tus abuelos, un colega, alguien a quien admires o incluso un desconocido con quien quieras iniciar una conversación.

Presta especial atención a los ancianos y a los sabios; son como libros que caminan.

Una vez que encuentres a la persona, hazle esta simple pregunta: *"Señor/Señora, ¿puedo preguntarle algo? Cuando las cosas en su vida se ponen realmente difíciles, muy complicadas y parecen imposibles de resolver... **¿qué es lo que a usted lo/la mantiene en marcha?"***

Luego simplemente escucha.
Indica sus nombres una vez que completes esta tarea y, quizás, también su consejo o "frase clave" para superar los momentos difíciles.

1...
2...
3...
4...
5...

Tenemos dos oídos y una boca para que podamos escuchar el doble de lo que hablamos.

EPICTETO
FILÓSOFO ESTOICO GRIEGO

Mazo de Control Emocional

**EVENTO
DE VIDA**

Todo sucede por una razón.
¿Qué tiene de bueno esto?
¿Qué puedo aprender de esto?
Soy imparable.

Encuentra un significado
empoderador para el evento.

Si no se puede encontrar un
buen significado, realiza la
Meditación de Gratitud.

**Significado Positivo
=
Emociones Positivas**

Si no se encuentra un significado
positivo, espera un día.

**Emociones positivas
=
Acciones positivas**

DOMINAR TU VIDA

¿Qué debes hacer cuando las cosas salen mal?
Disciplinar mi decepción.

¿Y si salen muy mal?
Tener fe.

¿Y luego?
Seguir sembrando.

CÓDIGO BEA HERO™

6to Cuestionario del Hito

Elige la respuesta más correcta según las enseñanzas de BEA HERO™.
Las respuestas correctas están en la página siguiente.

P1. ¿Qué fuerza invisible afecta más la vida humana?
a) El amor y el odio.
b) La gravedad.
c) Las emociones.
d) Los eventos negativos o positivos.

P2. ¿Cómo puedes dominar tus emociones?
a) Preguntándome: ¿qué hay de bueno en cada situación?
b) Controlando el significado de los eventos, controlarás tus emociones.
c) Deteniendo las emociones negativas y dándoles un significado positivo.
d) Todas las anteriores.

P3. ¿Qué fuerza es la maestra de todas las fuerzas invisibles?
a) La emoción humana.
b) El tiempo.
c) El amor.
d) Yo mismo.

P4. ¿Cómo deberías reaccionar cuando ocurre algo negativo?
a) Sintiéndome víctima y preguntándome: "¿por qué a mí?"
b) Confiando en mi intuición y dándole un significado inmediato.
c) Mirando el evento al revés, desde una perspectiva diferente.
d) Escuchando los consejos de los demás y viendo qué sucede.

P5. ¿Cuál es el mantra del Héroe cuando ocurre algo negativo?
a) No todo sucede por una sola razón, pero soy imparable.
b) Todo sucede por una razón. ¿Qué hay de bueno en esto? ¿Qué puedo aprender...?
c) Tu mente lo sabe.

P6. ¿Cuál es una lección importante sobre la percepción del tiempo?
a) El tiempo es un momento que rara vez cambia las cosas.
b) El tiempo nunca se desperdicia, solo se invierte.
c) Si nadie puede detener el tiempo, nadie puede detenerte a ti.

P7. ¿De quién podríamos aprender más si nos tomáramos el tiempo para escuchar?
a) De personas de quienes menos lo esperamos.
b) De personas en el trabajo.
c) De la historia de vida de alguien.
d) Todas las anteriores.

1c, 2d, 3b, 4c, 5b, 6c, 7d

¿Cuál es la venganza más dulce?
El éxito masivo.

INSPIRADO POR LES BROWN

Memoriza esta frase.
CÓDIGO BEA HERO™

Hagamos un repaso...

CAPÍTULO 6: EMOCIONES HUMANAS

- El universo está lleno de fuerzas invisibles y las emociones humanas también.
- Las emociones humanas nos impulsan a actuar.
- La forma en que te sientes es el resultado del SIGNIFICADO que les das a los eventos de tu vida.
- Significado = Emociones = Tu Vida

- Cada desafío en la vida viene acompañado de oportunidades.
- Entrénate para transformar todo lo negativo en positivo.
- Aprende de otras historias inspiradoras.

- El tiempo es el maestro de las fuerzas.
- Entrena tu mente para mirar el mundo al revés.
- Lo que parece ser de una forma puede terminar siendo todo lo contrario.
- Usa el diagrama de la "Baraja de Control Emocional Humano".
- Domina las emociones humanas y dominarás tu vida.

Todo sucede por una razón.
¿Qué hay de bueno en esto?
¿Qué puedo aprender de esto?
Soy imparable.
Mi corazón lo sabe.

PALABRAS O ESPADAS

HERO

No importa de qué parte del mundo vengas; el lenguaje evoca emociones.

Si alguien te dice que estás equivocado, ¿cómo te vas a sentir?

Si te digo que eres un mentiroso, ¿cómo te vas a sentir?

Basta con una sola palabra para cambiar rápidamente la bioquímica de una persona. ¿Por qué?

Porque aunque no podamos poseer la palabra, sí poseemos el significado que le damos, y al enfocarnos en nuestras palabras, generamos una emoción o energía que alimenta nuestra mente subconsciente hacia lo positivo o lo negativo.

La ciencia demuestra que las palabras afectan a los demás, pero **a menudo olvidamos que las que usamos con nosotros mismos también afectan nuestras emociones.**

Entonces... ¿qué palabras debo usar y cuáles no?

Comienza observando tu propia TV: tu Vocabulario Transformacional.*

Dado que tu "televisión interna" moldea cómo te sientes, identifica las palabras que te impulsan hacia adelante y elimina de forma permanente las que te arrastran hacia atrás.

Por ejemplo, la palabra "depresión" — elimínala de tu vocabulario.

Cámbiala por expresiones como "estoy triste" o "me siento abrumado en este momento", pero no uses la palabra "depresión".

Si sigues usándola, solo seguirá tirándote hacia abajo.

Algunas personas modifican su lenguaje poniéndolo en pasado, como por ejemplo:

"Antes solía experimentar ansiedad", pero ahora dicen:

"Sé que esta sensación pasará; ya lo he superado antes."

Las palabras son como espadas.

Σ

E P I C T E T O
FILÓSOFO ESTOICO GRIEGO

*
Robbins, T. (2021). Cambia tus palabras, cambia tu vida.

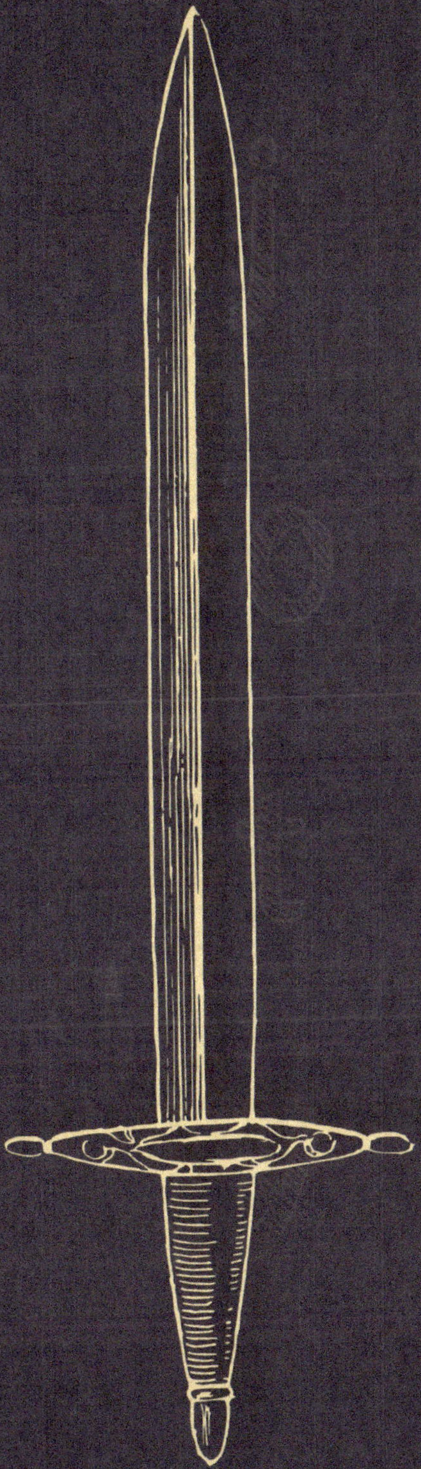

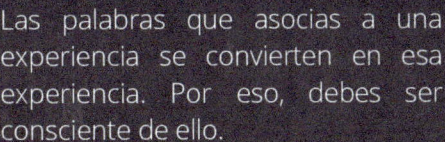

Las palabras que asocias a una experiencia se convierten en esa experiencia. Por eso, debes ser consciente de ello.

Si constantemente hablas de estar aburrido, entonces estarás aburrido todo el tiempo. En cambio, podrías decir: "esto es inconveniente" o "esto no es de mi agrado".
El lenguaje es una de las claves para cambiar tu mente, tu cuerpo y, en última instancia, tus resultados.

Controlar tu lenguaje es el primer paso para orientar tus emociones.
Usa un lenguaje colorido, amable o juguetón para compensar y transformar lo negativo en positivo.
Piensa en el lenguaje como la matriz de las emociones.

¿Sabías que algunos estudios sugieren la existencia de un sesgo psicológico llamado "sesgo de negatividad"?
Este sesgo hace que **las personas presten más atención y se vean más afectadas por la información negativa que por la positiva.**

Nuestro cerebro está programado para la negatividad más que para la positividad, como un mecanismo de supervivencia. Pero como Héroe en formación, ha llegado el momento de corregir tu vocabulario. En las próximas páginas te mostraré cómo hacerlo.

¿Sabías que en la compleja danza de **las funciones de nuestro cerebro, el hemisferio izquierdo filtra e interpreta cuidadosamente la información, dirigiendo los procesos de autoconciencia, el lenguaje verbal y la lógica,** antes de pasarla al hemisferio derecho receptor?

El hemisferio derecho, a su vez, recibe los datos procesados y **es no crítico, holístico y orientado a los patrones, aceptando la información sin cuestionarla.** Esencialmente, el lado derecho tiende a **aceptar sin escepticismo** la información proveniente del cerebro izquierdo.*

¿Qué significa esto?
Como tenemos control sobre los estímulos que llegan al hemisferio izquierdo, debemos ser muy conscientes de cómo nuestras palabras y pensamientos influyen en nuestra percepción del mundo y, por lo tanto, en la forma en que construimos nuestra realidad.

Estudios científicos, como el informe de la CIA de 1983 sobre la Experiencia Gateway, proporcionan una fuerte **evidencia de esto, incluyendo el poder de alterar nuestros estados de conciencia.***

Detente un momento y date cuenta de cómo la letra simbólica "L" en la palabra "world" (mundo, en inglés) nos sugiere, metafóricamente, atraernos hacia lo vertical, sin límites.
Así que elevémonos más allá del pensamiento lateral limitado de una situación y proyectémonos verticalmente.

Nuestro mundo está determinado por nuestros límites, y esos límites comienzan con la elección y el uso de nuestras palabras.

*
Agencia Central de Inteligencia (CIA). (1983). Experiencia Gateway. Informe interno.

Las palabras son la encarnación verbal del poder.

LOS YOGA SUTRAS DE PATANJALI

Corrigiendo tus palabras (tus mundos)

Transforma tu lenguaje actual y tus costumbres culturales en otros más positivos. Relaciona las siguientes frases con su mejor sustituto positivo a la derecha.

Estoy deprimido   →   No estoy feliz
No puedo hacerlo   No soy tan rápido
No valgo nada   Aún tengo que aprenderlo
Soy lento   Tengo una situación temporal
Estoy enfermo   Necesito crecer
No lo sé   ¿Cómo puedo hacerlo?
Tengo un problema   No estoy al 100%

Usando la misma metodología, escribe tu sustituto positivo a la derecha.

Estoy cansado   → ....
Soy malo en...   →...
Siempre se me olvida →...
Estoy estresado   →...
Estoy nervioso   →...
Es imposible   →...
Nunca   →...
Estoy demasiado ocupado →...

Mientras aprendes a corregir tu propio vocabulario interno, presta atención y corrige también las palabras que usas al dirigirte a los demás:

¿Cuál es tu problema?   → ¿Qué te está preocupando?
¿Por qué no estás escuchando? → ¿En qué estás pensando?
¿Qué te pasa?   → ....
¡No sirves para nada! → ....

Otro método para reformular tu significado es enfocarte en el ahora y el futuro; por ejemplo, decir: "He experimentado estrés" en lugar de "Estoy estresado".

Las groserías dirigidas a otros solo reflejan lo que llevas dentro de ti. **Haz tu mayor esfuerzo por dirigir esa energía hacia un propósito mejor.**

No es lo que sucede lo que determina tu futuro — es lo que haces al respecto.

Los mismos vientos soplan para todos nosotros. Vientos de oportunidad, vientos de adversidad. **Vientos de cambio, vientos de incertidumbre.** No puedes detener el viento. No puedes desear un clima perfecto. **La vida nunca estará libre de tormentas.**

Pero aquí está la verdad: **no es el viento lo que determina tu destino, sino la dirección en la que colocas tu vela.**

Cada día me encuentro con personas que van a la deriva por la vida, esperando que el viento, mágicamente, las lleve a algún lugar nuevo. Dicen cosas como: "Si tan solo la economía mejorara." "Si tan solo tuviera más apoyo." "Si tan solo la vida fuera más fácil." Pero se pierden el punto esencial: el viento siempre será impredecible. **Lo que importa es cómo respondes.**

Algunos pasan año tras año viendo poco o ningún cambio — no porque les falte inteligencia o deseo, sino porque nunca cambiaron sus hábitos, su mentalidad o su estrategia. No leyeron el libro, no asistieron al seminario, no buscaron el conocimiento con la pregunta: ¿Cómo puedo mejorar mi vida?

Pero aquí está la oportunidad: **puedes elegir ajustar mejor tu vela — ahora mismo.**
Puedes empezar a aprender, crecer y practicar nuevas disciplinas hoy, sin importar cuán fuerte o caótico sea el viento.

Esa es la esencia del camino del Héroe. Los héroes no esperan condiciones perfectas — dominan su arte y ajustan sus velas mientras la tormenta aún sopla.

Si haces esto, puedes transformar los próximos tres años de tu vida.
Es totalmente posible que sean drásticamente diferentes de los últimos tres. La elección es tuya.

Así que recuerda esto:
"No es el viento el que determina tus ingresos. No es el viento el que determina tu futuro. Es la dirección de tu vela." — Jim Rohn*

Jim Rohn – La Dirección de la Vela.
Día 23
BEA HERO
Maestros de la Vida

Jim Rohn

EMPRESARIO ESTADOUNIDENSE, AUTOR Y ORADOR MOTIVACIONAL

¿Qué determina
tu destino?
La dirección de tu vela.

INSPIRADO POR JIM ROHN

La Pulsera Correctiva

Como Héroe en formación, ponte una banda elástica alrededor de la muñeca y, cada vez que te sorprendas usando vocabulario negativo hacia ti mismo o hacia otros, jala la banda para que te duela al soltarla.

Las duchas frías y las flexiones son otras formas utilizadas para corregir la disciplina.

Elige usar palabras negativas y seguirás siendo un esclavo atado a ellas. Corrígelas y, después de años de maltrato, tu mente empezará a seguir límites sin fronteras.

Ahora aprende a cuestionarte correctamente, con el objetivo de lograr un mejor resultado; apunta hacia las soluciones:

Soy perezoso → ¿Cómo puedo tener más motivación?
Soy terrible en... → ¿Cómo puedo mejorar en...?
Siempre llego tarde → ....
No sirvo para nada → ....
Esa es mi debilidad → ....
No tengo... → ....
Yo .... → ....
Yo .... → ....
Yo .... → ....

Ve a la raíz de tu comportamiento, no al resultado.
Cambia el comportamiento y cambiarás el resultado.
Tu mente se centra en lo que piensas.
Las preguntas son el mejor invento para dar la bienvenida a nuevas ideas.

¿Cuál es la diferencia entre lo positivo y lo negativo? Solo el pensamiento lo convierte en algo u otro.

CÓDIGO BEA HERO™

Miedo

Cuando se pregunta **qué impide a las personas hacer aquello que realmente desean**, la respuesta más básica y simple es: el **miedo.**
Todos tienen miedo — de no ser suficientes, de no ser lo bastante inteligentes, ricos, rápidos, jóvenes...
Entonces, **¿cómo puedes superar el miedo?**

No lo harás. **Vas a aprender a abrazarlo**, ya que el miedo ocupa el podio de tu grandeza.

Por lo tanto, **el propósito de esta sección no es destruir el miedo, sino canalizarlo** en una dirección que te sirva mejor: caminar junto a él, o, aún mejor, bailar con él.

Piénsalo como el aikido, el arte marcial japonés que aprovecha el poder del oponente en su contra. El aikido suele traducirse como "el camino de la unificación con la energía vital"."*
De manera similar, nuestra meta es unificarnos con el miedo y aprovechar su energía.

¿Sabías que cuando eras solo un bebé, naciste con solo dos miedos? El miedo a caer y a los ruidos fuertes. Increíble, ¿no? ¿Significa eso que un bebé tiene más valentía que un adulto? No exactamente.

No debemos confundir el miedo con el peligro. Ningún bebé sobreviviría un solo día sin la protección de sus padres frente a los peligros hasta que crezca y aprenda sobre la seguridad.

El coraje sin competencia no te llevará muy lejos. Así que recuerda: a pesar de haber nacido casi sin miedo, es tu cerebro, con más de 200,000 años de evolución, el que te ha mantenido a salvo de los peligros todo este tiempo.

Como resultado, el sistema central del cerebro opera en función de la supervivencia. Por eso, seamos agradecidos ante el miedo y aprendamos a convivir con él. En otras palabras, en lugar de luchar contra el miedo, abrázalo y aprende a canalizarlo.

*
Saotome, M. (1989).
Los principios del Aikido.
Shambhala. p. 222.

El miedo solo puede existir en tus pensamientos sobre el futuro. Es otra fuerza invisible, un producto de tu mente, y una elección permitir que el miedo se transforme en una forma de dolor inducido. Pero ¿sabías que el dolor es una de las fuerzas más poderosas del ser humano?

Demasiado Miedo

Los estudios demuestran que niveles anormales de miedo y ansiedad pueden provocar un gran malestar y disfunción.*

No es raro que desde edades tempranas se desarrollen fobias y trastornos de ansiedad. Si estás en esta situación, debes buscar orientación profesional. Hoy en día, sabemos mucho sobre el cerebro y existen muchos tratamientos eficaces que pueden funcionar en relativamente poco tiempo.

Mira, por ejemplo, la PNL (Programación Neurolingüística), la terapia de línea del tiempo, la hipnosis regresiva,** el proyecto Gateway***, el método Wim Hof del Hombre de Hielo...Busca la fuente del problema; no intentes curar algo solo con medicamentos.

Para darte un ejemplo: uno de mis amigos más queridos fue curado de la tartamudez por un terapeuta craneosacral, simplemente tocando puntos de presión en el cuero cabelludo.

¿No es increíble?

Muy Poco Miedo

Los estudios demuestran que las personas que carecen de funcionalidad en la amígdala—la parte del cerebro donde se origina el miedo —suelen ser psicópatas.*

Entre los rasgos comunes en esta categoría se encuentran: conductas antisociales, falta de empatía, ausencia de remordimiento, audacia excesiva, desinhibición y egocentrismo.

Lamentablemente, no existe una cura conocida para los psicópatas.

Sin embargo, parte de ser un Héroe en formación es no aceptar nunca un "no" como respuesta cuando se trata de una buena causa. **Un "no" es simplemente un "no lo sé".**

Todo lo que vale la pena buscar por el bien mayor siempre merece perseguirlo. Así que, si sufres alguna condición disfuncional, busca métodos alternativos.

La vida es demasiado valiosa como para rendirse por haberlo dicho alguien más. Nunca habríamos llegado a la Luna si ese hubiera sido el caso.

Marsh, A. (2017).
El Factor Miedo: Cómo una emoción conecta a los altruistas, psicópatas y a todos los que están en medio.

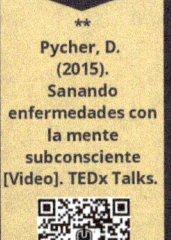

Pycher, D. (2015).
Sanando enfermedades con la mente subconsciente [Video]. TEDx Talks.

***
Agencia Central de Inteligencia (CIA). (1983).
Análisis y evaluación del proceso Gateway.

Sufrimos más a menudo en la imaginación que en la realidad..

SÉNECA
FILÓSOFO ESTOICO DE LA ANTIGUA ROMA

El equilibrio correcto del miedo

Espero que ahora puedas coincidir conmigo en que la cantidad adecuada de miedo es necesaria para evitar actitudes psíquicas extremas.

Por lo tanto, no confundas ser intrépido con ser valiente.
Los estudios demuestran que el altruismo y las acciones de autosacrificio provienen de personas que sienten miedo. Las personas son capaces de superar el miedo cuando otros están en peligro.

De hecho, existe una hormona llamada oxitocina que, a pesar de seguir mostrando signos fisiológicos de miedo, es la que permite que alguien luche en lugar de congelarse o huir frente a situaciones peligrosas.*

El miedo también permite sentir empatía. Poder comprender y compartir los sentimientos de los demás es una gran virtud.

Tanto el altruismo como la empatía pueden desarrollarse a través de la meditación y la lectura, actividades que, como Héroe en formación, deberías empezar a practicar con regularidad.

Cuando el reconocido filósofo griego Aristóteles fue tutor de Alejandro Magno en el año 343 a.C., le preguntó al futuro conquistador:
¿Cuál era la virtud más valiosa que podía poseer un soldado? Alejandro respondió: "El coraje." Entonces Aristóteles le preguntó: ¿Y qué pasaría si el exceso de coraje lleva al guerrero a adelantarse solo frente al enemigo, sin su ejército?

Alejandro reconoció que seguramente moriría. Luego, Aristóteles le preguntó: ¿Y qué ocurriría si la falta de coraje hiciera que el soldado corriera en la dirección contraria?
"Entonces sería un cobarde"** respondió Alejandro.

Con este razonamiento, Aristóteles enseñó a Alejandro la importancia de encontrar siempre los puntos medios, y así desarrollar el equilibrio en la vida.

*
Marsh, A. (2017). El Factor Miedo: Cómo una emoción conecta a los altruistas, psicópatas y a todos los que están en medio (ed. ilustrada).

**
Biographics. (2020). 275 - Aristóteles: El pensador más influyente de la historia. Podcast de ListenNotes.

¿De qué deberías tener miedo?
De mi grandeza.

¿Dónde se encuentra la grandeza?
Detrás de mi mayor M.I.E.D.O. (Mentiras Imaginarias Engañando Destrozando Oportunidades)

CÓDIGO BEA HERO™

¿Qué poder tienen tus
palabras?
La manifestación primordial
de mi mundo.

CÓDIGO BEA HERO™

Arrepentimientos

¿Cómo Abrazar los Miedos?

Un método para abrazar el miedo y ayudarte a avanzar es inducir otro tipo de miedo: el arrepentimiento o el miedo a perder la oportunidad.
Ya empecé a entrenarte en tu comunicación interna, así que vamos a continuar con un ritual conocido como la mecedora.

El ritual de la mecedora* es un método antiguo pero muy efectivo que puede tener un poder transformador. Consiste en imaginar que el tiempo avanza rápidamente y te visualizas muy anciano, débil, con el cabello blanco o incluso calvo, sentado en una mecedora dentro de un hospital.

El objetivo de este ritual es que, a través de una serie de preguntas, despiertes en ti una profunda sensación de arrepentimiento.**
Te obligará a mirar hacia atrás en tu vida. Ahora que eres viejo, estás enfermo, sin posibilidad de volver atrás, y te harás una serie de preguntas.

Esas preguntas te ayudarán a forjar emociones humanas intensas: arrepentimiento y sabiduría, que superarán tu estado actual de miedo, inacción, ansiedad, preocupación, duda, inseguridad o falta de confianza en ti mismo.

Y por encima de todo, recuerda siempre esto: "Tu corazón lo sabe."

*
Gilovich, T., & Medvec, V. H. (1995). La experiencia del arrepentimiento: Qué, cuándo y por qué. Psychological Review, 102(2), 379-395.

**
Morrison, M., & Roese, N. J. (2011). Arrepentimientos del estadounidense típico: Resultados de una muestra representativa a nivel nacional. Social Psychological and Personality Science, 2(6).

El Ritual de la Mecedora

La efectividad de este ritual depende de qué tan bien logres encarnar el estado de ser una persona muy anciana; incluso puedes ponerte una máscara de rostro envejecido, llena de arrugas, para ayudarte con este proceso.

Cuando estés listo, sacude tu cuerpo y busca una silla. Ahora imagina que el tiempo avanza rápidamente. Imagina las manecillas del reloj girando en sentido horario cada vez más rápido. Imagina que, al mirar por la ventana, los días y las noches pasan cada vez más deprisa. Las estaciones cambian en cuestión de segundos; tus cumpleaños se escapan; los años del calendario pasan fuera de control.

Tu rostro está envejeciendo, tu cuerpo se encorva, el color de tu cabello se vuelve cada vez más gris, tu piel se afloja, tus dientes se tornan amarillos con manchas negras, tu vista se vuelve borrosa, ya no puedes oír casi nada, y mientras imaginas que este proceso de envejecimiento ocurre, de repente el tiempo se detiene.

Como en un sueño, abres los ojos y te encuentras despierto aquí, en una habitación de hospital, en esta mecedora, junto a una silla de ruedas y un ramo de flores para reconfortarte. Tus piernas están muy delgadas; miras tus manos y ya no son lo que solían ser; sientes algo de dolor en las articulaciones al mover los dedos.

Piensas que has despertado de una pesadilla, pero no. Esto es real; eres muy anciano y te queda muy poco tiempo de vida. Entonces, con razón, te preguntas: **¿qué pasó con mi vida? ¿Qué pasó con el tiempo?**

Estás muy, muy triste; completamente incrédulo de cómo todo sucedió tan rápido. Estuviste demasiado ocupado para notarlo, demasiado preocupado por cosas que ahora ya no importan —es demasiado tarde.

Mientras contemplas, alguien golpea la puerta y un pequeño sobre se desliza por debajo de ella. Recoges el sobre y notas que lleva el emblema de BEA HERO. Lo abres con ansias para leer el mensaje que dice:

En las noches más oscuras
es cuando más brillan las luces puras.
Escribe tus penas de esta vida,
y que esta mecedora
te llevé de vuelta a la partida.

¿Qué tienes por perder
más que un pretexto para esconder?
¿Qué merece ser reclamado
para evitar un destino avergonzado?

Mira el rostro frente a ti,
analiza cada motivo como un jazmín.
Si una sonrisa llega a surgir,
tu verdadera respuesta va a latir.

Tic tac, tic tac,
es el sonido del reloj sin vuelta atrás.
Tic tac, tic tac,
es hora de que el Héroe en ti...
comience a moverse sin mirar atrás.

Cuando hayas encarnado el estado emocional adecuado desde la mecedora, haz una lista de las cosas que aún no están resueltas dentro de ti, preguntándote:

¿Con qué decisiones estoy luchando en este momento?

- --
- --
- --
- --
- --

¿Qué decisiones me están impidiendo tener la vida que deseo?

- --
- --
- --
- --
- --

¿Qué decisiones sigo postergando que podrían cambiar mi vida por completo?

- --
- --
- --
- --
- --

¿Para qué desearía tener más tiempo o qué me gustaría intentar antes de arrepentirme?

- --
- --
- --
- --

Quizás necesitas tomar una decisión importante relacionada con tu trabajo, o no sabes si deberías seguir el sueño de tu infancia y dedicarte a lo que realmente te apasiona. Tal vez estás considerando si deberías hacer algo que nunca has hecho antes, como una nueva actividad, una nueva habilidad o un nuevo desafío.

7º Cuestionario del Hito

Elige la respuesta más correcta según las enseñanzas de BEA HERO™.
Las respuestas correctas están en la página siguiente.

P1. ¿Las palabras que usamos solo afectan a otras personas, pero no a nosotros mismos?
a) Verdadero.
b) Falso.

P2. ¿Cuál es una mejor versión de "depresión" que podrías usar en tu vocabulario interno?
a) Muy dolido.
b) Muy triste.
c) Enfermo mental.
d) Desanimado.

P3. ¿Por qué son importantes las palabras?
a) Porque las necesitamos para comunicarnos con éxito.
b) Porque ayudan a expresar nuestros sentimientos.
c) Porque nuestro cerebro asocia las palabras con experiencias y emociones.

P4. En el CÓDIGO BEA HERO™, ¿cómo se responde a la pregunta: "¿Cuál es la diferencia entre lo positivo y lo negativo?"
a) Un trazo vertical que convierte lo negativo en positivo.
b) Solo el pensamiento lo hace así.
c) Mirando cada evento al revés.

P5. ¿Cómo deberías enfrentar tu propio miedo?
a) Suprimiéndolo tanto como sea posible.
b) Dejando que el miedo controle tus emociones.
c) Abrazando el miedo y usándolo como fuerza y guía.
d) Reemplazando el miedo por mucho coraje.

P6. ¿Cuál es el acrónimo de F.E.A.R. en el CÓDIGO BEA HERO™?
a) Olvida Todo y Corre.
b) Falsas Evidencias Aparentan Realidad.
c) Enfréntalo Todo y Avanza.

P7. ¿Cuál es un ritual muy poderoso para ayudarte a detectar posibles arrepentimientos de vida?
a) El ritual de la banda elástica en la muñeca.
b) El ritual de la mecedora.
c) El ritual de meditación de gratitud.

P8. ¿Qué relación profunda tienen las palabras "word" y "world"?
a) La letra "L" añadida sugiere un pensamiento vertical y la libertad de los límites.
b) La "L" de límite en nuestras palabras establece los límites de nuestro mundo.
c) Las palabras que usamos dan forma al mundo que manifestamos.
d) Todas las anteriores.

P9. En el CÓDIGO BEA HERO™, ¿cómo se responde a la pregunta: "¿Qué determina tu destino?"
a) Dividir los objetivos en hitos más pequeños.
b) Mi disposición a cambiar.
c) La dirección de mi vela.
d) Corregir mi vocabulario.

P10. En el CÓDIGO BEA HERO™, ¿cómo se responde a: "¿A qué deberías temer?"
a) A mi pasado.
b) A mis miedos.
c) A mis pasiones.
d) A mi grandeza.

P11. ¿Quién tiene la capacidad de cambiar?
a) Cualquiera que tome conciencia de ello.
b) Cualquiera, sin importar lo que haga.
c) Cualquiera con suficiente dinero.
d) Cualquiera sin miedos.

P12. En el CÓDIGO BEA HERO™, ¿cómo se responde a la pregunta: "¿Qué es la edad?"
a) La percepción de las experiencias.
b) Una medida de ilusión.
c) El tiempo que una persona ha vivido.
d) Solo un número.

P13. ¿Cómo deben medirse la vida y la edad según el CÓDIGO BEA HERO™?
a) Por la cantidad de respiraciones que realizamos.
b) Por los momentos que nos dejan sin aliento.
c) Por los miedos que conquistamos.
d) Por los arrepentimientos que superamos.

P14. ¿Cuál de estas afirmaciones es verdadera?
a) Mis hemisferios izquierdo y derecho trabajan en armonía y toman decisiones de forma equitativa.
b) El hemisferio izquierdo tiene un poco más de autoridad que el derecho.
c) El hemisferio derecho tiene un poco más de autoridad que el izquierdo.
d) El hemisferio derecho acepta la información del hemisferio izquierdo sin cuestionarla.

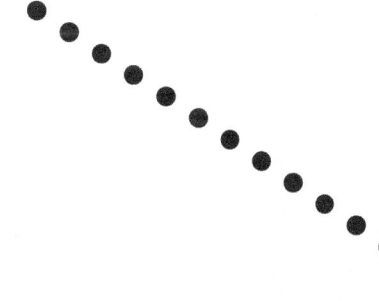

1b, 2d, 3c, 4b, 5c, 6b, 7b, 8d, 9c, 10d, 11a, 12b, 13b, 14d

HERO

Hagamos un repaso...

CAPÍTULO 7: PALABRAS O ESPADAS

- Las palabras que usas afectan tus pensamientos y emociones
- Las palabras son como espadas afiladas
- Corrige tu vocabulario (Tarea)
- No es el viento lo que determina tu destino, sino la dirección de tu vela

- Haz chasquear la pulsera de HÉROE en tu muñeca cuando te sorprendas usando palabras negativas

- La letra "L" en "world" debe recordarte que eleves tu conciencia verticalmente
- ¿Limitado o sin límites? Tú decides
- Aprende sobre el equilibrio del miedo
- Aprende a abrazar el miedo y el dolor a tu favor

- El ritual de la mecedora para conquistar los arrepentimientos
- Identifica decisiones importantes ahora, antes de que sea demasiado tarde
- La edad es una medida de ilusión
- La vida se mide por los momentos que nos dejan sin aliento

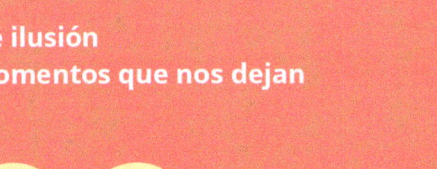

Tu palabra da forma a tu mundo.

8

DECISIONES

HERO

Los estudios demuestran que las acciones, o errores por omisión, generan más arrepentimiento a corto plazo, pero las inacciones producen más arrepentimiento a largo plazo.*

Un hombre muy sabio dijo una vez que los lugares más ricos de la Tierra no son las minas de oro ni los campos petroleros, sino los cementerios. "Aquí encontrarás todas las esperanzas y sueños que nunca se cumplieron, los libros que nunca se escribieron, las canciones que nunca se cantaron, los inventos que nunca se compartieron, las curas que nunca se descubrieron, todo porque alguien tuvo demasiado miedo de dar ese primer paso, de mantenerse firme ante el problema o de decidir cumplir su sueño." – J. Brown.

¿Qué podemos aprender todos de esto? Si nuestros antepasados pudieran hablarnos, ¿cuál sería su mensaje principal?

"No entierres tus sueños e ideas en tu ataúd."

Básicamente, no dejes que nuestras aspiraciones y pensamientos creativos queden sin concretarse.

Si le preguntas a cualquier coach profesional cuándo realmente cambia la vida de una persona, ¿es después de seis meses, un año o diez años?

La respuesta es que **la vida cambia en un instante—en el instante en que decides.** En el momento en que dices: "no más, ya basta, tengo que hacerlo."
Tu destino también puede moldearse en un instante y cada vez que realizas el ritual de la mecedora, te estás empujando hacia un posible punto de quiebre para descubrir lo que realmente importa para ti.

La vida es una arena emocional atrapada entre miedos, y el ritual de la mecedora te ayudará a convertir tus "debería" en "debo" y tu "mañana lo haré" en "ahora o nunca"." Una vez más, regresamos a tu vocabulario y tu comunicación internas. Con el ritual de la mecedora, simplemente estamos añadiendo más intensidad emocional y espero que arda.

El objetivo final **es que tengas más miedo de cómo sería tu vida si no actúas** que el miedo de quien está dispuesto a conformarse. Es casi como si los que logran más tuvieran un poco más de miedo—**miedo a perderse algo o a tener razones lo suficientemente poderosas como para seguir adelante.**

*
Gilovich, T., & Medvec, V. H. (1995). La experiencia del arrepentimiento: Qué, cuándo y por qué. Psychological Review, 102(2), 379–395.

*
Morrison, M., & Roese, N. J. (2011). Arrepentimientos del estadounidense promedio: Resultados de una muestra representativa a nivel nacional. Social Psychological and Personality Science, 2(6).

¿Cuáles son los dos días más importantes de tu vida?
El día en que nací.

¿Y el segundo?
El día en que descubrí por qué.

CÓDIGO BEA HERO™

Decisiones Informadas

Para tomar una decisión adecuada sobre algo, debes equilibrar los pros y los contras de tu elección.

Sopesar correctamente los pros y los contras revela más de lo que imaginas. Todos hemos escuchado el dicho: "no planear es planear el fracaso."

Sin embargo, **la calidad de tus decisiones depende de la información que tienes frente a ti.**

¿Irías alguna vez a la batalla sin conocer al enemigo al que te enfrentas?

No, pero muchas personas hoy en día enfrentan la vida con poca información sobre lo que les espera. En última instancia, todos aprendemos de nuestros errores, pero la forma en que lo hacemos depende de ti.

Adquirir todos los hechos lleva tiempo, así que, dependiendo de la importancia de tu decisión, te corresponde determinar cuánta información necesitas buscar.

Sin embargo, evita tomar decisiones apresuradas hasta que tengas suficiente información para elegir con conciencia. ¿Qué significa "suficiente"?

La verdad es que la información nunca es del todo suficiente, ya que a medida que el futuro se desarrolla, se revelan más detalles. Así que, **en algún momento,** si deseas alcanzar tu objetivo, **tendrás que actuar.** Conforme avances, irán surgiendo nuevos datos que te permitirán decidir con mayor claridad.
Por ahora, aprendamos a recopilar más información o incluso a predecir el resultado más probable de algo.

Si conoces al enemigo y te conoces a ti mismo, no debes temer el resultado de cien batallas.

SUN TZU
ESTRATEGA MILITAR, FILÓSOFO Y AUTOR

> ## La pluma que escribe la historia de tu vida debe estar en tu propia mano.

IRENE C. KASSORLA
PSICÓLOGA CLÍNICA Y AUTORA

El Poder de Fingir

Los libros, testimonios, reseñas, tendencias, estadísticas e historia son formas útiles de obtener información, pero ¿sabías **que también puedes fingir** que ya has alcanzado tu objetivo y probar si las cosas son como esperabas?

Por ejemplo, en muchos emprendimientos comerciales, antes de producir un producto, los dueños publican su idea para que las personas puedan hacer pedidos anticipados. Solo después de que el cliente realiza el pedido, el producto se fabrica.

De forma similar, si, por ejemplo, deseas comprar una propiedad como inversión, antes de comprarla, puedes actuar como si ya fuera tuya publicando un anuncio para medir el interés de otras personas. Tanto si obtienes la respuesta que esperas como si no, tendrás una mejor base de información para ayudarte a tomar tu decisión.

El mismo enfoque puede aplicarse al elegir una profesión, una escuela o un negocio. Conéctate con al menos tres personas en el campo que te interese, o adquiere experiencia directa a través de prácticas laborales o de voluntariado durante una semana.
Esta exposición práctica te permitirá recopilar información valiosa para ayudarte en el proceso de toma de decisiones importantes.

Elegir una profesión únicamente basándote en percepciones romantizadas puede llevar a la insatisfacción. Por eso, es crucial ir más allá de las representaciones idealizadas y **adquirir experiencias prácticas.** Las cosas a menudo son muy diferentes de lo que se muestra en la televisión o en las redes sociales.

Espera lo mejor, pero planea para lo peor. Mantener un conjunto equilibrado de expectativas es esencial para tomar decisiones importantes en la vida.

"

Nunca es demasiado
tarde para ser quien
podrías haber sido.

GEORGE ELIOT
NOVELISTA, POETA Y PERIODISTA INGLESA

Proceso de Eliminación

Cuando enfrentes dificultades para comprender la esencia de una virtud, sabiduría, habilidad, principio, verdad o estado mental, el proceso de eliminación puede ser una herramienta poderosa. **Al delimitar lo que algo no es, te quedas con lo que sí es.** Este método se conoce como el proceso de eliminación.

Este enfoque no se limita a la comprensión de conceptos; también puede aplicarse para reflexionar sobre decisiones, personas, necesidades, vicios o desafíos.
Un entendimiento profundo de lo que algo no es puede contribuir significativamente a lograr el resultado deseado.

Recuerda lo que hablamos anteriormente sobre el impacto de la calidad de la información en la toma de decisiones.
Es fundamental enfatizar que **la calidad de tus decisiones determina, en última instancia, la calidad de tu vida.**

Una vez que hayas hecho tu tarea de acumular la mayor cantidad posible de hechos y describir con precisión lo que tienes en mente, puedes continuar con tu siguiente ejercicio:

El modelo (ERDI)
Evaluación de Riesgos para
Decisiones Importantes™.

ERDU utiliza un método científico para ayudarte a tomar decisiones. Ha demostrado ser de gran valor y, con un poco de práctica, se vuelve algo natural.

El ERDI debe hacerse en una hoja de papel; evita tomar decisiones importantes sobre riesgos solo en tu cabeza.
Activar ambos hemisferios cerebrales es clave para un análisis completo.

Anota todos tus pensamientos y los hechos que hayas recopilado.
Muchas veces, cuando algo se escribe en papel, permite analizarlo más a fondo y luego revisarlo.

Evaluación de Riesgos para Decisiones Importantes (ERDI)™

El método ERDI consiste en separar los pros y los contras en dos columnas o en dos hojas de papel. Cada columna debe ir acompañada de una serie de preguntas diseñadas para ayudarte a identificar los aspectos positivos y negativos de la decisión. Se permiten múltiples respuestas para cada pregunta y no hay límite en el número de preguntas que puedes hacer.

Se permiten múltiples respuestas para cada pregunta y no hay límite en el número de preguntas que puedes hacer.

Lo crucial es **asignar un peso numérico de importancia a cada respuesta en una escala de -10 a +10.**

Si otra razón es que disfrutas disparar, eso podría ser un +3.
Sin embargo, si no te gusta recibir órdenes ni que te digan qué hacer, eso podría valer un -6. De igual manera, si mudarte lejos de tu ciudad natal te resulta indeseable, podría tener un peso de -7.

Los puntajes reflejan el nivel de alegría o de dolor asociado a cada aspecto. Para decisiones relacionadas con relaciones personales, razones positivas para continuar podrían incluir, por ejemplo, llevar diez años de matrimonio, lo que podría puntuarse como +8. Por otro lado, si ha habido infidelidad, podría valorarse en -10.

La puntuación es subjetiva y depende de cuánta alegría o dolor te genere un aspecto en particular. Considera las ganancias y pérdidas, la probabilidad de los resultados y **ten precaución al asignar puntajes extremos como +10 o -10 con demasiada facilidad.**

Por ejemplo, si estás decidiendo saltar desde un avión, puede ser muy riesgoso y potencialmente mortal, lo cual podría valer un -10. Sin embargo, si eso te ayuda a batir un récord mundial y es sumamente importante para ti, podrías asignarle un +10.

Al responder, **piensa también en las consecuencias indirectas de tu decisión.** Por ejemplo, convertirte en actriz puede tener un impacto positivo en tu situación financiera y en tu fama, pero también podría afectar tu privacidad y atraer amistades interesadas o engañosas.

Considera todos los aspectos de forma lateral: cómo afecta a tu familia, a tu cuerpo, a tu tiempo libre, a tus pasatiempos, etc.
Todo está interconectado, así que contempla todos los factores al tomar decisiones importantes.

Después de cada ejercicio ERDI, revisa y suma las puntuaciones para revelar el equilibrio final entre tus pros y tus contras.

PROS (+)

¿Por qué esto es tan importante para mí?

- ------------------------------------
- ------------------------------------
- ------------------------------------
- ------------------------------------
- ------------------------------------

¿Cómo cambiarían <u>positivamente</u> mis circunstancias de vida si tuviera éxito?

- ------------------------------------
- ------------------------------------
- ------------------------------------
- ------------------------------------
- ------------------------------------
- ------------------------------------

¿Qué situaciones se resolverían si tuviera éxito?

- ------------------------------------
- ------------------------------------
- ------------------------------------
- ------------------------------------
- ------------------------------------
- ------------------------------------

¿Hay otras formas de alcanzar mi objetivo sin afectar mi vida actual?

- ------------------------------------
- ------------------------------------
- ------------------------------------
- ------------------------------------
- ------------------------------------
- ------------------------------------

CONTRAS (-)

¿Qué es lo peor que podría pasar si no tengo éxito?

- ------------------------------------
- ------------------------------------
- ------------------------------------
- ------------------------------------
- ------------------------------------

¿Cómo cambiarían <u>negativamente</u> mis circunstancias de vida si tuviera éxito?

- ------------------------------------
- ------------------------------------
- ------------------------------------
- ------------------------------------
- ------------------------------------
- ------------------------------------

¿Qué nueva situación se generaría si tuviera éxito?

- ------------------------------------
- ------------------------------------
- ------------------------------------
- ------------------------------------
- ------------------------------------
- ------------------------------------

¿A qué nuevos riesgos tendría que enfrentarme si tuviera éxito?

- ------------------------------------
- ------------------------------------
- ------------------------------------
- ------------------------------------
- ------------------------------------
- ------------------------------------

¿Lamentaría de alguna manera no perseguir mi meta por el resto de mi vida?

- --------------------------------------
- --------------------------------------
- --------------------------------------
- --------------------------------------
- --------------------------------------

Si no tengo éxito, ¿podré compensar la pérdida de... tiempo, dinero, relaciones?

- --------------------------------------
- --------------------------------------
- --------------------------------------
- --------------------------------------
- --------------------------------------
- --------------------------------------

¿Sentiría que falta algo en mi vida si no persigo mi meta?

- --------------------------------------
- --------------------------------------
- --------------------------------------
- --------------------------------------
- --------------------------------------
- --------------------------------------

Si sigo esperando, ¿cuándo sería demasiado tarde para alcanzar mi meta?

- --------------------------------------
- --------------------------------------
- --------------------------------------
- --------------------------------------

PUNTUACIÓN TOTAL

¿Te avergonzarías de tu decisión si no persigues tu meta?

- --------------------------------------
- --------------------------------------
- --------------------------------------
- --------------------------------------
- --------------------------------------
- --------------------------------------

Si cambias de opinión a mitad de camino, ¿qué podrías perder para siempre?

- --------------------------------------
- --------------------------------------
- --------------------------------------
- --------------------------------------
- --------------------------------------
- --------------------------------------

¿Qué se interpone actualmente en tu camino?

- --------------------------------------
- --------------------------------------
- --------------------------------------
- --------------------------------------
- --------------------------------------
- --------------------------------------
- --------------------------------------

Si decides ir por ello, ¿cómo afectará negativamente a tu estilo de vida, relaciones, finanzas, etc.?

- --------------------------------------
- --------------------------------------
- --------------------------------------
- --------------------------------------

PUNTUACIÓN TOTAL

+.........

-.........

Mi Lienzo de Vida

Cada pequeño cuadrado representa una semana de tu vida. Comenzando desde cero, llena un cuadrado por cada semana que hayas vivido hasta tu edad actual. Los cuadrados vacíos representan tus semanas restantes hasta los 80 años. Cada semana, llena un cuadrado, expresa gratitud y memoriza una cita de este libro.

Versión Impresa. Beahero.world.

SEMANAS POR AÑO

La Vida en una Cápsula de Tres Kilogramos ✓

Una de mis llamadas de atención favoritas en la vida es poner las cosas en perspectiva con regularidad. Cuando alguien dice que somos una mota de polvo orbitando alrededor del Sol, rumbo a un agujero negro, cuesta imaginar cuán minúscula es nuestra existencia. Así que permíteme darte una perspectiva más tangible.

Toma una bolsa plástica transparente, una maceta vacía o cualquier recipiente que prefieras. **Sal al exterior y recoge unos tres kilogramos (seis libras) de arena o tierra —representando la esencia de lo que eres—.**

Una vez que hayas completado esta tarea, considera transferir el contenido a una maceta vacía como un recordatorio duradero. Reflexiona sobre el peso que sostienes: una muestra tangible **de la sustancia en la que nos convertimos cuando la vida se convierte en cenizas.** Tres kilogramos encierran una aventura que invita a pensar desde una nueva perspectiva.

Sí, ¡tres kilogramos de tierra es todo lo que somos! Tantos dramas que creamos en nuestra vida con odio, estrés, dolor... por una simple mota de polvo que cabe en una pequeña maceta. ¡Mírala! Sigue mirándola, porque eso es lo que tú y yo valemos físicamente.

Así que si te cruzas con algún bravucón o tipo prepotente que cree que es mejor que los demás, recuerda: no es más que un puñado de polvo haciendo mucho humo.

Y también, cuando te sorprendas alzando la voz por tonterías, ojalá mires esa maceta con arena y te preguntes si realmente valía la pena. ¿Valía la pena arruinar una amistad, una familia, un negocio o tu salud por decisiones pobres y sin sentido?

¿Y qué tienes realmente que perder si tomas medidas y haces algunos cambios positivos para vivir una vida feliz? Así que no hagamos un drama cuando no lo hay. No seques más tu tierra de lo necesario. ¿A quién le importa?

La muerte es el gran igualador.
Ya seas un rey o un peón, todos enfrentamos el mismo final.
El ego, el poder y las posesiones son temporales.
Lo que realmente importa no es lo que acumulas, sino cómo vives —y lo que dejas atrás.
Persigue tus sueños, ayuda a quienes lo merecen, baila con tus miedos y atrévete... atrévete.

Todavía no eres un puñado de cenizas. ¿Entonces, **qué estás esperando?**

HERO

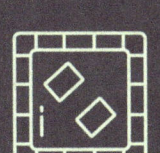

¿Qué pasa cuando el juego de la vida termina? Todo vuelve a la caja.

CÓDIGO BEA HERO™

INSPIRADO EN EL LIBRO DE JOHN ORTBERG,
REFLEXIONANDO SOBRE JUGAR MONOPOLIO
CON SU ABUELA, QUIEN LE ENSEÑÓ UNA
DURA VERDAD:
"UN DÍA TE DAS CUENTA DE QUE TODO
VUELVE A LA CAJA —EL DINERO, LAS
CASAS, LOS HOTELES, LOS PASEOS DEL
MUELLE. EL JUEGO TERMINA."

Desbloqueando la Vitalidad

¿Qué pasa si te falta impulso, ambición, vitalidad o sueños?

Cada persona vive circunstancias distintas, pero puede llegar un momento en la vida en que te sientas estancado, sin motivación ni propósito. Esto puede suceder incluso después de alcanzar logros importantes. Entonces, ¿cómo mantenerse motivado y alegre?

El cerebro funciona de maneras misteriosas y, una vez más, debes corregir el significado emocional que les das a tus sentimientos.

Cualquier coach te dirá que has llegado a una meseta o que estás estancado, y ese tipo de dolor es una señal que te empuja a hacer, leer o aprender algo nuevo.

Aún mejor **es rodearte de personas que tienen hambre de vida, que están activas, motivadas y llenas de vitalidad.** Tarde o temprano, algo te tocará por dentro y te darás cuenta de que hay mucho más allá de una vida apagada.

Kestenbaum, D. (2007). Atomic tune-up: How the body rejuvenates itself. NPR. itself. NPR.

Si todo el universo no logra emocionarte, si nada capta tu mirada, no culpes al universo: cúlpate a ti mismo por no mirar lo suficientemente bien.

El tesoro está ahí para ser buscado, a menudo escondido justo bajo tu nariz, tal como escribió Paulo Coelho en su novela "El Alquimista". Requiere tu crecimiento personal para ver las cosas con ojos renovados.

Inspirándonos en el taoísmo, la filosofía china de Lao Tsé, cuando una taza está llena, solo vaciándola puedes permitir que entre una nueva alegría. **Esto te exigirá dejar atrás hábitos y rituales que ya no te sirven.**

Tu cuerpo se renueva constantemente: una piel nueva cada treinta días, un hígado nuevo cada seis semanas y el 98 % de cada átomo se reemplaza cada año.* Sin embargo, **lo que permanece constante es lo que está atrapado en tu mente:** tus hábitos, rituales, tu historia personal y tus intenciones.

Esto subraya una verdad profunda: que, en medio de los cambios físicos, **tu estructura mental tiene el poder de lograr una transformación duradera.**

¿Dónde deberías comenzar para reavivar la vitalidad y la motivación?

Una vez más, todo se reduce a tu comunicación interna. **Aún necesitas hacerte las preguntas adecuadas.**

¿Qué nuevas clases podría tomar para conocer gente nueva y probar algo diferente?

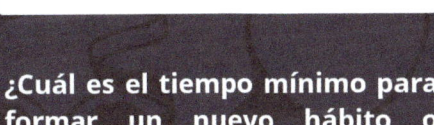

¿A dónde podría ir para recibir la bendición de una nueva experiencia?

No olvides que l**a mayor alegría y plenitud del mundo es ayudar a transformar la vida de los demás.**

¿A quién puedo llamar o ver para que me brinde algunas ideas inspiradoras?

¿Qué puedo dar a los demás para que sean bendecidos con mi buena voluntad?

¿Cuál es el tiempo mínimo para formar un nuevo hábito o comportamiento?

- Para acostumbrarte a algo: 21 días
- Para que un nuevo comportamiento se vuelva automático: 66 días
- Para solidificar un hábito: entre 18 y 254 días *

Una vez que tengas un mejor autoanálisis, te darás cuenta de que **las razones vienen primero, las respuestas después.**

Clear, J. (n.d.).
How long does
it actually take
to form a new
habit? James
Clear [URL].

Oxígeno, oxígeno, oxígeno: la clave silenciosa de la vitalidad

¿No es acaso la vitalidad la expresión pura de la fuerza vital, donde la energía fluye libremente, la mente está clara y el cuerpo está libre de dolor o de condiciones crónicas?

En el centro de este estado se encuentra el oxígeno, **el elemento más esencial y, sin embargo, a menudo pasado por alto en los procesos de sanación.** A pesar de ser fundamental para cada proceso celular, ¿sabías que el papel del oxígeno en la prevención y la recuperación de enfermedades está enormemente subestimado?

Muchas enfermedades crónicas prosperan en entornos con bajo oxígeno, mientras que el oxígeno abundante revitaliza los tejidos, refuerza la inmunidad y neutraliza patógenos.

Aquí es donde entran **prácticas poderosas como el Método Wim Hof,*** que utiliza técnicas de respiración para inundar el cuerpo de oxígeno, reducir la inflamación y activar el estado parasimpático necesario para una sanación profunda.

De forma similar, **el agua rica en hidrógeno y en compuestos oxigenados, como el peróxido de hidrógeno de grado alimenticio, apoya la desintoxicación y ayuda a combatir parásitos.**
Combinados con la exposición al frío, la respiración consciente y las limpiezas naturales, crean un camino holístico hacia la vitalidad—donde el cuerpo se convierte en su propio sanador.

De hecho, es imposible ocultar que la vitalidad comienza a nivel celular, donde el oxígeno alimenta las mitocondrias—los motores de nuestra energía y fuerza vital.

El Dr. Otto Warburg, fisiólogo ganador del Premio Nobel, descubrió que las **células cancerígenas—y por extensión muchos estados de enfermedad—prosperan en ambientes pobres en oxígeno,** dependiendo de la fermentación de azúcar en lugar de la respiración saludable con oxígeno.**
Este hallazgo ha inspirado a muchos en el ámbito de la salud natural a ver el oxígeno no solo como esencial, sino también como una poderosa herramienta de sanación.

El moho, los metales pesados y los parásitos sobrecargan al cuerpo debilitando la respiración celular y suprimiendo el sistema inmunológico—especialmente en tejidos privados de oxígeno.

Así que aprende sobre cualquier tema que empodere tu salud y comenzarás a ver cómo elementos simples y naturales—a menudo ignorados—pueden convertirse en herramientas poderosas para recuperar la vitalidad y prevenir enfermedades.

*
Método Wim Hof. (s.f.). Método Wim Hof: Respiración, Terapia de Frío y Compromiso.

**
Warburg, O. (1956). Sobre el origen de las células cancerosas. Science, 123.

La falta de oxígeno es la causa de todas las enfermedades

DR. OTTO WARBURG
FISIÓLOGO ALEMÁN Y GANADOR DEL PREMIO NOBEL EN 1931

8° Cuestionario del Hito

P1. ¿Cuándo puede cambiar tu vida o tu destino?
a) Después de años de compromiso.
b) En un instante, en el momento en que decido.
c) Cuando mi valentía supera mi miedo.
d) Haciendo el ritual de la mecedora.

P2. ¿Qué tiene en común la mayoría de los triunfadores?
a) Tienen menos miedo que la mayoría de las personas.
b) Tienen más miedo a perder oportunidades o razones lo suficientemente fuertes.
c) Son más inteligentes.
d) Conocen su potencial.

P3. ¿Qué determina la calidad de tus decisiones?
a) La calidad de la información que busco.
b) Mi estado de ánimo.
c) Solo depende de los pros y los contras.
d) Depende de qué tan fuerte sea mi "por qué".

P4. ¿Qué herramienta útil puedes usar para ayudarte a tomar decisiones importantes?
a) El arte de hacer preguntas y pedir opiniones a los demás.
b) El RAID: Evaluación de Riesgos para Decisiones Importantes.
c) Tener paciencia.
d) Escuchar a tu intuición, al final.

P5. ¿Dónde puedes encontrar la inspiración y la motivación definitivas?
a) Ayudando a transformar la vida de otros.
b) Buscando nuevas experiencias.
c) Estando rodeado de personas con hambre de vida.
d) Todas las anteriores.

P6. ¿Qué puedes hacer para recopilar más información antes de tomar una decisión?
a) Fingir que algo ya ocurrió y ponerlo a prueba.
b) Solo usar libros y testimonios.
c) Escuchar a mis amigos.

P7. En el CÓDIGO BEA HERO™ ¿cómo respondes a: "¿Cuál es el día más importante de tu vida?"
a) El día en que nací.
b) Hoy.
c) El día en que descubrí por qué.

Cuando realmente deseas algo, el universo siempre conspira a tu favor.

PAULO COEHLO

NOVELISTA BRASILEÑO, CONOCIDO POR SU CONTENIDO
INSPIRADOR Y FILOSÓFICO.

¿Cuál es el momento más valioso de tu vida?
Ahora.

CÓDIGO BEA HERO™

Memoriza esta cita.
CÓDIGO BEA HERO™

Hagamos un repaso...

CAPÍTULO 8: DECISIONES

- La vida cambia en un instante, en el instante en que decides
- Los grandes triunfadores temen más perderse algo o tienen razones lo suficientemente fuertes
- La calidad de tu decisión depende de la calidad de la información que recopiles

- ¿Cómo puedes adquirir más información? Fingiendo
- ¿Qué puede ayudarte a decidir?

El Modelo ERDI (Tarea)
- Equilibra los riesgos y las recompensas de las decisiones importantes
- Identifica los pros y los contras desde diferentes ángulos y asigna un valor numérico
- ¿Cuánto falta para que tu cuenta regresiva llegue a cero?
- Todos nos convertimos en unos pocos kilogramos de polvo

¿Cómo descubrir vitalidad y motivación?
- Rodéate de personas con hambre de vida
- Lee, escucha, participa en nuevas actividades
- En última instancia, la mayor alegría y realización en la vida proviene de ayudar y moldear la vida de los demás
- El oxígeno, el elemento más esencial pero a menudo ignorado en la sanación
- Explora el método de Wim Hof, el agua rica en hidrógeno y los compuestos a base de oxígeno

- Hoy es el día más importante de tu vida

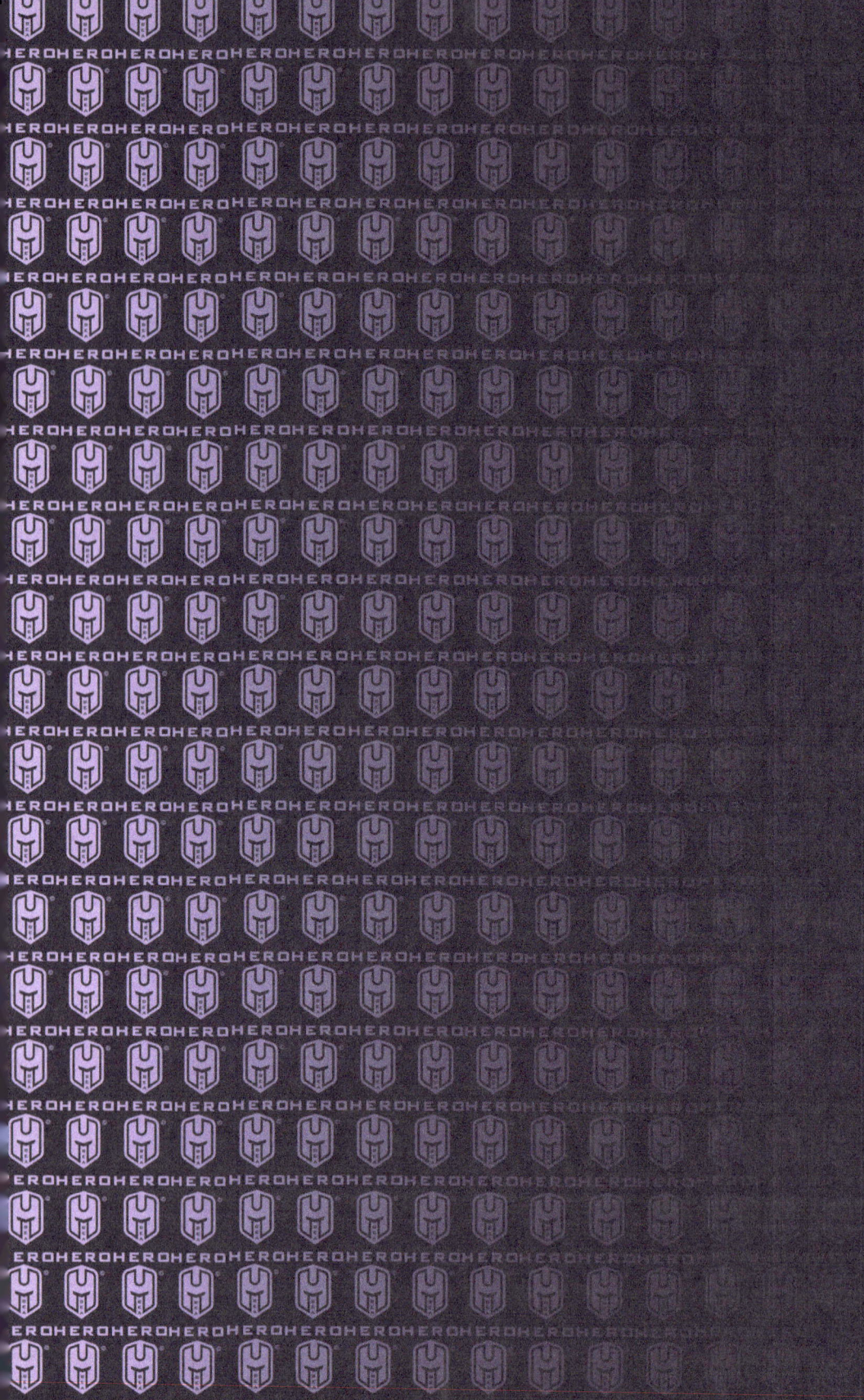

ESTRATEGIA
DE LOGRO
PARTE 1

HERO

Hasta ahora, hemos aprendido habilidades esenciales como ajustar nuestro diálogo interno, enfrentar y dirigir el miedo y comprender el valor del tiempo. Hemos profundizado en el análisis de decisiones frente a posibles arrepentimientos, en la toma de decisiones informadas, sopesando pros y contras, y en la búsqueda de inspiración cuando nos sentimos estancados o desmotivados.

Ahora, vamos a profundizar en la **mecánica para lograr los resultados que deseamos.**

- ¿Qué tipo de sistema probado podemos usar?
- ¿Cómo medimos con precisión nuestro progreso?
- ¿Qué pasa si los resultados no aparecen?
- ¿Cómo construimos y mantenemos el impulso?
- ¿Cómo nos mantenemos motivados y entusiasmados?
- Y, lo más importante, ¿qué diferencia hay entre quienes perseveran y quienes no lo hacen?

La cima del logro, que estoy a punto de revelar, fue formulada por Tony Robbins, un experto indiscutible en este campo.

En este capítulo, presento mi mejor interpretación y correlación del avance de Tony que distingue a quienes alcanzan sus metas de quienes no lo hacen. Aquí tienes un resumen de la estructura:

1. **Establecer un resultado específico**
2. **Cultivar la certeza**
3. **Comprender la interacción entre creencias, potencial, acciones y resultados**
4. **Adaptarse, pero nunca rendirse**

> # Las mentes viejas crean la historia; las mentes jóvenes la cambian.

DESCONOCIDO

Resultado Específico

El primer paso en la ciencia del logro es **identificar exactamente** lo que deseas alcanzar: **tu resultado específico.** ¿Por qué es esto tan importante?

Por si no lo sabías, nuestro cerebro utiliza el Sistema de Activación Reticular (SAR), ubicado en la parte posterior de la cabeza, para filtrar toda la información y los estímulos que captamos a nuestro alrededor. Imagínalo como una puerta de entrada desde el mundo exterior que prioriza lo que es importante entre los miles de millones de datos que se están registrando.*

Al hacer que tu meta sea muy específica, estás afinando los ajustes de tu cerebro y permitiendo que la información relevante a tu alrededor pase por la puerta de entrada de tu SAR.

¿Alguna vez te ha pasado que, después de comprar un coche o una bolsa de moda, comenzaste a notar que más personas tenían el mismo modelo? Bueno, los coches o las bolsas siempre estuvieron ahí; lo que ha cambiado es que tu SAR ahora te hace más consciente de ellos.

Cuando se trata de apuntar a algo, el SAR se comporta como un misil inteligente. Primero, fija el objetivo con precisión. Segundo, incluso si el objetivo se mueve, el misil inteligente ajusta su curso en consecuencia. Nuestro cerebro funciona exactamente de la misma manera.

¡La claridad es poder!

En esta sección vas a aprender cómo hacer que tu objetivo sea muy específico, de modo que, si las circunstancias cambian, sabrás mejor cómo adaptarte y seguir avanzando.

La actividad para lograr tu resultado puede cambiar, **así que no te enfoques en lo que hacer; enfócate en cuál es tu resultado.**
Permite que la actividad se adapte según sea necesario, mientras tú mantienes la vista fija en tu objetivo.

Vamos a explorar algunas preguntas esenciales que pueden ayudarte a hacer que tu resultado sea más específico y, por lo tanto, más alcanzable.

*
YouTube. (2013).
Reticular Activating
System [Video].

Cambia de Actividades a Resultados

Cuanto más precisamente conozcas tu resultado, más rápido te llevará tu cerebro hacia él.

¿Existen desventajas en hacer más específico tu resultado? Sí, analizar y evaluar toman tiempo.

De manera similar, si estuvieras planeando un viaje, te tomaría tiempo insertar las coordenadas en el GPS, estudiar la ruta y evaluar los riesgos del trayecto. **¿Pero vale la pena? ¡Absolutamente!**

Así que no empieces a hacer cosas solo por hacerlas. Haz el cambio mental y piensa en "resultados" y no en "actividades". La actividad puede cambiar, mientras que el resultado debe ser lo más firme y claro posible.

Te costará al principio diez minutos más, una hora más, un día más, pero **cambiará el juego por completo.**

Durante muchos años, te han entrenado para hacer una "lista de tareas", pero, lamentablemente, te han hecho creer que la la acción equivale al **logro.** ¡Es hora de corregir eso!

Para cambiar tu mentalidad y comenzar a crear una "lista de resultados", empieza haciéndote las preguntas correctas:

- ¿Qué quiero lograr hoy, esta semana?
- ¿Cuál es el resultado definido que quiero obtener de esta reunión o llamada?
- **Antes de comenzar algo, pregúntate: "¿Cuál es mi resultado?"**

Confía en que tu cerebro encontrará maneras de alcanzar ese resultado sin realizar muchas de las actividades que pensabas necesarias. ¿Y sabes qué? Lograrás tu objetivo mucho más rápido.

Así que, para resumir:
- **Enfócate en el resultado**
- **Haz que el resultado sea lo más específico posible**
- **Hazte preguntas**
- **La claridad es poder**

¿Qué es la edad?
Una medida de la ilusión.

¿Por qué?
Porque la edad, como la vida,
no se mide por la cantidad de
respiraciones que tomamos,
sino por los momentos en
que nos dejan sin aliento.

CÓDIGO BEA HERO™

¿Cuál es mi resultado específico?

Piensa en algo que deseas lograr y responde a las siguientes preguntas. Recuerda responder con la mayor especificidad posible.

¿Por qué es importante mi objetivo?

_____
_____
_____

¿Cómo puedo **medir** si he logrado mi objetivo? ¿Qué tiene que suceder?

_____
_____
_____
_____

¿Puedo **dividir** mi objetivo en **hitos más pequeños**?

_____
_____
_____
_____

¿Puedo establecer **una fecha límite** principal y otras más pequeñas?

_____
_____
_____
_____

¿Puedo **dibujar** o **cuantificar** mi objetivo de alguna manera?

_____
_____
_____
_____

¿Puedo **describir** qué tiene que ocurrir para que las cosas salgan como deseo?

_____
_____
_____
_____

¿Puedo **visualizar mi objetivo** con claridad y comportarme como si ya lo hubiera logrado?

_____
_____
_____
_____

Ejemplo

Mi objetivo es visitar Venecia.

¿Cómo puedo medir si he logrado mi objetivo?
Necesito estar físicamente allí.

¿Pero dónde exactamente? ¿En el aeropuerto o en la Plaza de San Marcos?
En la Plaza de San Marcos, sentado en uno de los cafés.

¿En cuál?
En el que está frente al campanario, llamado Café Lavena.

Mencionas que estás de visita, pero ¿durante cuánto tiempo? ¿En qué época del año?
Estaré allí un fin de semana, en marzo del próximo año.

¿Cómo puedes llegar a Venecia?
¿En qué alojamiento te vas a quedar?
¿Cuánto dinero necesitas ahorrar para reservar el viaje?
¿Conoces a alguien que viva cerca?
¿O puedes conocer a alguien antes del viaje?
¿Puedes visualizarte dentro de una góndola mientras te haces una selfie o sentado en los escalones del Puente de Rialto? ¿Qué clima esperas?

Quizás prefieras visualizar un día en el que las tiendas estén abiertas y no cerradas por el "acqua alta" (inundación).

Cada objetivo es un viaje en sí mismo, y a medida que respondes a las distintas variables, ¿has notado cómo tu mente comienza a visualizar tu meta, cómo empiezan a surgir emociones dentro de ti?

Recuerda por qué deseas tu objetivo. ¿Cuál es el resultado? ¿Qué es lo que realmente quieres lograr?

"Cambiar tus preguntas es cambiar tu vida."

Así que utiliza el ejercicio anterior como guía para tus objetivos y evita mantener todo el proceso de pensamiento solo en tu mente; escríbelo.

La neurociencia ha demostrado que **si escribes tu objetivo**, tienes hasta un cuarenta por ciento más de probabilidades de alcanzarlo.*

Usa tu diario o cuaderno de trabajo, no tu teléfono, y describe tu resultado con la mayor especificidad posible.

Fuente: Murphy, M. (2018). Neuroscience explains why you need to write down your goals.

Si hablas de ello, es un sueño; si lo visualizas, es posible. Pero si lo programas, es real.

TONY ROBBINS
AUTOR ESTADOUNIDENSE, EMPRESARIO Y ESTRATEGA
EN DESARROLLO PERSONAL Y VIDA

La Prueba del Color

Mira a tu alrededor durante quince segundos y anota a continuación todas las cosas que veas de color marrón:

_____
_____
_____
_____

Ahora, <u>sin mirar</u>, ¿puedes decirme todas las cosas que te rodean que son de color verde?

_____
_____
_____
_____

¿Has notado la diferencia?
A pesar de que el color verde ya estaba allí desde el principio, tu cerebro no lo registró porque estabas enfocado únicamente en encontrar el color marrón.

Este ejercicio es muy sencillo, pero demuestra exactamente **lo que ocurre constantemente en nuestra vida diaria.**

Desde establecer metas y sintonizar con las mejores ideas hasta notar tu comunicación interna (pensar en negativo en lugar de positivo) o enfocarte en tus debilidades en lugar de tus fortalezas—todos estos son simplemente canales que seleccionas, directa o indirectamente, a través de tu SAR (Sistema de Activación Reticular).

Así que recuerda por qué la claridad es poder y comienza a usar esta parte tan importante de tu cerebro a tu favor.

La Prueba de Consciencia

Otro experimento fascinante que me gustaría compartir es un video.

En este video, dos equipos juegan al baloncesto. Tu tarea es contar cuántos pases hace el equipo vestido de blanco. ¿Puedes contar los pases con precisión?

Reproduce el video para comenzar.

La Prueba de Conciencia. YouTube.

La Prueba de Observación

Otro experimento fascinante que me gusta mostrar se muestra en este video. Muestra a un detective interrogando a todos los posibles sospechosos en la escena del crimen.
¿Puedes adivinar quién mató a Lord Smithe?

Reproduce el video para comenzar.

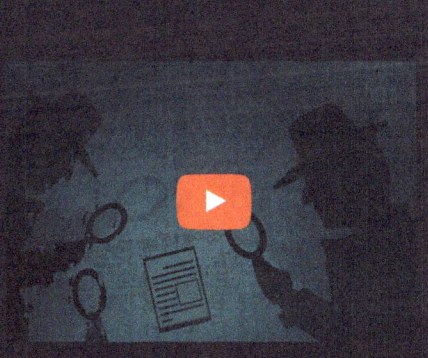

La Prueba de Observación. YouTube.

Completa ambas pruebas antes de continuar.

Si no has completado las pruebas anteriores, por favor regresa antes de continuar leyendo.

Como sugiere el título de cada prueba, ¿qué tan consciente y observador fuiste? ¿Qué aprendiste de estos videos?

¿Notaste los cambios en el entorno? Si lo hiciste, ¡bien hecho! Aunque el propósito de ambas pruebas es mostrar lo fácil que resulta **para nuestro cerebro fijarse en una sola tarea** y pasar por alto muchos de los cambios o eventos que suceden a nuestro alrededor.

De hecho, en el primer video de conciencia, lo que deberíamos aprender es hacernos preguntas distintas **sobre un evento, en lugar de limitar nuestra visión.**

En el segundo video, ¿qué cambió de la primera a la segunda escena? La perspectiva de la cámara cambió, revelando todas las diferencias de la habitación. ¿Cómo se aplica eso a la vida? ¿Qué tal si comenzamos a pedir la perspectiva de otras personas sobre cómo ven una situación que necesitamos resolver? **La forma en que un evento nos aparece a nosotros muchas veces es totalmente diferente de lo que realmente es.**

Aunque **nuestro cerebro es un instrumento maravilloso, tiene sus limitaciones** y nos juega muchas trampas.

Por eso, especialmente al tomar decisiones o cuando algo requiere mayor claridad, intenta ampliar tu investigación y utilizar tantas herramientas como sea posible para obtener un mejor resultado.

Cuando realizaste las últimas pruebas, estabas en un estado de relajación, simplemente prestando atención a un video. Ahora **imagina cómo es tomar decisiones en una situación estresante o bajo presión**. Nuestro cerebro puede llevarnos a cometer errores costosos, así que, una vez más, sé consciente de estas limitaciones y, si deseas el mejor resultado, **evita convertirte en víctima de tu propio cerebro.**

Autocerteza

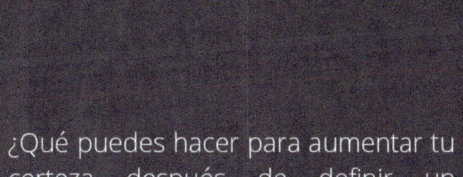

Una vez que tienes un resultado preciso en mente, **el segundo paso fundamental** para alcanzar tu meta es adquirir y mantener el nivel de certeza necesario**.**

La certeza se presenta en dos formas: lo que crees con seguridad **(certeza interna)** y lo que te ves obligado a creer **(certeza impuesta).**

Cuando crees con absoluta certeza en tus habilidades y te comprometes a lograr algo que cambiará tu vida, lo lograrás y nada ni nadie podrá detenerte.
La certeza o la incertidumbre es un aspecto fundamental de la creencia que influye profundamente en si tomarás acción para lograrlo o te rendirás.

La certeza interna es, esencialmente, la creencia inquebrantable en tus propias capacidades, que a menudo surge de experiencias pasadas o de otras evidencias convincentes.
Lógicamente, cuando estás seguro de que no puedes lograr algo, es poco probable que lo intentes.

Dado que la certeza interna prospera en un entorno claro y libre de dudas, **debes evitar activamente posturas como "tal vez" o "no estoy seguro".**

¿Qué puedes hacer para aumentar tu certeza después de definir un resultado claro?
Es crucial **dar prioridad a construir tu certeza interna y convertirla en tu nuevo objetivo.** Sin un nivel suficiente de certeza, es mucho más probable que abandones tu camino hacia la meta.

Por lo tanto, incluye el fortalecimiento de tu certeza como parte integral de tu viaje hacia la consecución de tu objetivo final.

Dividir tu meta en hitos más pequeños es fundamental, ya que **el progreso refuerza significativamente la certeza interna**. Además, presta atención a factores externos como las opiniones negativas de los demás, la impaciencia o la falta de disciplina, ya que estos elementos pueden tener un impacto duradero en tu nivel de certeza.

Mejorando y Manteniendo la Autocerteza

PONER LO POSITIVO

Si tu objetivo específico, por ejemplo, es perder veinte kilos y lograr un cuerpo más delgado en tres meses, para fortalecer tu autoconfianza y certeza, deberías:

- **Investigar** e incluso conocer a **personas que ya hayan alcanzado tu misma meta.**
- Consultar con cualquier persona que pueda ayudarte a alcanzar un alto nivel de certeza.

También deberías visualizar tus metas:

- Ayuda a tu cerebro a **visualizar tu objetivo** al superponer tu rostro sobre la foto de un modelo de revista.
- **Escucha diariamente BEA HERO™ Maestros de Vida*** o contenido inspirador para reforzar tu creencia.

Recuerda que cambiar tu mundo interior conduce a cambios en el mundo exterior.

En un capítulo posterior, te presentaré métodos poderosos para acceder a tu mente subconsciente y programarla según tus deseos. Por ahora, cuando cierres los ojos y visualices cosas positivas entrando en tu vida, haz lo siguiente:

- INHALA
- IMAGINA TU OBJETIVO
- DITE A TI MISMO:
- "MÁS (+) CREA" O
- "MÁS (+) MANIFIESTA AHORA"
- EXHALA

Esencialmente, **estás codificando tu mente subconsciente**, tal como lo haría un programador.

Visualiza tu meta como una imagen en una pantalla, ligeramente por encima y a la izquierda de ti, y enuncia tu objetivo mientras inhalas (cuando la energía entra). Luego pronuncia las palabras MÁS (+) CREA o MÁS (+) MANIFIESTA al exhalar (exhalar es como presionar EJECUTAR o INTRO en un teclado para ejecutar el comando), al igual que lo haría una computadora.

* BEA HERO™ Maestros de Vida

FUERA LO NEGATIVO

Evita relacionarte con personas que presenten las siguientes características:

- Incrédulos
- Personas que se rinden
- Personas con bajo rendimiento
- Desmotivadores
- Pensadores negativos
- Personas sin esperanza

¿Por qué? Porque, en lugar de reforzar tu creencia, este tipo de personas puede desanimarte, debilitando tu nivel de certeza.
Las personas solo pueden ofrecerte su opinión basada en lo que creen, así que mantén fuera de tu sistema las creencias negativas o úsalas como impulso para demostrar que están equivocadas.

Sin una base sólida de certeza interna, hay una alta probabilidad de que te rindas o fluctúes en tu convicción sin alcanzar tu verdadero potencial.

Por lo tanto, **prioriza proteger y nutrir tu certeza interna a lo largo de todo tu camino hacia tus metas.**

De manera similar al método anterior, cuando te enfrentes a comentarios negativos dirigidos hacia ti, puedes responder de inmediato con:

- "DEVUELTO AL REMITENTE"
- "BORRAR, BORRAR, BORRAR"
- EXHALA

Al hacerlo, el mensaje negativo será redirigido y eliminado según tu comando.

Desde nuestro ADN hasta nuestro cerebro, nuestro sistema funciona como una supercomputadora llena de códigos, genética, matemáticas e instrucciones de programación. **Este lenguaje es innato en nuestro cerebro y en nuestro subconsciente; por lo tanto, es esencial aprovecharlo.** Puede parecer poco convencional, pero así es como opera.

Establecer metas, buscar mejores ideas, monitorear la comunicación interna (favoreciendo lo positivo y rechazando lo negativo) y enfocarse en fortalezas en lugar de debilidades... todas estas acciones son canales que tú controlas y que están facilitadas por tu Sistema de Activación Reticular (SAR).

Recuerda: la claridad es poder. Utiliza esta función esencial del cerebro y este lenguaje codificado a tu favor.

Técnicas de Codificación Mental

PONER LO POSITIVO

- INHALA
- IMAGINA TU OBJETIVO
- DITE A TI MISMO:
- "MÁS (+) CREA" O
- "MÁS (+) MANIFIESTA AHORA"
- EXHALA

Esencialmente, **estás codificando tu mente subconsciente**, tal como lo haría un programador.

Visualiza y enuncia tu objetivo mientras inhalas (cuando la energía entra), y luego pronuncia las palabras MÁS (+) CREA o MÁS (+) MANIFIESTA al exhalar (la exhalación equivale a presionar EJECUTAR o INTRO en un teclado para activar el comando).

De manera similar, cuando recibas comentarios negativos dirigidos a ti, puedes responder de inmediato con "DEVUELTO AL REMITENTE" y exhalar, o con "BORRAR, BORRAR, BORRAR" y exhalar. Al hacerlo, el mensaje negativo será redirigido y eliminado según tu comando.

Desde nuestro ADN hasta el cerebro, nuestro sistema funciona como una supercomputadora llena de códigos, genética, matemáticas e instrucciones de programación. Este lenguaje es innato para nuestro cerebro y nuestro subconsciente; por lo tanto, es fundamental aprender a utilizarlo. Puede parecer poco convencional, pero así es como opera.

Desde establecer metas y sintonizar con las mejores ideas hasta observar tu comunicación interna (pensar en negativo en lugar de positivo) o enfocarte en tus debilidades en lugar de tus fortalezas—todo esto son simplemente canales que seleccionas, directa o indirectamente, a través de tu Sistema de Activación Reticular (SAR).

Así que recuerda por qué la claridad es poder y comienza a utilizar esta parte tan importante de tu cerebro a tu favor.

¿Qué nunca debes permitir?
Permitir que las opiniones de los demás se conviertan en mi realidad.

¿Por qué?
Porque las personas no pueden ver en ti lo que no son capaces de ver en sí mismas.

CÓDIGO BEA HERO™

Certeza Forzada

Los seres humanos somos mucho más capaces de lo que imaginamos, y la comprensión de la "certeza forzada" es prueba de ello. ¿A qué me refiero?

La certeza forzada **es algo que creamos como resultado de un evento o de uno altamente probable.** Ese evento puede ser cualquier situación **en la que creas, con absoluta certeza, que,** a menos que logres el resultado o encuentres una solución, **causarás un gran dolor o incluso la muerte a ti o a alguien que amas.**

El evento **puede ser real o incluso inducido por la imaginación o por amenazas.**

Como discutimos anteriormente, el dolor es una forma de energía y la certeza forzada es la respuesta ante algo que te impulsa más allá de tus miedos y dudas, simplemente porque no tienes otra opción.
La certeza forzada no depende de ti ni de tus capacidades; depende de cuán real, probable y certero sea el evento. Se basa en la gravedad de la situación que enfrentas y, como tal**, debes encontrar una solución para evitar o detener la amenaza o el dolor.**

Las situaciones de certeza forzada suelen surgir en contextos de **supervivencia**. Por ejemplo, piensa en la madre que, sin miedo, enfrentó a un tiburón para proteger a su hijo, o en el hombre con fobia a las alturas que saltó en paracaídas desde un avión en llamas.
El potencial para realizar estas acciones valientes siempre existió; **lo que cambió fueron las circunstancias y el contexto.**

Entonces, ¿es posible manipular las circunstancias y la narrativa de una situación para aprovechar la certeza forzada en nuestro beneficio?

Sí, definitivamente. Aquí tienes algunos métodos que recomiendo:

Método "Que No Pierda Mi…"

Entrega por adelantado a un amigo de confianza una cierta cantidad de dinero, por ejemplo, $100 o una cifra que te resulte significativa, e instrúyelo seriamente para que no te lo devuelva a menos que completes con éxito una tarea específica.

Por ejemplo, si necesitas coraje y certeza para acercarte y conversar con una mujer atractiva, podrías aplicar eficazmente este método: "que no pierda mi dinero".

Este sistema genera **certeza y dolor** ante la posibilidad de perder ese dinero, **lo que te obliga a tomar acción.** ¿Por qué? Porque el miedo a perder $xxx es mucho más fuerte que la simple incomodidad de iniciar una conversación.

Este método puede aplicarse para hacerte responsable de tus entrenamientos y tareas, y para combatir la pereza… esencialmente transformando tus "debería" en "debo".

Sé creativo con este enfoque, ya que podrías diseñar tu propia versión única y mejorada. La posible pérdida de dinero funciona como un poderoso motivador para empujarnos más allá de nuestra zona de confort, a menudo encubriendo nuestras limitaciones emocionales.

Entonces, **¿quién** entre tus amigos cercanos o familiares **puede ser una persona de confianza para hacerte responsable?**

_____
_____
_____
_____

¿Qué cantidad de dinero te dará el nivel de motivación adecuado para cumplir tu tarea?

- $20?
- $50?
- $100?
- $200?
- $_____

La lógica te llevará
de A a B,
la imaginación te llevará
a cualquier parte.

ALBERT ENSTEIN
RENOMBRADO FÍSICO TEÓRICO

Método "Conserva Mi Recompensa"

Este método, similar al anterior, aprovecha la certeza forzada desde una perspectiva distinta.

Imagina que soy tu jefe y, en lugar de pagarte después de vender una casa, te pago por adelantado, depositando $50,000 en tu cuenta bancaria, con una cláusula condicional.

¿Ha cambiado la tarea? No, tu tarea sigue siendo la misma, pero como tu jefe, **he cambiado el contexto de la historia.** El dinero ya está en tu cuenta; es real y está asegurado, lo que crea una certeza total sobre **tu recompensa.**

Ahora dime: ¿este nuevo escenario aumenta o disminuye tu confianza? ¿La recompensa condicional te motiva a esforzarte más o menos para lograr la venta?

Llevémoslo un paso más allá: ¿y si duplico la cantidad y deposito $100,000 en tu cuenta bancaria, con la condición de que logres vender tres casas en un mes? ¿Qué tan emocionado estarías ahora sabiendo que tienes $100,000 esperándote?

A menor escala, recuerda que todos tienen un precio y que, al prepagar la recompensa de forma vívida pero restringir el acceso hasta que se complete la tarea, se genera un fuerte elemento de certeza forzada. ¡Y sin duda funciona!

Además, con este método, no dudes en usar tu propia creatividad. Cambia la narrativa utilizando cualquier recompensa atractiva, premio, vacaciones o regalo que realmente resuene contigo. Este enfoque actúa como un poderoso impulsor para llevarte más allá de tus capacidades promedio, mientras que enciende el entusiasmo y la energía positiva.

Ahora pregúntate:
¿Puedes **pensar en una recompensa** prepaga, ya sea sustancial o modesta, **capaz de activar en ti una fuerte sensación de certeza forzada?**

_____
_____
_____
_____
_____

¿Cómo puedes hacer que esta recompensa se sienta **verdaderamente tangible** y sirva como una garantía real de tus esfuerzos?

_____
_____
_____
_____

Método "Privación del Amor"

Este método consiste en negarte **deliberadamente algo que posees y que no puedes imaginar vivir sin él,** lo que te obliga a cumplir con tu objetivo deseado.

Esta técnica resulta sumamente efectiva, especialmente cuando se aprovecha el potencial de los estados emocionales intensos.

Es similar a lo que hacían nuestros padres cuando éramos niños: nos quitaban privilegios, como ver televisión o jugar con nuestros juguetes favoritos, hasta que termináramos la tarea.

Como adulto, puedes aplicar este método haciendo un pacto con alguien que pueda esconder temporalmente tu teléfono móvil, las llaves de tu moto o incluso quedarse con tu mascota —aquello que realmente amas— hasta que logres la meta que te has propuesto.

En esencia, seguimos siendo niños crecidos, atraídos por juguetes más grandes y por apegos emocionales más profundos. **Identifica tu adicción, tu fuente de amor y alegría, y privarte intencionalmente de ella.**

Al hacerlo, **descubrirás tu propio elixir de certeza forzada,** motivación y una determinación inquebrantable: "¡lo tengo que lograr!".

El método de "Privación del Amor" alcanza su máxima efectividad cuando la negación de algo valioso genera dolor o inconveniente a otra persona o a un ser querido. Esto puede significar la tristeza de una mascota que extraña tu presencia, una motocicleta sin usar o el conflicto emocional de perderte el cumpleaños de un amigo cercano.

Cuando determinas que una tarea debe tener prioridad, este método te permite actuar con eficacia. **Los seres humanos muchas veces hacen más por los demás que por sí mismos,** y este método se apoya justamente en esa perspectiva única y poderosa.

Como ya sabes, tenemos la tendencia a esforzarnos más cuando nuestras acciones afectan a alguien que amamos. Así, la privación se convierte en una forma distinta —pero muy potente— de generar certeza forzada.

Entender que eres responsable del sufrimiento de otro ser o de algo que valoras profundamente genera una sensación de urgencia implacable (certeza forzada), lo que te impulsa a actuar y a lograr el resultado deseado.

Es fundamental subrayar la importancia de usar este método de manera ética y consciente, evitando causar daño serio o irreparable a cualquier persona o ser involucrado.

Método "No Falles o Muere"

Entre las historias más impactantes que he conocido están aquellas de personas que amaban profundamente a sus mascotas y, con el tiempo, reconocieron que sus comportamientos destructivos o adicciones estaban afectando seriamente a sus seres queridos.

Recuerdo en particular la historia de un hombre adicto a las drogas cuya hospitalización casi provocó la muerte de sus dos adorados perros por falta de cuidados durante su ausencia.

Esto fue un profundo despertar emocional para él. El remordimiento de haber causado tanto sufrimiento a sus perros lo impulsó a enfrentar y superar su adicción de una vez por todas.

Ya no podía soportar la idea de causarles daño, aunque fuera de manera indirecta. La posibilidad de que algo así volviera a ocurrir jamás podría perdonarse.

Lo que este hombre experimentó fue **un dolor mayor que el de luchar** contra su adicción.

Reconocer el impacto del abandono o la negligencia sobre quienes dependen de ti—ya sea un hijo, un abuelo, una mascota o un ser querido—puede convertirse en un poderoso motivador impulsado por la certeza forzada.

¿Puedes imaginar un escenario en el que tu fracaso provocaría sufrimiento en alguien o algo, o incluso conllevaría el riesgo de daño o de muerte?

_____
_____
_____

Tómate un momento para evaluar tu situación. Piensa en las personas que se preocupan por ti, en los animales a los que cuidas o en el entorno del que **eres responsable**. ¿Qué les pasaría si algo les ocurriera?

_____
_____
_____

¿Se perdería o se olvidaría algo de forma **irremediable sin tu presencia**?

_____
_____
_____

¿Se perdería o se olvidaría algo de forma **irremediable** sin tu presencia?

_____
_____
_____

Hacerte estas preguntas puede ayudarte a reconocer tu importancia (certeza) y a utilizarla para reforzar tu confianza, especialmente cuando el bienestar de otros depende de ti (certeza forzada).

Tu Propio Método

Las técnicas que he compartido son formas efectivas de inducir un estado de certeza forzada. Sin embargo, **considera tus propias circunstancias**.
Pregúntate:

- ¿Qué es **algo sin lo que no puedo vivir?**
  _____
  _____
  _____

- ¿Qué me motiva genuinamente, sin que interfieran los pensamientos negativos ni la pereza?
  _____
  _____
  _____

- ¿Puedo contar con alguien que me haga responsable?
  _____
  _____
  _____

- ¿Cuáles son mis debilidades?
  _____
  _____
  _____

Gottlieb, L. (2019). Cómo cambiar tu historia puede cambiar tu vida. TED Talks. YouTube. URL

Por ejemplo, con algunas de mis clientas que tienen dificultades para motivarse para un entrenamiento riguroso, suelo bromear mencionando una oferta del 70% en una boutique de Louis Vuitton lejana, a la que solo se puede llegar a pie. Su reacción inmediata suele ser: "¿Dónde es? ¿A qué hora abre?"

Ya sea que trabajes con una persona joven o adulta, hombre o mujer, hemos establecido anteriormente en este libro que **nos movemos principalmente por emociones, no por lógica.**

Cuando tu certeza interna no sea suficiente, utiliza el método de certeza forzada que más resuene contigo como motor principal para alcanzar tu objetivo.
Hazte responsable cambiando la narrativa de tu situación para activar la respuesta emocional que más te sirva. Recuerda que existen tres versiones de cualquier historia: cómo la ves tú, cómo la ven los demás y la verdad.

Así que ten presente:
Cambiar tu historia puede cambiar tu vida.*

Contar una historia es,
inevitablemente, adoptar
una postura moral.

Ψ

JEROME BRUNER
PSICÓLOGO ESTADOUNIDENSE

9º Cuestionario del Hito

P1. Una vez que decides lograr algo, ¿cuál es el primer paso en el que debes enfocarte?
a) Hacer que el resultado sea lo más específico posible (medible, con hitos, etc.).
b) Asegurarte de creer en ti mismo (certeza, rituales, etc.).
c) Buscar opiniones positivas de los demás.
d) Realizar el ritual de la mecedora.

P2. ¿Qué papel desempeña el Sistema de Activación Reticular (SAR) en tu cerebro?
a) Es el sistema que se conecta con tus instintos a través del tercer ojo.
b) Es un sistema que almacena miles de millones de datos para activarlos después.
c) Selecciona y filtra la información de tus sentidos que sea relevante para lo que te estás enfocando.
d) Se activa en momentos de peligro percibido.

P3. Para lograr algo, ¿deberías "enfocarte primero en la actividad y luego en el resultado"?
a) Verdadero.
b) Falso.

P4. ¿Cuál es un elemento vital que debes poseer para alcanzar tu objetivo?
a) Un sentido de propósito o de guía.
b) Una cantidad significativa de certeza.
c) Enfocarse en las acciones y luego en el resultado.

P5. Una vez que tu resultado es muy específico, ¿cuál es el segundo paso para lograrlo?
a) Ser desafiado por personas con bajo rendimiento.
b) Practicar meditación matutina.
c) Concentrarse en las actividades necesarias para lograr el resultado.
d) Construir y mantener suficiente certeza interna o certeza forzada.

P6. ¿Por qué la certeza es un elemento importante para alcanzar tu objetivo?
a) Porque sin una buena cantidad de certeza interna o forzada, no lograré mucho.
b) Porque la certeza influye directamente en la probabilidad de rendirse.
c) Porque la certeza desempeña un papel principal al creer que puedes o debes hacer algo.
d) Todas las respuestas anteriores son correctas.

P7. Selecciona cuál de estas situaciones es una forma de certeza forzada
a) A menos que haga mi entrenamiento, mi pareja no me dejará ver mi serie favorita.
b) Después de conocer a mi coach, finalmente me doy cuenta de que soy capaz de cumplir con mi tarea.
c) Creo firmemente que puedo completar una maratón gracias a mis habilidades atléticas.

P8. ¿Es posible cambiar tu nivel de certeza al modificar el contexto de una situación?

a) Verdadero.

b) Falso.

P9. ¿Qué paso puedes dar para proteger tu nivel de certeza interna?

a) Ver o escuchar testimonios motivacionales inspiradores.

b) Conocer o entrenar con personas que estén más cerca de tu meta que tú.

c) Modelar los hábitos y rituales de quien deseas convertirte.

d) Todas las anteriores.

P10. ¿Cuál es la respuesta correcta al Código BEA HERO "¿Qué nunca debes permitir?"

a) Dejar de creer en ti mismo.

b) Vivir con arrepentimientos.

c) Permitir que las opiniones de los demás se conviertan en mi realidad.

d) Dejar que los miedos me controlen.

P11. Cuando tú o alguien describe una experiencia, ¿cómo deberías interpretarla?

a) Como la versión correcta de los hechos.

b) Como una versión de la historia.

c) Como un regalo.

d) Como una experiencia de aprendizaje.

P12. Una persona negativa te dice que eres un tonto. ¿Cuál debe ser tu primera respuesta mental?

a) Comenzar a discutir.

b) Tomar su opinión y reflexionar sobre ella.

c) Decir en tu mente "Borrar, Borrar, Borrar".

d) Decir en tu mente "+Manifiesta".

P13. Si crees que vas a lograr una tarea importante este mes, ¿qué deberías repetirte a ti mismo?

a) Espero que mis planes salgan bien.

b) Sería demasiado bueno para ser verdad.

c) Decir en tu mente "+Crear, +Manifiesta".

d) Todas las anteriores.

1a, 2c, 3b, 4b, 5d, 6d, 7a, 8a, 9d, 10c, 11b, 12c, 13c

¿Qué tan fuerte es tu fortaleza?
Tan fuerte como mi puerta más débil.

CÓDIGO BEA HERO™
INSPIRADO POR EL FILÓSOFO ESCOCÉS
THOMAS REID

Memorize this quote.
BEA HERO™ CODE

Hagamos un repaso...

CAPÍTULO 9: ESTRATEGIA DE LOGRO – PARTE 1

PASO 1 – ESPECIFICA TU RESULTADO

La claridad es poder (Tarea)
- **Aprende sobre el Sistema de Activación Reticular (SAR)**
- **La prueba del color**
- **La prueba de conciencia**
- **Enfócate en el resultado, no en las actividades**

PASO 2 – CULTIVA LA CERTEZA

¿Cómo crear y mantener la certeza interna?
- **Evita al "intermediario", la tierra del "tal vez"**
- **Aléjate de personas y cosas que generen duda**
- **Practica técnicas de codificación mental:**
  - **"+CREA" o "+MANIFIESTA"**
  - **"DEVUELTO AL REMITENTE" o "BORRAR BORRAR BORRAR"**

- **Las personas no pueden ver en ti lo que no son capaces de ver en sí mismas**

- **¿Cómo generar certeza forzada?**
  - **Método "Que No Pierda"**
  - **Método "Conserva la Recompensa"**
  - **Método "Privación del Amor"**
  - **Método "No Falles o Muere"**
  - **Tu propio método**

- **Cambiar tu historia puede cambiar tu vida**

ESTRATEGIA DE LOGRO

PARTE 2

HERO

¿Cómo Defines el Éxito?

El tercer paso en la ciencia del logro es comprender los factores que, en última instancia, impulsan la máquina del éxito.*

Antes de profundizar en la mecánica, me gustaría preguntarte: **¿Qué significa el éxito para ti?** ¿Se trata de ser mejor que los demás o de ganar?

Aunque por definición común el éxito implica haber logrado algo, una de mis formas favoritas de verlo es a través de las palabras del renombrado jugador y entrenador de baloncesto estadounidense John Wooden:

> "El éxito es la **tranquilidad mental** que resulta directamente **de la autosatisfacción** de saber **que hiciste lo mejor** posible para convertirte **en lo mejor que eres capaz de ser.**"

Has aprendido mucho en los capítulos anteriores sobre cómo el significado afecta nuestras emociones, así que al comenzar esta sesión, haz tu mayor esfuerzo por redefinir tu concepto de éxito.

En esta sociedad, constantemente nos comparamos con los demás debido a la metodología de referencias externas: el sistema escolar, las estadísticas, los ingresos, la profesión, los récords mundiales, las competencias... y, al hacerlo, descuidamos nuestra propia referencia personal. ¿A qué me refiero con eso?

Me refiero a que tu verdadero marcador de éxito debería basarse en lo que eres capaz de lograr, en función de tus habilidades y talentos, así como de tu camino de crecimiento personal.

Siempre habrá personas que hagan las cosas mejor o peor que tú; por eso, **el éxito debe basarse en tu propio factor de crecimiento**, y deberías darte una puntuación de diez no cuando seas el mejor de la clase, sino cuando hayas multiplicado por diez tu potencial actual.

"

Define el éxito en tus propios términos,
alcánzalo con tus propias reglas
y construye una vida de la que te
sientas orgulloso de vivirla.

ANNE SWEENEY
EMPRESARIA ESTADOUNIDENSE

"

El éxito es quererte a ti mismo,
querer lo que haces
y querer cómo lo haces.

MAYA ANGELOU
POETA, MEMORIALISTA Y ACTIVISTA POR LOS DERECHOS CIVILES
ESTADOUNIDENSE

Secuencia del Éxito

El tercer paso en la ciencia del logro es comprender los factores que, en última instancia, impulsan la máquina del éxito.

Muchas personas, a pesar de tener un objetivo muy específico (paso uno) y un alto nivel de certeza (paso dos), aún no logran alcanzar sus metas por completo. ¿Por qué?

La respuesta se encuentra en la mecánica del tercer paso, al que llamo la **Estrella E.O.E., o Estrella de la Secuencia del Éxito.**

La estrella E.O.E. tiene cinco puntas, y cada una representa un elemento interconectado:

1. **Certeza**
2. **Potencial**
3. **Acciones**
4. **Resultados**
5. **Creencias**

La lógica es bastante simple una vez que se explica:

Tu **certeza** determina tu potencial.
↓
Tu **potencial** determina las acciones que tomas.
↓
Tus **acciones** determinan tus resultados.
↓
Tus **resultados** afectan tus creencias.
↓
Tus **creencias** afectan, en última instancia, tu certeza.
Y **el ciclo se repite**

Este proceso se repite en un ciclo, ya que las nuevas creencias afectan tu certeza, la cual, a su vez, determina tu potencial, tus acciones, tus resultados y las creencias que vendrán después.

Esta secuencia ocurre a diario desde que nacemos: girando hacia arriba, en dirección al éxito, o hacia abajo, en dirección al no-éxito, o fluctuando en un punto intermedio.

Desde aprender a caminar hasta dejar el piano, desde perseverar y destacar hasta rendirte por dificultad, has aplicado inconscientemente esta estrella E.O.E. en muchas áreas de tu vida.

La Estrella E.O.E

1. CERTEZA

- Es la historia que vive únicamente en mi mente.
- El mundo ha demostrado que todo es posible.
- Solo se necesita alguien con suficiente certeza para mostrarle al mundo cómo lograrlo.

5. CREENCIAS

- Dependen de cómo interpreto los resultados.
- Dependen de mis experiencias pasadas o de las experiencias de otros (resultados pasados).
- Pueden ser modificadas, reforzadas o incluso eliminadas por completo.
- Piensa en las creencias como un programa en tu computadora.

2. POTENCIAL

- Es ilimitado en todos los seres humanos.
- Está impulsado por mis razones de por qué debo o quiero algo (certeza forzada).
- Está impulsado por mis experiencias pasadas (certeza interna).
- Los límites los ponen mis excusas.

4. RESULTADOS

- Son la colección de nueva evidencia, nueva realidad, nuevo estándar, nuevo descubrimiento, nueva consciencia.
- Son el resultado de las acciones.
- Pueden percibirse como negativos, neutros o positivos.
- Son simplemente resultados medidos en números, métodos, eficacia, récords, estadísticas y comparaciones.

3. ACCIONES

- Son una forma general de describir lo que nos cuesta trabajo, tiempo, energía, dinero, sudor.
- El proceso de actuar puede ser doloroso o placentero.
- Son la ley universal esencial requerida para transformar, convertirse, cambiar, destruir o crear.
- La ejecución de las acciones depende del potencial del ejecutor.

Espiral Descendente

Supongamos que tienes muy poca certeza sobre algo. ¿Cuánto de tu potencial es probable que uses? Muy poco. ¿Y cuánta acción vas a tomar si solo accedes a una mínima parte de tu potencial? También muy poca.

Ahora bien, si combinas poco potencial con poca acción, ¿qué tipo de resultados es más probable que obtengas? Muy pobres.

Una vez que obtienes malos resultados, ¿cómo va a afectar eso tus creencias? Las empeora, y probablemente te digas a ti mismo: **"Te lo dije: esto no iba a funcionar.**

Debido a esta nueva experiencia y a la evidencia, ahora tienes menos creencia, lo que provoca aún menos certeza; accedes a menos potencial, tomas menos acción y obtienes aún peores resultados.

Esto es lo que sucede en la gran mayoría de los casos en personas con baja certeza, lo que las lleva a caer en una espiral descendente.

Espiral Ascendente

Supongamos ahora que algo poderoso te está dando una sensación de certeza absoluta de que alcanzarás tu objetivo.

¿Vas a aprovechar la mayor parte de tu potencial?
Por supuesto. Cuando tienes absoluta certeza, usas lo mejor de tu potencial. ¿Y qué sucede a continuación?
Inevitablemente tomarás más acción. Si algo no funciona, prueba otra cosa. Y si eso tampoco funciona, lo intentas de nuevo con otro método y sigues cambiando hasta que finalmente lo logras.

No interpretas los eventos como fracasos, sino como descubrimientos de lo que funciona y de lo que no.

Muchos entrenadores usan la tenacidad de Thomas Edison, el inventor de la primera bombilla, como ejemplo del nivel asombroso de certeza que lo llevó a crear la luz eléctrica tras más de 10.000 intentos.*
A medida que avanzas y logras resultados, tu creencia se fortalece aún más, lo que, a su vez, aumenta tu certeza, activa más potencial, genera acciones más efectivas, más resultados y sigue alimentando tus creencias. El ciclo se repite como una espiral ascendente de éxito.
Y probablemente te digas a ti mismo:
"Te lo dije, soy un crack en esto."

Thomas A. Edison 10,000 Failures [Video]. (s. f.). YouTube

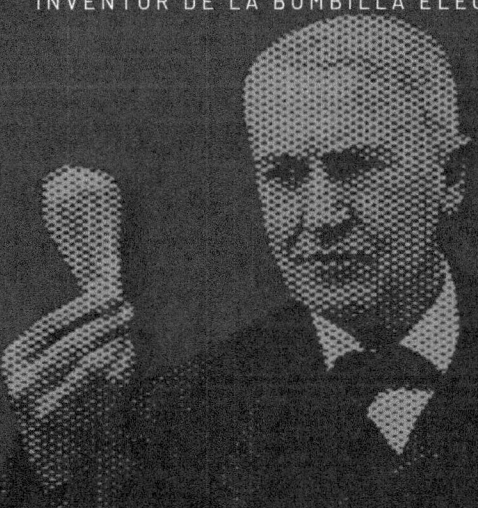

> No he fracasado. Solo he encontrado 10.000 formas que no funcionan.

THOMAS A. EDISON
INVENTOR DE LA BOMBILLA ELÉCTRICA

La Estrella E.O.E. (Secuencia del Éxito) Es lo que convierte a los realizadores en súper realizadores, mientras que los perdedores siguen siendo perdedores. Es la diferencia clave entre por qué algunas personas tienen éxito en todo lo que hacen, mientras que otras abandonan en la mayoría de las cosas que intentan.

Una vez que comprendes este proceso, la pregunta principal es: **¿Cómo puedes generar certeza cuando el mundo no te la está dando?** Dado que tu potencial fue —y siempre será— ilimitado y que no se trata solo de tomar más acciones... ¿Cómo puedes entonces alcanzar los resultados que deseas y fortalecer tus creencias y tu certeza?

Veamos qué hacen quienes alcanzan el éxito y descubramos cómo aplican la estrella S.O.S. en sus vidas.

¿Qué tienen en común los que logran el éxito?

Los realizadores visualizan constantemente el resultado que desean manifestar, reproduciendo su meta en su mente como una película vívida, como si ya hubiese ocurrido.
Como resultado, ese sueño que se repite en su mente **implica y alimenta un estado de certeza.**

Los testimonios de personas **exitosas coinciden en una certeza inevitable**: **alcanzar sus objetivos incluso antes de que sucedan.**

No se preguntan "si" lograrán su meta; la única pregunta es "cuándo" la lograrán.

Por ejemplo, los atletas que han batido récords mundiales, han ganado medallas olímpicas o se han convertido en campeones en su categoría suelen ser entrenados para **ensayar mentalmente una y otra vez su desempeño perfecto**: su golpe perfecto, su salto perfecto, su ejecución perfecta. Día tras día.
Esta práctica constante alimenta su creencia y visualización, permitiéndoles verse a sí mismos en el podio.*

Los atletas son solo una de las muchas categorías de realizadores que han alcanzado los logros humanos más extraordinarios.

Las personas exitosas crean rituales para leer sobre otras personas exitosas. **Adornan sus habitaciones** con fotos de sus modelos a seguir, celebridades, héroes de cine, frases de líderes, destinos soñados, lugares y autos.

Los realizadores a menudo se visten como sus modelos favoritos, imitan su lenguaje corporal e incluso adoptan su vocabulario.

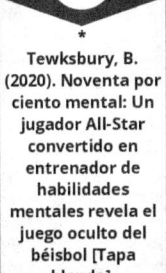

*
Tewksbury, B. (2020). Noventa por ciento mental: Un jugador All-Star convertido en entrenador de habilidades mentales revela el juego oculto del béisbol [Tapa blanda].

Modela a Tus Modelos a Seguir

Como Héroe en formación, debes comenzar a modelar a tus modelos a seguir.
Cuando imitas a alguien de manera constante, estás condicionando tu mente y construyendo ese estado **de certeza** necesario para alcanzar tu objetivo.

Debes fingir, con todas tus fuerzas, que solo es cuestión de tiempo para alcanzar tu meta. Solo así podrás acceder a tu potencial ilimitado.

¿Qué piensan los demás de los Realizadores?

Cuando te embarcas en el camino del logro, es probable que se rían de ti, te critiquen o te desmotiven, acusándote de ser poco realista, soñador o irracional.

¿Pero sabes qué? Las opiniones negativas o desalentadoras de los demás pueden doler como balas, pero solo deben alimentar tu arsenal de deseo para triunfar y demostrar que están equivocados.

Un Consejo Sencillo:
Al principio, **evita contar tus metas a personas negativas** hasta que hayas fortalecido tu mente.
Básicamente, dale a tu meta raíces profundas antes de exponer sus hojas, para que pueda resistir cualquier viento de duda o crítica.
Comparte tu idea con personas que te apoyen y te impulsen, porque sí existen... y son muchas.

No dejes que lo que no puedes hacer interfiera con lo que sí puedes hacer.

JOHN WOODEN
JUGADOR Y ENTRENADOR DE BALONCESTO
ESTADOUNIDENSE

El Juego de Fingir

Aprender a fingir que algo ya ha sucedido es un método eficaz para acceder a la certeza y a la imaginación. Entonces, ¿cómo puedes comenzar a cambiar tu mundo interno para dar forma al mundo externo?

A continuación, tienes algunas ideas.   Marca cada tarea una vez que la hayas completado:

Prosperidad

- [ ] Coloca dos billetes de cien dólares en tu bolsillo.
- [ ] Consigue un llavero elegante para auto.
- [ ] Recorta imágenes de revistas con tu casa, tu auto y tus vacaciones soñadas y colócalas en tu habitación.
- [ ] Firma un cheque por un millón de dólares a tu nombre.
- [ ] Viste ropa elegante y profesional tan seguido como puedas.
- [ ] Envuelve tu botella de agua con una nota que diga:
"La riqueza fluye hacia mí desde todas las direcciones."

General

- [ ] Rodéate de fotos en tu habitación y en tu baño relacionadas con tu objetivo.
- [ ] Crea un tablero de sueños (vision board) visible cada día.
- [ ] Cambia tus fondos de pantalla (en el celular y en la computadora) para reflejar tus metas.
- [ ] Modifica tus contraseñas por frases significativas relacionadas con tu meta.

Modelado de Roles

- [ ] Cambia tu estilo de vestir imitando a tu modelo.
- [ ] Adopta su postura, su forma de caminar y de hablar.
- [ ] Ajusta tu rutina diaria para reflejar la suya.
- [ ] Imita sus comportamientos, actitudes y hábitos clave.

Rodéate de tus modelos a seguir

- [ ] Participa como voluntario en actividades donde puedas estar cerca de personas exitosas que ya hayan logrado lo que tú deseas.
- [ ] Desde el día en que alcanzaste tu meta o te convertiste en quien deseas ser...

¿Cómo tratarías tu cuerpo? _____

¿Cómo te respetarías a ti mismo? _____

¿En qué consistiría tu dieta? _____

¡Comienza ahora a hacer esos cambios!

¿Qué tan lejos estás de alcanzar tus metas? A solo dos milímetros.

INSPIRADO POR TONY ROBBINS
CÓDIGO BEA HERO™

Memoriza esta frase.
CÓDIGO BEA HERO™.

Cuando lo piensas bien, "fingir" es algo que todos hemos hecho desde la infancia. Pregúntate: ¿cómo aprendiste a caminar, a hablar tu idioma? ¿Qué era fundamentalmente diferente en esa edad en comparación con ahora?

La principal diferencia es que, **cuando éramos bebés, subconscientemente nunca dudábamos de nosotros mismos.** Ni siquiera sabíamos qué era fallar y no teníamos miedo de hacer cosas nuevas.

Las hacíamos por instinto, por curiosidad, por imitación. Como bebés, teníamos certeza absoluta de que lograríamos lo que los adultos hacían, inevitablemente.
Solo más adelante en la niñez comenzamos a dudar de nosotros mismos, a desarrollar miedos, a compararnos con otros y a dejar que lo que nos rodea afecte nuestra autoestima.*

Instintivamente, cuando eras niño, ¿acaso no comenzaste a hablar con el mismo acento que tus padres?
¿No usabas la camiseta de tu caricatura o de tu héroe favorito?
¿No te ibas a dormir abrazando tu juguete preferido, mientras tu mente —casi sin miedo— soñaba y se expandía hacia todas las posibles variables de un universo donde nada era imposible, mientras mirabas las estrellas del techo de tu habitación?

Lamentablemente, a medida que crecemos, perdemos ese estado de certeza, ese instinto, esa creencia de que tenemos el potencial para lograr cualquier cosa.

Uno de mis mentores una vez me compartió una fórmula muy simple para alcanzar cualquier meta:

$$SER \rightarrow HACER = TENER$$

Deja de creer que es un requisito previo "tener" dinero, amor, tiempo o experiencia para por fin "hacer" algo significativo —como seguir tu pasión, iniciar una relación, irte de vacaciones exóticas o comprar una casa— y así "ser" lo que realmente buscas en la vida: estar en paz, sentirte realizado, inspirado, próspero, enamorado, etc.

En realidad, el logro funciona al revés. **Primero debes "ser"** lo que deseas: paz, amor, inspiración, abundancia, éxito...
Luego, desde ese estado del ser, **comienzas a "hacer"** cosas en coherencia. Y, tarde o temprano, **descubrirás que "tienes"** el universo a tus pies.

Al final del día, **¿qué es lo que realmente nos separa de fingir "ser" de "ser" realmente"?
El tiempo.**

El tiempo es el único elemento que te separa del mañana, como ya discutimos en detalle en la sección de principios.

*
Universidad de Washington.
(2015). La autoestima en los niños. Comunicado de prensa. Publicación revisada por pares.

No tienes que ser grande para empezar, pero tienes que empezar para ser grande.

ZIG ZIGLAR
AUTOR, VENDEDOR Y
ORADOR MOTIVACIONAL ESTADOUNIDENSE

La Paradoja de la Imaginación

Varios estudios científicos demuestran que **cuando cerramos los ojos e imaginamos algo, nuestra mente no puede diferenciar entre imaginación y realidad**, ya que la actividad neurológica del cerebro es idéntica.*

Estudios similares también muestran que **la imaginación activa y fortalece regiones del cerebro involucradas en la ejecución en la vida real,** mejorando el rendimiento.**

Por ejemplo, imaginar que tocas el piano fortalece las conexiones neuronales en las regiones relacionadas con los dedos. Lo mismo ocurre al actualizar nuestros recuerdos, al mejorar habilidades cognitivas o incluso al reducir el estrés y la ansiedad.

En la física cuántica, también conocida como el camino hacia la teoría del todo mediante el estudio de los átomos subatómicos, hay un creciente debate sobre la conciencia cuántica y cómo **el simple hecho de tener los ojos abiertos o cerrados produce un resultado totalmente diferente a nivel de vibración cuántica.**

Cuando investigo temas relacionados con la física cuántica, lo que es real o no deja de tener sentido.
Nuestra mejor ciencia actual no puede explicar una infinidad de aspectos de este campo.
Todo lo que sabemos es que los pensamientos, las emociones y la imaginación sí afectan nuestra realidad y nuestro futuro a nivel cuántico.***

Así que, si podemos concluir que no hay límites para nuestra imaginación y que esta afecta la realidad, también podemos concluir que tenemos el poder de influir en todo lo que creamos a través de nuestros pensamientos. Y además, ya que **imaginar es gratuito,** ¿no deberíamos aprovecharlo tan seguido como sea posible? ¡Absolutamente!

En resumen, recuerda **que nuestra mente** es un sirviente maravilloso, pero un amo terrible. **Es una tierra fértil y nuestros pensamientos son las semillas que sembramos en ella.**

Al cerebro no le importa si sembramos semillas de grandeza o de desesperación; cualquier semilla que plantemos y alimentemos crecerá y se convertirá en un árbol que dará fruto. Que esa cosecha sea buena y dé frutos positivos o no depende completamente de nosotros.****

* MacGregor, S. (s.f.). CALM - La mente subconsciente no distingue la diferencia [Video]. YouTube.

** Lee, B. (2002). Bruce Lee: Pensamientos Impactantes – La sabiduría de Bruce Lee para la vida diaria.

*** Ball, P. (2017). El extraño vínculo entre la mente humana y la cuántica. BBC Psicología.

**** Universidad de Colorado en Boulder. (2018). Tu cerebro al imaginar: se parece mucho a la realidad

¿Qué es la imaginación? La verdadera puerta de entrada a la realidad.

NEVILLE GODDARD
AUTOR ESTADOUNIDENSE

Rey de Mi Mundo - Beat de Rap

Aquí tienes una canción de rap para tu disfrute, diseñada para elevar tu espíritu y penetrar tu subconsciente. Deja que el ritmo penetre en cada célula de tu cuerpo, resonando con tu grandeza innata. Léela, cántala, hazla tuya a tu propio ritmo o escucha mi versión.

Yo me levanto cada día con poder y gratitud,
Sé que soy del universo la mayor virtud.
No hay nadie como yo, eso es una realidad,
Único en mi especie, pura autenticidad.

Amo mi vida, la vivo sin presión,
Yo dirijo el rumbo, soy mi dirección.
Soy mi maestro, mi mejor versión,
Nada externo cambia mi convicción.

Camino con estilo, confianza y presencia,
Rey de mi mundo, con pura conciencia.
Pase lo que pase, firme como un roble,
Sé que en el fondo, yo puedo con todo el doble.

Amo mi vida, la vivo con pasión,
Soy dueño de mi alma y mi decisión.
Nadie controla lo que soy yo,
Lo externo no manda, mi fuego es interior.

Camino con estilo, confianza y presencia,
Rey de mi mundo, con pura conciencia.
Pase lo que pase, firme como un roble,
Sé que en el fondo, yo puedo con todo el doble.

Amo mi vida, la vivo con pasión,
Soy dueño de mi alma y mi decisión.
Nadie controla lo que soy yo,
Lo externo no manda, mi fuego es interior.

Brindo por la vida, el amor y la libertad,
Soy la creación suprema, pura dignidad.
Brillaré por siempre, como estrella en el cielo,
Porque sé que todo va a salir de este duelo.

¿Quién es mi coach?

Para ayudarte a potenciar tu habilidad de "fingir" e "imaginar", ¿qué más puedes hacer para desarrollarte y alimentar tu **estado de certeza** como lo hacías de niño? Pues bien, pregúntate: ¿qué tres cosas tienen en común los mejores de los mejores? **Coaches, rituales y una red de apoyo.**

En BEA HERO, para guiar a cada héroe en formación en su camino de coaching y rituales, he creado **Maestro de Vida de BEA HERO™, un programa diario gratuito** compuesto por videos de diferentes coaches, expertos y gurús en sus respectivos campos, diseñado para alimentar y expandir tu creencia día a día.

Este programa me ha ayudado a mí y a otros a mantener el impulso necesario para fortalecer nuestras creencias y seguir alimentando nuestro estado de certeza.

El programa presenta una gran cantidad de rituales exitosos, testimonios, ideas y estrategias compartidos por las personas más influyentes del mundo.
Así que comienza el programa en paralelo con este libro y descubre el mundo de maravillas que he aprendido y experimentado a lo largo de los años.

Así como un libro lleva a otro, un programa o un coach te lleva al siguiente. Es un viaje, tu viaje.

Tener un coach también nos empuja más allá de nuestra zona de confort. Un coach puede señalar lo que hacemos bien o mal en una sola sesión, ahorrándonos mucho tiempo y errores. Por eso, recomiendo totalmente **cualquier forma de coaching,** ya sea en arte, habilidades, deportes o en lo que te atraiga. Solo hazlo.

Hoy en día, muchas lecciones valiosas están fácilmente disponibles gratis en línea: en YouTube, Vimeo o por unos pocos dólares en plataformas como Udemy, Skillshare, Mighty Networks o Kajabi. Y no olvides aprovechar tu biblioteca local o el sitio archive.org, que alberga millones de libros gratuitos de todo el mundo.

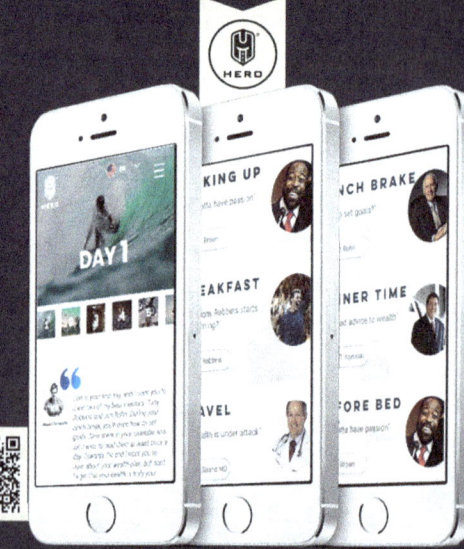

Nota: **El programa está en inglés, pero YouTube ofrece subtítulos en español.**

*
El programa
BEA HERO
Día 1.

Maestros de Vida BEA HERO™

WAKING UP
"You Gotta Have Passion"

Les Brown

BREAKFAST
"How Tony Robbins Starts His Morning?"

Tony Robbins

TRAVEL
"Our Health Is Under Attack"

Dr R. D. Strand MD

LUNCH BREAK
"How To Set Goals?"

Jim Rohn

DINNER TIME
"Rich Dad Advice To Wealth"

Robert T. Kiyosaki

BEFORE BED
"You Gotta Have Passion"

Les Brown

Esta es **una colección cuidadosamente seleccionada de videos y pódcasts gratuitos** de gurús influyentes cuyo objetivo es impactar positivamente tu vida.

Cubre todos los aspectos de la vida: mente, cuerpo, alma y más allá, incluyendo filosofía del éxito, liderazgo, relaciones, establecimiento de metas, estrategia, negocios, networking, inversiones, apalancamiento, impuestos, libertad de tiempo, finanzas, educación, salud, nutrición, fitness y más.

El programa
BEA HERO
Día 1.

Nota: El programa está en inglés, pero YouTube ofrece subtítulos en español.

¿A Quién Puedo Llamar?

¿Sabías que no tiene sentido freírte el cerebro por algo si tu vecino podría tener la solución? ¿A qué me refiero con esto? **Cada persona que conocemos tiene algo que nos enseña y algo que podemos compartir.** De hecho, **una de las principales cosas que la mayoría de las personas exitosas tienen en común es que conocen a muchas personas...** que conocen a otras personas... y así sucesivamente.

¡Sí! Su círculo interno de amigos, colegas, mentores, etc., es mucho más amplio que el de una persona promedio. **El tamaño de su red es su valor neto** y, a diferencia del hombre común, las personas exitosas, gracias a su gran red, saben a quién llamar cuando necesitan un consejo.

¡Esto es un hecho y no puedes permitirte ignorarlo! Ya que la mayoría de los problemas de la vida están a una llamada de distancia de ser resueltos, mi tarea es impulsarte a ampliar tu red de amigos, colegas, conocidos, mentores, expertos de la industria y profesionales.

¡Así **que es hora de ampliar tu agenda de contactos!**

¿Has escuchado el dicho **"no es lo que sabes, sino a quién conoces"**? Por eso, cualquier forma de hacer networking con otros compañeros, personas influyentes, grupos de encuentro o eventos... ¡hazlo!

Ahora quiero que te hagas estas preguntas seriamente:
¿Cuánto tiempo estoy invirtiendo semanalmente en conocer a nuevas personas?
¿Con qué frecuencia participo en conversaciones o actividades que podrían ayudarme a **construir amistades?**
¿Con qué frecuencia asisto a encuentros, seminarios, clases grupales o eventos benéficos?
¿Con qué frecuencia invito a alguien nuevo a tomar un café o compartir una comida?

A menos que te comprometas a hacer cambios significativos y te esfuerces por participar en actividades donde puedas conocer nuevas personas, te estarás perdiendo el enorme apalancamiento y conocimiento que brinda el networking.
Piensa en las personas como tu internet: una vasta red de recursos esperando ser descubierta y aprovechada.

Así como ellas lo son para ti, tú lo eres para ellas: **un intercambio recíproco de conocimiento, apoyo y oportunidades.**

No necesitas saberlo todo, solo
conocer a alguien
que lo sepa.

LAO TZU
FILÓSOFO CHINO

Conociendo nuevas personas: construyendo conexiones

Recuerda, la clave está en mantener una mente abierta, ser accesible y estar dispuesto a iniciar conversaciones con los demás. Hacer networking y conocer gente nueva puede suceder en cualquier lugar, así que mantente atento a las oportunidades en tu vida diaria.

Marca cada tarea una vez completada. ☑

☐ **Eventos de Networking**
Asiste a conferencias, seminarios, talleres y encuentros específicos de tu industria o profesión.

☐ **Reuniones Comunitarias**
Participa en eventos locales de la comunidad, en recaudaciones de fondos benéficos y en actividades de voluntariado.

☐ **Clases y Talleres**
Inscríbete en clases, cursos o talleres sobre temas que te apasionen, como cocina, arte, fitness o idiomas.

☐ **Clubes Sociales**
Únete a clubes, grupos o sociedades centrados en pasatiempos, deportes o actividades que disfrutes.

☐ **Plataformas Online**
Utiliza redes sociales, foros y comunidades en línea para conectarte con personas afines.

☐ **Organizaciones Profesionales**
Hazte miembro de asociaciones profesionales o de clubes relacionados con tu campo laboral.

☐ **Cafeterías**
Entabla conversaciones con personas en cafeterías o bares locales, ya que son excelentes lugares para hacer networking de forma casual.

☐ **Conciertos y Eventos**
Asiste a conciertos, exposiciones de arte, festivales y otros eventos culturales para relacionarte con diversos grupos.

☐ **Clases de ejercicio y gimnasios**
Únete a clases de ejercicio, estudios de yoga o a equipos deportivos para conocer a personas con intereses similares en salud y bienestar.

☐ **Eventos de Exalumnos**
Participa en reuniones o eventos de exalumnos de tu escuela, universidad o instituto para reconectar y establecer nuevas conexiones.

¿Qué es la S.U.E.R.T.E?
Sudar Utilizando Estrategia, Responsabilidad, Trabajo y Esfuerzo.

¿Dónde?
Donde la preparación se encuentra con la oportunidad.

CÓDIGO BEA HERO™

¿Qué es mejor: estar preparado y que la oportunidad nunca llegue, o que llegue la oportunidad y no estar preparado?
¡La elección es nuestra!

Progreso

El Progreso Es Igual a la Felicidad

Otro elemento vital que contribuye de manera significativa a tu plan de logro es el progreso. ¿Por qué? Porque el **progreso no solo implica felicidad, sino que también refuerza tu creencia mediante resultados mejores**. Valida y fortalece tu fe.

No necesitas alcanzar tu objetivo final para experimentar una sensación de euforia; de hecho, el progreso ocurre en el momento en que reconoces lo que es posible.

El Progreso Requiere una Forma de Medición

Para acceder al estado emocional de felicidad y avanzar hacia tu meta inevitable, debes encontrar maneras de medir tus logros.

Como afirman muchas mentes brillantes: **si algo no se puede medir, ¿realmente existe?** Por lo tanto, de una u otra forma, encuentra un método para medir tu progreso. Los números son la forma más contundente de evidencia porque son universalmente indiscutibles. Tu cerebro lo reconoce y el universo también.

Progreso Requiere Fragmentación

Para aprovechar plenamente este aspecto crucial del progreso, debes volverte experto en la "fragmentación" (chunking) de tus metas.

La fragmentación consiste en descomponer tu plan en partes más pequeñas y manejables, o en hitos, lo que te permite cuantificar tu progreso.

Por lo tanto, hazte hábil para dividir un objetivo principal en objetivos más pequeños, una tarea grande en tareas más pequeñas, y así sucesivamente.

El Progreso Implica Celebración

Para un Héroe en formación, el progreso debe incluir tomarse el **tiempo para celebrar**. No tienes que esperar hasta alcanzar tu meta final para recompensarte.

¡Ese es un gran error común! Domar un caballo o cualquier otro animal requiere pequeños pasos y recompensas constantes. El mismo principio se aplica a ti. Así que **"dómate" con cada pequeño avance que logres.**

En resumen, dado que todo depende de nuestra percepción del mundo exterior, **la vida se convierte en un juego de batalla dentro de nuestra mente.** Ganar esta batalla se logra engañando a nuestra mente para que **crea algo como real, una y otra vez, hasta que se convierte en realidad.**

Es lo que los entrenadores llaman **condicionar** nuestra mente: influye tanto en nuestro estado mental como en el físico.

Desafortunadamente, muchas personas, en un intento por evitar la decepción, reducen sus expectativas. Esta es una batalla entre la alegría y el dolor, donde la expectativa y la decepción están directamente correlacionadas.

Entonces, ¿qué es mejor?
¿Ser pesimista o escéptico requiere realmente esfuerzo o es simplemente una narrativa que construimos para ocultar nuestros miedos y dudas internas?
La vida nos presenta dos caminos:
➤ el camino de **los resultado**s,
➤ y el camino de **las historias que nos contamos a nosotros mismos**.

RESULTS

STORIES

Es una elección que tomamos a diario: excusas versus ejecución. Una vez más, volvemos a nuestra comunicación interna y lo que este capítulo nos ha permitido es pelar un poco más la cebolla de manera constructiva y científica.

Recuerda: las personas logran lo que se proponen si tienen una razón lo suficientemente fuerte (certeza forzada) o si poseen una certeza interna lo suficientemente firme.

Tu "yo puedo" es más importante que tu coeficiente intelectual.
Los dos caracteres de la palabra "crisis" en chino, "危 机" (Wéijī), representan peligro y oportunidad. Está en nosotros decidir hacia qué lado inclinarnos.
Dónde va tu enfoque, allí fluye tu energía.

Sigue Adaptándote

Si un método no funciona, ¿qué deberías hacer? Probar con otro. ¿Y si ese tampoco funciona? Cambiar y volver a intentarlo. ¿Y si eso aún no da resultado? Cambiar de nuevo y seguir intentándolo. **Sigue cambiando hasta que finalmente funcione.**

La diferencia entre quienes logran sus objetivos y quienes no, radica en cuántas veces están dispuestos a cambiar, adaptarse, aprender de sus errores y volver a intentarlo una y otra vez.

Piensa en cuando éramos niños: ¿cuántas veces llegamos al "Game Over" jugando videojuegos?
¿Y qué nos preguntaban siempre los juegos?
¡JUGAR DE NUEVO!

¿Qué define a un perdedor?

Para los Héroes, **un perdedor no es más que alguien que está a un solo cambio de convertirse en un triunfador—**ya sea por elección o por casualidad. Solo un intento más,
una idea más, una estrategia más, un libro más, un experimento más, una llamada más, una solicitud más, una bendición más...
¿Has pensado en esto? ¿Has considerado aquello? ¿Y si pruebas esto?

Entonces, en tu vida ahora mismo:
¿Qué podría estar a un solo cambio de ser logrado?

_____
_____
_____
_____

> No desees que sea más fácil,
> desea ser mejor.
> No pidas menos desafíos, pide
> más sabiduría.

JIM ROHN
EMPRESARIO ESTADOUNIDENSE

> ## Conocer a los demás es sabiduría, conocerse a uno mismo es iluminación.

LAO TZU
FILÓSOFO CHINO

Conviértete en un Desvalido Inteligente

Investigar un poco sobre **cuántos fracasos puedes esperar** —o cuántas horas de práctica se requieren para volverte bueno en algo— es una excelente manera de evitar la decepción, la cual fácilmente puede llevarte a querer rendirte.

Dejar de fumar, por ejemplo, requiere unos treinta intentos, pero buena suerte intentando convencer de eso al fumador que ya lo ha intentado veintinueve veces y se ha rendido.

A los teleoperadores les toma unas ocho llamadas fallidas antes de contactar a un cliente potencial. A los pilotos les toma unas setenta prácticas de despegue y aterrizaje antes de su primer vuelo en solitario. Así que **no te dejes engañar ni permitas que la decepción tome el control.** Sigue adaptando tus métodos y utiliza las herramientas que has aprendido para acelerar tu éxito.

Nunca lograrás nada sustancial en la vida con una mala actitud hacia la adaptación. Así que **conviértete en un maestro en adaptarte a los fracasos.** De hecho, la próxima vez que te cruces con otro Héroe, pregúntale: "¿Cuántas veces fallaste esta semana?"
Si su respuesta es cero, o es un as... o no ha hecho ningún progreso.

En el viaje de fallar y adaptarte, descubrirás algo muy importante: a ti mismo. Y dado que el **autoconocimiento es el ADN de la autoiluminación,** solo a través de los desafíos de tu viaje de Héroe podrás descubrir el propósito de tu vida **—el mismo proceso transformador que convierte el carbono en diamante.**

Sigue Fallando

In our Hero's vocabulary, there's no room for the singular word "failure," as **failures serve as the fertilizers of success.** Likewise, there's no space for the term "dead-end," as it's merely viewed as a detour by Heroes.

Failures are regarded as medals of honor and invaluable learning experiences, so **unless you are failing enough you are not progressing enough.**

Failures contribute to acquiring results. These results provide new information to learn from and adapt. Whether it's you or someone else experiencing failure in pursuit of a new result, it's essential to refine and **adjust the approach toward the desired outcome.**

Cuanto más rápido puedas fallar y adaptarte, más rápido podrás avanzar y tener éxito.

Sin embargo, una de las principales desventajas del fracaso es que puede resultar costoso. Para evitar errores innecesarios, considera estudiar al menos tres libros sobre el tema o buscar un mínimo de tres testimonios de personas que ya hayan logrado lo que tú deseas.

Aprovecha los fracasos de otras personas.
Fallar es útil, pero aprovechar los fracasos pasados de otros es una estrategia más inteligente.
Eso es lo que **significa ser un intelligent underdog** en BE A HERO™: **fallar con inteligencia.**

¿Qué hace a un ganador? Un soñador que nunca se rinde.

INSPIRADO EN NELSON MANDELA
REVOLUCIONARIO CONTRA EL APARTHEID, PRISIONERO POLÍTICO, Y PRIMER PRESIDENTE NEGRO DE SUDÁFRICA.

Los Mayores Enemigos del Éxito

Hay tres enemigos significativos del éxito. El primer enemigo es **la zona de confort.** Las personas se sienten cómodas con lo que están haciendo, resisten el cambio y encuentran una gran resistencia para modificar su situación. El 80% de las personas busca razones para no cambiar, incluso si ese cambio podría ser positivo o beneficioso.

El segundo factor que limita a las personas es **la indefensión aprendida**—la sensación de "no puedo hacerlo."

El tercer enemigo es conocido como **el camino de menor resistencia**, que implica buscar siempre la forma más fácil de lograr un resultado. Sin embargo, rara vez se consigue algo que realmente valga la pena de manera fácil.

Sin compromiso, nunca comenzarás. Pero más importante aún, sin constancia, nunca terminarás.

DENZEL WASHINGTON
ACTOR, PRODUCTOR Y DIRECTOR ESTADOUNIDENSE.

¿Cuáles son los tres tesoros
de la vida?
Mis raíces, mis amigos
y los libros.

CÓDIGO BEA HERO™

El Chequeo del desvalido Inteligente

Mientras ganar es probable, perder siempre está garantizado.
¿Por qué? Porque ganar requiere esfuerzo, perder no requiere ninguno. Convertirse en un desvalido inteligente consiste en apilar las probabilidades a tu favor.

Libros
- ¿Cuántos libros has leído sobre tu objetivo?
- ¿Son estos libros de una sola fuente o has explorado otras opiniones, autores y métodos?
- ¿Están adaptados estos libros a tu ubicación, situación o contexto histórico?
- ¿Hay algún otro libro que deberías estudiar para adquirir conocimientos fundamentales que te ayuden a comprender por completo un tema pertinente?

Amigos
- ¿Puedes contactar a alguien que ya haya alcanzado tu objetivo?
- ¿Les has preguntado a tus amigos si conocen a alguien que haya logrado lo que tú deseas?

Expectativas
- Según tu investigación, ¿cuántas veces se espera que falles antes de avanzar?
- ¿Estás practicando con suficiente frecuencia o estás dejando pasar demasiado tiempo entre sesiones?
- Si aún no estás progresando, ¿hay alguien que pueda ayudarte a evaluar qué estás haciendo mal?
- Si te enfrentas a una barrera que impide tu mejora, ¿qué estrategia de certeza forzada puedes utilizar para superarla?

Los ganadores nunca se rinden y los que se rinden nunca ganan.

VINCE LOMBARDI
ENTRENADOR DE FÚTBOL AMERICANO PROFESIONAL
ESTADOUNIDENSE

10° Cuestionario del Hito

P1. ¿Cuáles son los componentes de la Estrella de la Secuencia del Éxito (S.O.S)?
a) Certeza, Coraje, Pasión, Resultados, Creencias.
b) Certeza, Potencial, Acciones, Resultados, Creencias.
c) Certeza, Coraje, Credibilidad, Acción, Resultados.
d) Certeza, Creencia, Determinación, Enfoque, Estrategia.

P2. En la Secuencia del Éxito (Estrella S.O.S.), ¿qué relación existe entre la certeza y el potencial?
a) El nivel de tu certeza determina tu potencial.
b) El nivel de tu potencial determina tu certeza.
c) El nivel de tu potencial no se ve afectado por la certeza.

P3. ¿Por qué es tan importante comprender la secuencia de la estrella S.O.S?
a) Porque captura la lógica de por qué los perdedores siguen siendo perdedores.
b) Porque captura la lógica de por qué los triunfadores siguen siendo triunfadores.
c) Porque destaca la interrelación entre los cinco elementos principales del éxito.
d) Todas las anteriores.

P4. Ya que tu potencial depende de tu certeza y esta depende de tus creencias, ¿qué hacen las personas exitosas para creer en algo que aún no tienen?
a) Visualizan en su mente lo que desean y fingen haberlo logrado.
b) Trabajan duro y escuchan atentamente los consejos de los demás.
c) Evitan engañar a su mente creyendo que algo no es posible.
d) Todas las anteriores.

P5. ¿Qué actividades útiles te ayudarán a moldear tu creencia para alcanzar tu objetivo?
a) Participar en actividades donde pueda conocer a mis modelos a seguir.
b) Imitar a personas que ya han alcanzado mi meta.
c) Adornar mi habitación con imágenes de mi meta.
d) Todas las anteriores.

P6. Selecciona la fórmula correcta:
a) TENER → SER = HACER
b) SER → HACER = TENER
c) TENER → HACER = SER
d) HACER → TENER = SER

P7. ¿Es cierto que cuando cerramos los ojos, la actividad de nuestra mente no puede distinguir entre la realidad y la imaginación?
a) Verdadero.
b) Falso.

P8. ¿Puede el acto de imaginar y fingir mejorar tu rendimiento y tu futuro?
a) Sí, la ciencia sugiere que es posible, aunque poco probable.
b) Sí, la ciencia sugiere que puede hacerte sentir mejor.
c) No, porque, según la ciencia, imaginar o fingir es intangible.
d) Sí, se ha comprobado que ambos influyen en la realidad mediante la física cuántica.

P9. ¿Cuáles son las tres cosas que la mayoría de las personas exitosas tienen en común?
a) Rutinas, familia y fe.
b) Coaches, rituales y red de contactos.
c) Dinero, plan y entrenamiento.
d) Meditación, imaginación y fortuna.

P10. Según el Código BEA HERO™: "¿Cuáles son los tres mayores tesoros de la vida?"
a) Mi mente, corazón y alma.
b) Mi origen, conocimiento y memoria.
c) Mi pasado, presente y futuro.
d) Mis raíces, amigos y libros.

P11. ¿Cuál es la ventaja de tener un coach o de seguir un programa de coaching?
a) La ventaja de aprender sin ensayo y error.
b) Un coach sabe cuándo empujarte más allá de tus límites o de tu zona de confort.
c) No hay una ventaja real, ya que todo depende de ti.
d) Todas las anteriores.

P12. ¿Cuál es la ventaja de tener un gran círculo de amigos o conocidos?
a) A menudo en la vida, no es lo que sabes, sino a quién conoces.
b) El beneficio de que la mayoría de las soluciones que buscas están a una llamada de distancia.
c) El beneficio de que, si no sabes cómo resolver una situación, alguien más sí lo sabe.
d) Todas las anteriores.

P13. ¿Cuál es un precursor de la felicidad?
a) El perdón.
b) La infelicidad.
c) El progreso.
d) Sonreír.

P14. ¿Qué es algo importante que debes tener en cuenta al planificar un gran sueño?
a) Tomarte el tiempo para recompensarte cuando progresas.
b) Medir el sueño en hitos más pequeños para cuantificar el progreso.
c) Ser capaz de medir tu progreso.
d) Todas las anteriores.

P15. Según el Código BEA HERO™: "¿Cómo deberías tratar tu cuerpo? ¿Y tu mente?"
a) Con cuidado. Con atención plena.
b) Con respeto. Como semillas de grandeza.
c) Como un templo. Como el suelo más fértil.

P16. Según el Código BEA HERO™: "¿Qué es la suerte?"
a) Fuerza ciega del destino.
b) Trabajo bajo conocimiento Constructivo.
c) Escuchar, Entender, Conectar y Saber.
d) Aprendizaje Bajo Conocimiento Correcto.

1b, 2a, 3d, 4a, 5d, 6b, 7a, 8d, 9b, 10d, 11b, 12d, 13c, 14d, 15c, 16b

¿Cuáles son las tres madres de todas las habilidades? Aprender, practicar y enseñar.

INSPIRADO POR JIM ROHN
CÓDIGO BEA HERO™

Memoriza esta frase.
CÓDIGO BEA HERO™

Hagamos un repaso...

CAPÍTULO 10: ESTRATEGIA DE LOGRO – PARTE 2

PASO 3

- **Comprende la secuencia del éxito:**
    - **La certeza determina tu potencial**
    - **El potencial determina tus acciones**
    - **Las acciones determinan tus resultados**
    - **Los resultados determinan tus creencias**
    - **Las creencias determinan tu certeza**
    - **Este ciclo se repite**

- **¿Cómo producir certeza cuando el mundo no te la está dando?**
- **Usa la imaginación, visualización y el juego de pretender**
- **Modela los rituales de tus modelos a seguir**
- **El Juego de Pretender (Tarea)**
- <u>**SER → HACER = TENER**</u>

- **La imaginación es realidad**
- **El éxito es más probable cuando tienes coaches, rituales y una red amplia**
- **El programa gratuito BEA HERO™ LifeMasters**
- **No es lo que sabes, sino a quién conoces**
- **Conoce nuevas personas: construye conexiones (Tarea)**
- **Los tesoros están en tus raíces, amigos y libros**

- **Progreso = Felicidad**
- **Mide tu meta a través de pequeños hitos**
- **Domestícate con recompensas justas y regulares**
- **No confundas lo que es real con la historia que te cuentas a ti mismo**
- **Todo resultado es solo un resultado**
- **Aprovecha los fracasos de otras personas**
- **Si algo no funciona, cámbialo hasta que funcione**
- **Conviértete en un inteligente desvalido (Tarea)**

ENCONTRAR
EL VERDADERO
PROPÓSITO
"EL MÉTODO"

Como Héroe en formación, **descubrir** o aclarar **tu verdadero propósito de vida es**, en mi opinión, **una de las tareas más delicadas, desafiantes y complejas** del viaje del Héroe.

Aquí te comparto mis mejores métodos para lograr esta tarea, o al menos acercarte lo más posible a ella. Ten en cuenta que **el propósito es dinámico**; puede cambiar con el tiempo e incluso **puede desaparecer o surgir en un instante**. Así que, respira profundo y comencemos a razonar con calma y paso a paso, ya que todo está interconectado.

¿Qué es el propósito?

Del anglo-francés *purpos* – **"intención, objetivo, meta."**
Es la razón por la cual se hace algo, se crea algo, o por la cual algo existe.

A partir de esta definición, es razonable preguntarse: ¿Qué **activa una meta, un objetivo o una intención?**
La necesidad de satisfacer una cierta **necesidad.**

- Entonces, si **el propósito está enmascarado detrás de una necesidad**, y
- si la necesidad es la expresión de un comando humano interno en forma de emoción, pero
- las emociones están dirigidas por el significado,
- entonces podemos concluir firmemente que **el significado es lo que codifica nuestras necesidades, y por tanto, nuestro propósito.**

Como resultado, si estás de acuerdo conmigo, **es el "significado" lo que en última instancia da origen al "propósito", y viceversa:**

Propósito ↔ Significado

Nuestro primer desafío comienza cuando tenemos necesidades intensas o las invocamos (como estamos haciendo ahora), mezclando emociones de múltiples capas con significados en múltiples niveles. ¡Es un caos!

Este caos emocional puede hacernos sentir perdidos en un laberinto sin fin, dando vueltas en círculos. Entonces, ¿cómo podemos encontrar guía dentro del caos? Según mi investigación, tenemos un proceso de tres pasos para comenzar a descifrar el laberinto:

i. El primer paso es **identificar nuestra brújula interior**, para que incluso en medio de una tormenta, pueda guiarnos a través de ella — o mejor aún, ayudarnos a evitarla por completo.

ii. El segundo paso es **elevar nuestra percepción** por encima del laberinto de la vida, permitiéndonos ver el panorama completo y más amplio.

iii. El tercer paso —un tema digno de otro libro— es la **capacidad de manipular la propia construcción** del laberinto, descifrando completamente su matriz, pues sus muros no son más que subordinados de nuestra realidad siempre cambiante: el universo mismo como un holograma.

Descifrando el Laberinto de la Vida

Para lograr mejor nuestro objetivo, te propongo que pienses como un explorador. Así que sacúdete un poco el cuerpo e imagina que estás dentro de una sonda orbitando la galaxia en el espacio exterior.

Durante tu viaje de exploración, apuntas tu telescopio hacia un planeta azul llamado Tierra. Ves a muchas personitas moviéndose de un lado a otro; parecen ocupadas, zumbando de actividad. Al hacer zoom, tu atención se posa sobre una persona leyendo un libro — ese eres tú. Mira hacia arriba, sonríe y saluda con la mano si quieres; te estás observando a ti mismo.

Como eres un investigador curioso, decides seguir a esta persona (a ti mismo) por un tiempo para recolectar datos. Notas ciertos patrones, y comienzas a preguntarte: "¿A qué se dedica realmente este ser humano? Se parece a muchos otros, hace cosas similares... pero no todo el tiempo."
¿Te gustaría que continúe este pasaje con preguntas clave para descubrir tu propósito?

Hace uno las cosas simplemente porque “así son las cosas”, porque otros lo dicen, o porque de lo contrario “no se vería bien”?
Pero espera un momento... ¿quién decide realmente qué está bien o mal en este planeta? ¿Y tiene que ser necesariamente así?

Te lanzo esta perspectiva externa para romper tu realidad en muchos pedazos, de modo que solo con un propósito claro puedas **realmente reconstruirla con sentido.**

¿Por qué estás aquí, atrapado dentro de un ser biológico cuántico? ¿Cuál es el significado de todo esto?¿Por qué esforzarse? ¿Por qué perseguir una carrera, un título, una familia, una casa, un trofeo, una habilidad, una esperanza, un sueño...? ¿Por qué, por qué?
Quiero ayudarte a encontrar tus respuestas. Pero, ¿por dónde empezar? En mi opinión, si tuviera que resumir todas estas preguntas en una sola, sería:
¿Qué es la realidad?

Ser capaz de responder a esta pregunta es clave para descifrar tu viaje del Héroe y reconocer que **es tu percepción de la realidad lo que finalmente le da sentido a la vida.**
No importa si eres un explorador dentro de una sonda orbitando el planeta o simplemente alguien leyendo estas palabras:
"¿Qué es la realidad?" sigue mereciendo una atención especial en ambos casos.

¿Qué es la realidad?
El significado de la percepción.

CÓDIGO BEA HERO™

¿Qué Es la Realidad?

Diferentes campos abordan esta pregunta desde perspectivas distintas. Los académicos se apoyan en principios fijos, los filósofos analizan conceptos, los artistas prefieren visiones individuales y los científicos sociales priorizan los hechos. Cada uno describe su significado de la realidad según su propio vocabulario, igual que tú y yo.

Lo que la mayoría de ellos acepta es que existen **dos categorías en la realidad**, ambas reales e interrelacionadas:

i.   La materia física
Esto incluye elementos como rocas, árboles, arena, vidrio, agua, microorganismos, o cualquier composición de átomos girando.

ii.   El significado que afecta a la materia física
Se refiere al acto de tomar elementos de la materia física y convertirlos en algo, como un coche, por ejemplo, o crear un billete que reconocemos como dinero, un instrumento significativo para el comercio. El álgebra, que carece de masa o composición química, es otro ejemplo: un lenguaje universal que afecta la realidad..

En esta categoría también encontramos el amor, la creencia, la fe, la imaginación, los sueños, etc. Todas son fuerzas poderosas e invisibles, capaces de influir en la realidad a través de su significado, como ya hemos aprendido anteriormente en este libro.

> **¿De dónde proviene el "significado"?**
> El significado es una representación mental compartida de las posibles relaciones entre cosas, eventos y vínculos.

Aunque la primera categoría de la realidad se relacione con la materia física, ¿has notado que el **"significado" sigue ocupando un papel central?**

Cuando intentamos descifrar el laberinto de la vida —tanto en lo que respecta al propósito como a la realidad—, **el código siempre nos regresa al mismo origen: el significado.**

Descifrando el Significado

Propongo descifrar el significado en cinco etapas.

Etapa 1 - Ya que estamos dentro del laberinto de la vida, **descubramos la sabiduría** que han dejado filósofos, psicólogos, polímatas, médicos y escritores, **desde las civilizaciones antiguas hasta los tiempos modernos.**

Buscamos respuestas a una sola pregunta: **"¿Cuál es el significado de la vida?"** Esto debería proporcionarnos un buen mapa con el cual trabajar. ¿Por qué estamos aquí? ¿Qué es la vida? ¿Existe alguna lógica que impulse a los seres humanos?

Etapa 2 - Necesitamos colorear ese mapa y diferenciar sus características principales. ¿Cómo? **Aclarando y ampliando nuestras seis necesidades humanas emocionales universales.** Las trazamos para ayudarnos a entender la relación entre ellas y cómo afectan nuestros objetivos y deseos. De hecho, debemos aprender a diferenciar estas tres cosas: la fuerza impulsora, la actividad y el resultado.

Por ejemplo, si la salud es nuestro resultado y la ciencia médica la actividad, entonces la supervivencia humana es una fuerza impulsora plausible.

Del mismo modo, **debemos diferenciar nuestra actividad humana del resultado, y el resultado de nuestras necesidades (fuerza impulsora).**

Etapa 3 - Vamos a tamizar el polvo de nuestras necesidades humanas y **descubrir tus dos necesidades más fuertes**. ¿Por qué?

Porque **muchas veces** nuestras necesidades humanas más intensas **no están alineadas con nuestros mejores intereses** o con un resultado que realmente esté en sintonía con quienes somos.

Por lo tanto, debemos **reordenar nuestras principales necesidades para** que nuestras fuerzas impulsoras nos lleven a una vida con sentido, felicidad y plenitud, lo que comúnmente se conoce como **vivir de acuerdo con nuestro verdadero propósito,** nuestro verdadero gozo.

Etapa 4 - Una vez que tengas un mapa completo del significado de tu vida, es momento de **crear tu propia declaración de misión**: una frase poderosa y significativa que abarque plenamente tu propósito y tus necesidades.

Etapa 5 - Si hemos descifrado bien el laberinto de tu vida, podemos ponerlo a prueba.

Cada vez que la vida se sienta sin dirección, como una brújula sin señal, tu declaración de misión debería guiarte con claridad y propósito.

Si no lo hace, probablemente has entrado en una nueva etapa de vida — y es hora de crear una nueva. Comencemos.

¿Cómo puedes entender la vida?
Hacia atrás.

Pero, ¿cómo debe vivirse?
Hacia adelante.

¿Qué no puedes detener?
El futuro.

¿Qué no puedes rebobinar?
El pasado.

Entonces, ¿cuál es el secreto de la vida?
Presiona "play"

CÓDIGO BEA HERO™

11° Cuestionario del Hito

P1. ¿El propósito de una persona es algo estático que no cambia con el tiempo?
a) Verdadero.
b) Falso.

P2. ¿Cuál es la definición de propósito?
a) Es el sentimiento de estar decidido a hacer o lograr algo.
b) Es una forma de intención u de objetivo.
c) Es la razón por la que algo se hace, se crea o existe.
d) Todas las anteriores.

P3. ¿Qué desencadena en los humanos la necesidad de tener un propósito?
a) La exigencia de satisfacer una necesidad.
b) La supervivencia.
c) La búsqueda de una identidad.
d) La búsqueda de comodidad.

P4. ¿Qué lógica coexiste entre propósito y significado?
a) Cuando la vida parece no tener propósito, encontramos significado.
b) El propósito es dinámico; por lo tanto, no puede seguir un conjunto de reglas lógicas.
c) El propósito se desencadena de una necesidad, la necesidad de emociones, y las emociones del significado.

P5. ¿Por qué la vida parece un laberinto al buscar tu propio propósito?
a) Porque la vida es una experiencia humana cósmica caótica.
b) Porque, como humanos, tenemos necesidades multifacéticas, emociones y muchos significados.
c) Porque nuestras necesidades cambian con el tiempo y, con ellas, nuestro propósito.

P6. ¿Cómo podemos encontrar la guía dentro de un laberinto?
a) Llevando un diario de vida.
b) Adoptando el método de eliminación.
c) Viendo a través del laberinto, su significado construido y la imagen completa.

P7. ¿Por qué es útil tener un propósito claro?
a) Porque así la vida se siente mejor.
b) Porque, de lo contrario, la vida pierde sentido.
c) Porque con un destino claro, si surge un desvío, se pueden hacer las correcciones necesarias.
d) Porque es menos probable que se pierda el tiempo.

P8. ¿Tienen algo en común el "propósito" y la "realidad"?
a) Sí, ya que la forma en que percibimos la realidad influye en el significado en relación con nuestro propósito.
b) No, ya que descifrar la realidad tiene un espectro amplio, mientras que el propósito es único para cada persona.

P9. En el Código BEA HERO, ¿cuál es la respuesta a la pregunta: "¿Qué es la realidad?"
a) La interpretación de nuestros sentidos.
b) El significado de la percepción.
c) La representación mental de los eventos.

P10. ¿Cuáles son las categorías de la realidad?
a) Materia física y el significado que tiene.
b) Fuego, agua, aire, metal y tierra.
c) Atómica y subatómica.

P11. ¿Puedes elegir un ejemplo de materia física?
a) Edificios, calles, semáforo.
b) Autos, puentes, calles, avión.
c) Madera, agua, metal, roca.

P12. ¿Puedes elegir un ejemplo de significado que afecta la materia física?
a) Arena, vidrio, plástico.
b) Geometría, gravedad, telescopio.
c) tigre, león, mono.

P13. ¿Cuál es lo más importante de todo este capítulo?
a) Encontrar el verdadero propósito es un proceso que implica descifrar su significado.
b) Que tu propósito requiere una declaración de misión.
c) Que las emociones humanas son el factor principal que afecta el significado.

1b, 2d, 3a, 4c, 5b, 6c, 7c, 8a, 9b, 10a, 11c, 12b, 13a

¿Qué es lo mejor que ha
pasado hoy?
Que seguimos vivos.

¿Y lo segundo mejor?
Que estamos juntos.

¿Y el resto?
Es historia.

¿Y el mañana?
Es un misterio.

¿Y el hoy?
Es un regalo.

¿Por qué?
Porque por eso se llama
"presente"

CÓDIGO BEA HERO™
POPULARIZADO POR EL MAESTRO OOGWAY, KUNG FU
PANDA (PELÍCULA ANIMADA, 2008)

Hagamos un repaso...

CAPÍTULO 11: ENCONTRANDO TU PROPÓSITO VERDADERO – El Método

- Propósito = Intención, objetivo, meta
- ¿Qué desencadena el propósito?
  - Una necesidad
  - ↳ La necesidad se basa en un mandato humano
  - ↳ El mandato se activa por emociones
  - ↳ Las emociones son dirigidas por el significado
  - ↳ El significado está interrelacionado con nuestra propia percepción de la realidad

- La vida es caótica debido a nuestras emociones multicapa con significados multinivel que afectan la realidad.
- Se siente como estar dentro de un laberinto.

TRES MÉTODOS PARA NAVEGAR EL LABERINTO DE LA VIDA

- Identifica tu brújula verdadera
- Eleva tu percepción, busca una visión más amplia
- Manipula la construcción de tu realidad

- La verdadera realidad implica buscar <u>el verdadero significado</u>, lo que te lleva a tu verdadero propósito.

LAS CINCO ETAPAS PARA DESCIFRAR <u>EL SIGNIFICADO</u>

1. Sabiduría a través de los siglos hasta los tiempos modernos
2. Examina nuestras seis necesidades humanas emocionales
3. Identifica tus dos necesidades humanas más fuertes
4. Crea tu propia declaración de misión inspiradora
5. Ponla a prueba y ajústala

¿CUÁL ES EL SIGNIFICADO DE LA VIDA?

HERO

¿Qué es el propósito?

Respuestas Cronológicas a lo Largo de los Siglos

Ptahhotep – 2350 a.C.
Visir egipcio
Sigue a tu corazón para vivir una buena vida de acuerdo con los conceptos de verdad, equilibrio, orden, armonía, ley, moralidad y justicia. La humanidad nunca logra nada por sí sola; lo que se cumple es lo que Dios ordena.

Hinduismo – 2300 a.C.
Fusion of beliefs
Fusión de creencias
El sentido de la vida es **actuar con virtu**d y rectitud (Dharma), **perseguir la riqueza** (Artha), **buscar el disfrute** (Kama) y **alcanzar la autorrealización**, la iluminación o la unión con Dios (Moksha).

Laozi – 600 a.C.
Filósofo chino
Experimentar las leyes de la naturaleza y llevar una vida simple y **libre de deseos**. Seguir el "Tao" (el flujo) y regresar a la fuente natural interior.

Confucio – 480 a.C.
Filósofo chino
El propósito de la vida es **alcanzar la armonía**, el valor social más importante.

Sócrates – 399 a.C.
Filósofo ateniense
El propósito de la vida es el **crecimiento personal y espiritual**.

Platón – 347 a.C.
Filósofo ateniense
The meaning of life is in **attaining** the highest form of **knowledge**, from which all good and just things derive utility and value.
El sentido de la vida está en **alcanzar** la forma más elevada de **conocimiento**, de la cual derivan la utilidad y el valor de todo lo bueno y justo.

Aristóteles – 322 a.C.
Filósofo griego
Cada acción y cada propósito deben aspirar a algún bien. La vida de cada persona consiste en **adquirir virtudes**.

Epicuro – 270 a.C.
Filósofo griego

Vivir plenamente significa encontrar la felicidad a través de la amistad y de **una vida humilde, evitando el dolor y el miedo.**

Cristianismo – 30 d.C.
Escrituras de la Biblia

La vida es un regalo de Dios; debe ser protegida y cultivada, amando y valorando a los demás en paz, poniendo las necesidades de los demás por encima de las tuyas.

Séneca – 65 d.C
Filósofo estoico

Vivir consiste en **encontrar un propósito propio** y bajo control, sin desperdiciar el tiempo; la mayoría de nosotros vivimos en un barco que nunca ha salido del puerto.

Marco Aurelio – 180 d.C.
Emperador romano

Todos buscamos un propósito. Este brinda un sentido de dirección y de **realización en la vida**.

Budismo – 563 a.C.
Enseñanzas de Siddhãrtha Gautama (el Buda)

La vida es interminable, sujeta a la impermanencia, al sufrimiento y a la incertidumbre. El camino hacia la iluminación pasa **por la práctica y el desarrollo de la moralidad, la meditación y la sabiduría.**

Islam – 622 d.C.
Escrituras del Corán

La vida es para **servir al propósito de Dios** y está conectada, por un lado, con una vida eterna y, por otro, **con alcanzar un significado existencia**l a través de objetivos mundanos y virtudes morales.

Avicena "Ibn Sina" – 1037
Polímata persa, padre de la medicina moderna

La esencia precede a la existencia, y el conocimiento de cualquier cosa no se adquiere ni se completa a menos que se conozca por sus causas.

Minamoto Yoritomo – 1199
Shōgun samurái y gobernante

El propósito de la vida es **honrar tu deber con integridad moral**, manteniendo la lealtad incluso ante la muerte.

> El valor de un hombre no es mayor que el valor de sus ambiciones.

MARCUS AURELIUS
EMPERADOR ROMANO Y FILÓSOFO
180 D.C.

Ikigai

1185
Razón de ser japonesa
Vive una vida equilibrada a través de tu pasión, misión, vocación y profesión..

Satisfacción, pero con una sensación de inutilidad.

Placer y plenitud, pero no riqueza.

Lo que AMAS

PASIÓN

MISIÓN

En lo que eres BUENO/A

Ikigai

Lo que el mundo NECESITA

PROFESIÓN

VOCACIÓN

Cómodo, pero con sensación de vacío.

Lo que te pueden PAGAR

Emoción y complacencia, pero con sensación de incertidumbre.

Adaptado del Diagrama de Propósito de Andrés Zuzunaga (2011), popularizado como el Diagrama de Ikigai por Marc Winn (2014).

*
Mitsuhashi, Y. (2018). Ikigai: El arte japonés de llevar una vida plena.

Santo Tomás de Aquino - 1225
Filósofo italiano

Somos animales capaces de razonar, impulsados hacia un **amor generativo**, comunicativo y creativo.

Dante Alighieri - 1321
Poeta Italiano

El significado de la vida es diferente para cada persona, ya que la intención de Dios es que **tengamos diferentes vocaciones.**

Encontrar la tuya te acercará a lo divino de una manera sana y capaz, sin poder someter ni al diablo ni al cuerpo, dos sustancias diferentes que interactúan entre sí.

Leonardo da Vinci- 1519
Polímata italiano

Vivir es estirarse hasta los límites máximos de la posibilidad humana. **La vida sin amor no es vida.**

Nada puede ser amado u odiado si no es primero comprendido, y mientras aprendes a vivir, solo estás aprendiendo a morir.

William Shakespeare - 1616
Escritor inglés

El propósito de la vida es **descubrir tu don.** El significado de la vida es regalar ese don..

René Descartes - 1650
Filósofo francés, padre de la filosofía moderna

"Pienso, luego existo."

Todos los seres humanos nacen con conocimiento innato por medio del poder superior de Dios, con una mente y un cuerpo que interactúan entre sí. Usa bien tu mente. Si buscas la verdad, duda de todo lo posible.

John Locke - 1704
Filósofo inglés y padre del liberalismo

La ley natural humana más básica es la **preservación de la humanidad**. Para cumplir ese propósito, los individuos tienen tanto el derecho como el deber de preservar sus propias vidas. Todo conocimiento se adquiere a través de la experiencia.

> **Fija tu rumbo hacia una estrella y podrás navegar a través de cualquier tormenta.**

LEONARDO DA VINCI
POLÍMATA ITALIANO

Wabi-sabi

1591
El arte japonés de la impermanencia

Enfatiza la importancia del momento presente y la naturaleza fugaz de la vida. Saborea la belleza y la riqueza de cada instante que pasa.
Nada dura para siempre y todo está sujeto al cambio y a la decadencia. **La naturaleza imperfecta tiene su propia belleza.**
La filosofía central se resume en una sola palabra: Uketamo, que significa "Acepto humildemente con el corazón abierto."

Esfuérzate por ser excelente, no por ser perfecto. **La alegría de la vida está en su simplicidad.**
Sé agradecido por el lugar donde estás ahora.

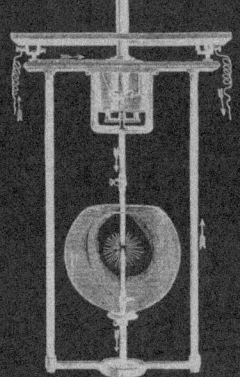

Immanuel Kant - 1804

Filósofo alemán y uno de los pensadores centrales de la Ilustración

La filosofía moral se aplica a todos los aspectos de nuestras vidas; por lo tanto, vivimos éticamente.

El auto-mejoramiento es un deber: una obligación incuestionable. La inteligencia lo es todo, al igual que la libertad para ejercerla.

Friedrich Nietzsche - 1844

Filósofo alemán

El hombre es un dios en proceso de creación, con una voluntad procreativa de vida inagotable. Sin esta voluntad, la historia humana no tendría ningún sentido.

Vivir es sufrir; sobrevivir es encontrar un sentido en ese sufrimiento.

Quien tiene un "por qué" para vivir puede soportar casi cualquier "cómo".

No hay hechos, solo interpretaciones; todo puede cuestionarse, incluso las virtudes morales más tradicionales.

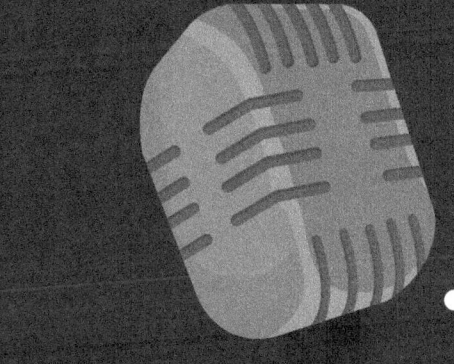

Alfred Adler - 1870

Médico austriaco y fundador de la escuela de psicología individual

Las personas tienden, de forma innata, a cumplir el propósito de sus vidas, especialmente a través de su **participación en actividades sociales.**

Karl Marx - 1883

Filósofo, economista y revolucionario alemán.

Somos seres naturalmente productivos y sociables que encontramos realización y significado en nuestras vidas a través **del ejercicio libre de nuestras capacidades naturales**. Somos la expresión de nuestras creaciones.

Erich S. Fromm - 1900
Psicólogo social, judío alemán que huyó del nazismo

El amor es la única respuesta sana y satisfactoria al problema de la **existencia humana.**

El amor inmaduro dice: "Te amo porque te necesito." El amor maduro dice: "Te necesito porque te amo."

Erik Erikson - 1902
Psicólogo germano-estadounidense

Buscar el significado consiste en luchar por comprender las experiencias vividas y lo que todo ello ha significado en el Gran Panorama de la vida.

Viktor E. Frankl - 1905
Neurólogo, psiquiatra austríaco, sobreviviente del Holocausto y fundador de la logoterapia (una escuela psicoterapéutica centrada en el sentido)

Encontrar **el propósito** propio marca la diferencia entre quienes sobreviven y quienes perecen. **Debes encontrar el tuyo.**

Abraham Harold Maslow - 1908
Psicólogo estadounidense

El significado surge de la autorrealización, es decir, de **alcanzar el máximo potencial de uno mismo.**

Leo Tolstoy - 1910
Escritor ruso

Dada la inevitabilidad de la muerte, **no existe una justificación racional para afirmar que la vida tiene sentido.**

Sigmund Freud - 1939
Neurólogo austríaco, fundador del psicoanálisis

Todos los instintos pertenecen a una de dos grandes categorías inconscientes: los instintos de vida o de muerte. **El objetivo de toda vida es la muerte**

Mahatma Gandhi - 1944
Abogado indio

La vida consiste en **vivir correctamente**, pensar correctamente y actuar correctamente, sabiendo que la verdad es una, aunque los caminos sean muchos. Por lo tanto, uno debe conocerse a sí mismo. El instrumento de ese conocimiento es el servicio desinteresado e ilimitado.

Max Planck - 1947
Físico alemán, fundador de la Teoría Cuántica

La mente es la matriz de toda la materia.

Nicolas Berdyaev - 1948
Filósofo y teólogo ruso

El sentido de la existencia es la **conquista de la soledad**, la **adquisición de parentesco y cercanía.**

Mary Ainsworth - 1999
Psicóloga estadounidense-canadiense

En el odio, como en el amor, nos volvemos como aquello en lo que nos obsesionamos. **Lo que aborrecemos, lo injertamos en nuestra propia alma**

Robert Nozick - 2002
Filósofo estadounidense

El sentido de la vida **es trascender nuestros límites hacia el valor**... el significado último de la vida solo puede ser algo que no tenga un significado ulterior y sea su propio significado, es decir, lo ilimitado.

Dalai Lama XIV - Época actual
Monje budista tibetano

La vida es para ser feliz, y cuanto más nos preocupamos por la felicidad de los demás, mayor es nuestro propio bienestar. La clave es **desarrollar la paz interior.**.

Roy Baumeister - Época actual
Psicólogo social

La vida es caótica, pero está llena de significado. Cuando no enfrentamos un peligro inminente, **la vida requiere una identidad y autoconocimiento**. Aunque nuestros significados están moldeados por la sociedad y la cultura, el resultado es una negociación entre los principios individuales y sociales.

Donde no hay visión, el pueblo perece.

PROVERBIO

Espero que hayas aprendido mucho al leer las diversas perspectivas sobre la vida de algunos de los pensadores más brillantes a lo largo de los milenios. Es posible que te sientas abrumado, al notar cómo algunas de las conclusiones son similares, mientras que otras están en total contraste.

¿Quién tiene razón?

Responder a esa pregunta requiere una postura moral, porque **todos tienen razón según su propia construcción de la realidad y del significado.**

Mi objetivo, si lo he logrado, era satisfacer la primera etapa en la búsqueda de tu propósito de vida, y espero haber creado un buen mapa base para que trabajes en tu marco de realidad y en el significado de la vida.

Dado que tanto **tu marco de realidad como el significado de tu vida están profundamente influenciados por tus valores y tu moral,** quiero invitarte —antes de cerrar este capítulo— a que profundices en ti mismo y te hagas una serie de preguntas para comprender mejor cómo te ves.

¿Cuáles son tus valores? ¿Cuáles son tus principios morales? ¿Te conoces verdaderamente?

¡Vamos allá!

Conociéndote a Ti Mismo

¿Qué tanto te conoces realmente?

Puede que seas muy consciente de lo que tu familia, tu cultura o la sociedad esperan que creas... pero ¿son esos realmente tus valores, tu moral, tus necesidades y tus deseos más profundos?

Sin conocerte a ti mismo lo suficiente, es muy difícil elegir un camino de vida que te traiga verdadera felicidad y realización. Muchas personas descubren quiénes son en realidad cuando ya han pasado muchos años valiosos.

Por eso, este es el momento perfecto para hacerte un autodiagnóstico: aplicar una reflexión honesta y técnicas comprobadas para descubrir tu verdadero yo.

Puede que algunas respuestas te sorprendan. **Mantén la mente abierta**, especialmente si te cuesta liberarte de las expectativas y juicios de los demás.
Empecemos con la base:
¿Cuáles son tus valores? ¿Cuál es tu moral? Acláralos ahora—con honestidad y valentía.

Diferencia entre Valores y Moral:

La Moral

Es un **conjunto de códigos de conducta que nos dicen qué está bien y qué está mal**. Generalmente provienen de la religión, la política o la sociedad. Son universales, objetivas y tienden a mantenerse estables en el tiempo. Piensa en la moral como **"leyes no escritas".**

Los Valores

To achieve the objectives of our next exercise, it's not important to distinguish whether your conduct or beliefs come from values or morals. What's important is that you **gain a better understanding of your core identity as a person.**

Son **sistemas de creencias internas** que guían nuestro comportamiento. Son personales, subjetivos, se construyen con el tiempo y pueden cambiar.

Para los fines del próximo ejercicio, no es necesario distinguir si tus creencias o conductas provienen de valores o de la moral.
Lo importante es que logres una mayor **claridad sobre tu identidad central como persona.**

Identificando Tus Valores y Principios Fundamentales

En combinación con las listas de características de las siguientes páginas, usa las siguientes preguntas para guiar tu autoanálisis. Marca con un tick (☐) las características que mejor te describen y transcribe más abajo tus principales elecciones.

- ¿Qué es lo que más me importa?

  _____
  _____

- ¿Cómo o cuándo se desarrollaron estos valores?

  _____
  _____

- ¿Mis padres modelaron estos rasgos o se desarrollaron en oposición a lo que viví en mi infancia?

  _____
  _____

- ¿De qué me siento más orgulloso/a?

  _____
  _____

- ¿Qué me cuesta aceptar de la sociedad o en determinados momentos?

  _____
  _____

- ¿Qué me gusta de mí mismo/a?

  _____
  _____

- ¿Qué aspectos de mí suelen recibir cumplidos de los demás?

  _____
  _____

- Cuando pienso en los libros, películas o series que me gustan, ¿qué me conmueve emocionalmente?

  _____
  _____

- Cuando pienso en mis modelos a seguir durante mi crecimiento, ¿qué valores tienen?

  _____
  _____

- ¿Alguna vez mi supervisor/a, entrenador/a o mentor/a ha señalado fortalezas específicas en mí?

  _____
  _____

Mis Rasgos Positivos de Carácter

- Capaz
- Accesible
- Activo
- Agudo
- Adaptable
- Admirable
- Aventurero
- Agradable
- Alerta
- Alocéntrico
- Ambicioso
- Amable
- Previsor
- Agradecido
- Articulado
- Aspirante
- Atlético
- Atractivo
- Auténtico
- Consciente
- Equilibrado
- Benevolente
- Audaz
- Valiente
- Brillante
- Calmado
- Competente
- Cautivador
- Despreocupado
- Cuidadoso
- Retador
- Carismático
- Encantador
- Alegre
- Pulcro
- Lúcido
- Ingenioso
- Colorido
- Sociable
- Compasivo
- Interesado
- Conciliador
- Seguro
- Concienzudo
- Considerado
- Constante
- Reflexivo
- Cooperativo
- Valeroso
- Cortés
- Creativo
- Culto
- Curioso
- Delicado
- Intrépido
- Apuesto
- Decente
- Decidido
- Dedicado
- Profundo
- Fiable
- Resuelto
- Entregado

- Digno
- Diligente
- Directo
- Enfocado
- Disciplinado
- Discreto
- Selectivo
- Distinto
- Dramático
- Responsable
- Dinámico
- Entusiasta
- Serio
- Tranquilo
- Educado
- Eficiente
- Elegante
- Elocuente
- Empático
- Persistente
- Enérgico
- Emprendedor
- Apasionado
- Estético
- Ético
- Excepcional
- Emocionado
- Emocionante
- Extraordinario
- Exuberante
- Justo
- Leal
- Previsor
- Fascinante
- Valiente
- Benevolente
- Feminismo
- Ferviente
- Firme
- Flexible
- Concentrado
- Compasivo
- Franco
- Libre pensador
- Amistoso
- Divertido
- Jovial
- Valeroso
- Generoso
- Gentil
- Auténtico
- Dadivoso
- Bueno
- Cordial
- Gracioso
- Valiente
- Feliz
- Trabajador
- Saludable
- Vigoroso
- Servicial
- Heroico
- Noble

- Elevado
- Honesto
- Honorable
- Humilde
- Humorístico
- Idealista
- Imaginativo
- Impactante
- Agudo
- Íntegro
- Independiente
- Individualista
- Ingenioso
- Innovador
- Inofensivo
- Inquisitivo
- Perspicaz
- Despreocupado
- Integridad
- Inteligente
- Interesante
- Intuitivo
- Inventivo
- Invulnerable
- Jovial
- Alegre
- Gozoso
- Entusiasta
- Amable
- Sabio
- Relajado
- Líder
- Carismático
- Desenfadado
- Agradable
- Vivaz
- Lógico
- Querible
- Amoroso
- Leal
- Poético
- Mágico
- Magnánimo
- Cortés
- Versátil
- Maduro
- Sereno
- Memorable
- Metódico
- Minucioso
- Poderoso
- Moderado
- Discreto
- Motivado
- Complejo
- Natural
- Ordenado
- Noble

- Flexible
- Cuidadoso
- Objetivo
- Atento
- Abierto
- Tolerante
- Optimista
- Ordenado
- Organizado
- Original
- Sociable
- Meticuloso
- Apasionado
- Paciente
- Patriota
- Pacífico
- Perspicaz
- Perfeccionista
- Animado
- Perseverante
- Constante
- Agradable
- Persuasivo
- Previsor
- Juguetón
- Ameno
- Pulido
- Popular
- Positivo
- Práctico
- Preciso
- Íntegro
- Reservado
- Resolutivo
- Profundo
- Versátil
- Protector
- Orgulloso
- Afortunado
- Prudente
- Puntual
- Determinado
- Agudo
- Callado
- Racional
- Real
- Realista
- Razonable
- Reflexivo
- Relajado
- Confiable
- Resiliente
- Ingenioso
- Respetuoso
- Responsable
- Atento
- Reverente
- Romántico
- Rústico
- Sabio
- Cuerdo
- Estudioso
- Escrupuloso

- Seguro
- Confiado
- Autocrítico
- Humilde
- Abnegado
- Autónomo
- Independiente
- Altruista
- Iniciador
- Autosuficiente
- Desinteresado
- Sensible
- Sentimental
- Serafín
- Serio
- Atractivo
- Generoso
- Agudo
- Astuto
- Sencillo
- Sincero
- Hábil
- Inteligente
- Sobrio
- Sociable
- Sólido
- Sofisticado
- Enérgico
- Espiritual
- Espontáneo
- Deportivo
- Estable
- Firme
- Constante
- Estoico
- Fuerte
- Estudioso
- Elegante
- Sutil
- Exitoso
- Solidario
- Sorprendente
- Dulce
- Compasivo
- Sistemático
- Talentoso
- Refinado
- Receptivo
- Educador
- Minucioso
- Reflexivo
- Ordenado
- Incansable
- Tolerante
- Dócil
- Confiado
- Confiable
- Veraz
- Resignado
- Comprensivo
- Abierto
- Perspicaz
- Único

- Unidad
- Desinteresado
- Optimista
- Íntegro
- Urbano
- Valiente
- Vigilante
- Enérgico
- Visionario
- Vivaz
- Cálido
- Próspero
- Agradable
- Culto
- Leído
- Exitoso
- Sabio
- Ingenioso
- Valioso
- Juvenil

Una excelente manera de conocerte mejor es **identificarte con claridad con lo que no eres.** Esta vez, coloca una cruz (**✗**) junto a los rasgos de carácter enumerados en la página siguiente que absolutamente no forman parte de tu personalidad.

- ¿Qué es lo que absolutamente no me gusta de la mentalidad de mi familia?

  _____
  _____
  _____

- ¿Qué es lo que absolutamente no me gusta de las creencias de mis colegas y de mi jefe?

  _____
  _____
  _____

- ¿Qué es lo que absolutamente no me gusta del comportamiento de mi sociedad?

  _____
  _____
  _____

- ¿Qué rasgos absolutamente no me gustan en general?

  _____
  _____
  _____
  _____

Mis Otros Rasgos de Carácter

- Abrasivo
- Brusco
- Distraído
- Temeroso
- Agresivo
- Angustiante
- Sin rumbo
- Superficial
- Distante
- Amoral
- Enojado
- Molesto
- Ansioso
- Apático
- Arbitrario
- Discutidor
- Arrogante
- Artificial
- Antisocial
- Asertivo
- Astigmático
- Torpe
- Infantil
- Malo
- Bárbaro
- Beligerante
- Desconcertado
- Engreído
- Cruel
- Bizarro
- Insípido
- Indiferente
- Directo
- Presumido
- Ruidoso
- Perezoso
- Aburrido
- Mandón
- Quebradizo
- Brutal
- Bestial
- Calculador
- Insensible
- Gruñón
- Despreocupado
- Descuidado
- Precavido
- Inestable
- Sin encanto
- Inmaduro
- Dependiente
- Pegajoso
- Torpe
- Grosero
- Frío
- Desalmado
- Sin color
- Conformista
- Quejumbroso
- Compulsivo
- Engreído
- Condenatorio

- Conformista
- Confundido
- Conservador
- Despreciable
- Convencional
- Cobarde
- Astuto
- Tosco
- Loco
- Criminal
- Crítico
- Irritado
- Grosero
- Cruel
- Mañoso
- Cínico
- Peligroso
- Atrevido
- Oscuro
- Intrépido
- Decadente
- Engañoso
- Falso
- Delicado
- Exigente
- Dependiente
- Deprimido
- Desesperado
- Destructivo
- Desapegado
- Retorcido
- Difícil
- Sucio
- Desconcertante
- Insatisfecho
- Desanimado
- Desalentador
- Descortés
- Deshonesto
- Desleal
- Desobediente
- Desordenado
- Desorganizado
- Pendenciero
- Irrespetuoso
- Problemático
- Disoluto
- Disonante
- Distraído
- Perturbador
- Dogmático
- Autoritario
- Inseguro
- Aburrido
- Egocéntrico
- Avergonzado
- Débil
- Envidioso
- Errático
- Evasivo
- Malvado
- Excitable

- Conveniente
- Extravagante
- Extremo
- Irónico
- Infiel
- Falso
- Fanático
- Fantasioso
- Fatalista
- Adulador
- Temeroso
- Intrépido
- Peleador
- Voluble
- Fogoso
- Quisquilloso
- Fijo
- Llamativo
- Coqueto
- Imprudente
- Tonto
- Enérgico
- Olvidadizo
- Asqueroso
- Fraudulento
- Asustado
- Aterrador
- Frívolo
- Frustrado
- Exigente
- Sombrío
- Taciturno
- Sin gracia
- Grandioso
- Codicioso
- Severo
- Gruñón
- Malhumorado
- Culpable
- Crédulo
- Duro
- Odioso
- Altivo
- Hedonista
- Vacilante
- Cerrado
- Autoritario
- Desesperado
- Hostil
- Iracundo
- Ignorante
- Maleducado
- Imitador
- Inmaduro
- Impaciente
- Descortés
- Poco práctico
- Imprudente
- Impulsivo
- Inactivo
- Desconsiderado
- Inconstante
- Poco curioso

- Indeciso
- Indiscreto
- Indulgente
- Inerte
- Inflexible
- Inhibido
- Inseguro
- Insensible
- Insincero
- Insultante
- Entrometido
- Intolerante
- Irascible
- Irracional
- Irresponsable
- Irritable
- Celoso
- Jovial
- Apático
- Perezoso
- Mentiroso
- Lujurioso
- Solitario
- Hablador
- Ruidoso
- Maquiavélico
- Malicioso
- Manipulador
- Afectado
- Sin modales
- Materialista
- Sentimental
- Ambiguo
- Tacaño
- Mecánico
- Entrometido
- Sumiso
- Melancólico
- Melodramático
- Ostentoso
- Desordenado
- Travieso
- Miserable
- Avaro
- Desorientado
- Equivocado
- Interesado
- Monstruoso
- Cambiante
- Morboso
- Confuso
- Asesino
- Misterioso
- Ingenuo
- Narcisista
- Cerrado
- Intolerante
- Desagradable
- Pulcro
- Travieso
- Negativo
- Pesimista
- Negligente

- Nervioso
- Neurótico
- Nihilista
- Ruidoso
- Detestable
- Obsesivo
- Obstinado
- Evidente
- Extraño
- Indiferente
- Superficial
- Parcial
- Dogmático
- Oportunista
- Oprimido
- Escandaloso
- Imaginativo en exceso
- Crítico en exceso
- Emocional en exceso
- Paranoico
- Tacaño
- Pasivo
- Condescendiente
- Pedante
- Perverso
- Pesimista
- Mezquino
- Moralista
- Flemático
- Exigente
- Simple
- Lento
- Pomposo
- Pobre
- Posesivo
- Ambicioso de poder
- Depredador
- Prejuicioso
- Presuntuoso
- Pretencioso
- Remilgado
- Procrastinador
- Derrochador
- Provocador
- Pendenciero
- Puritano
- Cobarde
- Discutidor
- Iracundo
- Excéntrico
- Reaccionario
- Reactivo
- Imprudente
- Rígido en normas
- Arrepentido
- Reprimido
- Repugnante
- Repulsivo
- Resentido
- Inquieto
- Ridículo
- Rígido
-

- Arriesgado
- Ritualista
- Alborotador
- Grosero
- Arruinado
- Despiadado
- Triste
- Sádico
- Mojigato
- Sarcástico
- Asustado
- Maquiavélico
- Desdeñoso
- Reservado
- Sedentario
- Egocéntrico
- Seguro de sí
- Autocomplaciente
- Indulgente
- Autocompasivo
- Egoísta
- Superficial
- Agudo
- Cortoplacista
- Tímido
- Tonto
- Obsesivo
- Escéptico
- Descuidado
- Lento
- Astuto
- Limitado
- Furtivo
- Pretencioso
- Ingenuo
- Sórdido
- Mimado
- Firme como el acero
- Severo
- Rígido
- Tacaño
- Extraño
- Estricto
- Tenaz
- Terco
- Estúpido
- Sumiso
- Superficial
- Supersticioso
- Desconfiado
- Indiscreto
- Impuntual
- De mal gusto
- Tenso
- Ladrón
- Irreflexivo
- Temeroso
- Incansable
- Susceptible
- Transparente
- Traicionero
- A la moda
- Problemático

- Beligerante
- Desagradecido
- Indiferente
- Poco caritativo
- Despreocupado
- Poco convincente
- Poco cooperativo
- Descoordinado
- Poco creativo
- Poco crítico
- Untuoso
- Indisciplinado
- Poco emotivo
- Rencoroso
- Poco amigable
- Malagradecido
- Infeliz
- Poco saludable
- Poco imaginativo
- Poco impresionante
- Poco amable
- Poco querible
- Poco refinado
- Impredecible
- Sin principios
- Irrealista
- Poco reflexivo
- Poco confiable
- Desenfrenado
- Poco autocrítico
- Inestable
- Desordenado
- Poco digno de confianza
- Afligido
- Vacío
- Vacuo
- Vago
- Vanidoso
- Corruptible
- Vengativo
- Venenoso
- Rencoroso
- Violento
- Vulgar
- Vulnerable
- Débil
- De voluntad débil
- Bien intencionado
- Malvado
- Salvaje
- Obstinado
- Iluso
- Retraído
- Preocupado
- Equivocado
- Chiflado

- Ambicioso
- Divertido
- Ingenioso
- Ascético
- Autoritario
- Visionario
- Juvenil
- Desenfadado
- Profesional
- Ocupado
- Informal
- Intelectual
- Cercano
- Prudente
- Competitivo
- Complejo
- Confidencial
- Conservador
- Contradictorio
- Preciso
- Atractivo
- Engañoso
- Decidido
- Dominante
- Soñador
- Impulsor
- Jocoso
- Seco
- Terrenal
- Afeminado
- Emotivo
- Enigmático
- Experimental
- Familiar
- Popular
- Formal
- Liberal
- Frugal
- Glamoroso
- Ingenuo
- Animado
- Apresurado
- Hipnótico
- Iconoclasta
- Idiosincrático
- Impasible
- Impersonal
- Impresionable
- Intenso
- Invisible
- Irreligioso
- Irreverente
- Maternal
- Tranquilo
- Moderno
- Moralista

- Místico
- Neutral
- Indiferente
- No competitivo
- No religioso
- Anticuado
- Común
- Directo
- Paternalista
- Físico
- Plácido
- Político
- Predecible
- Distraído
- Reservado
- Progresista
- Orgulloso
- Puro
- Cuestionador
- Silencioso
- Religioso
- Introvertido
- Contenido
- Retraído
- Sarcástico
- Cohibido
- Sensorial
- Escéptico
- Suave
- Blando
- Solemne
- Solitario
- Severo
- Impasible
- Estricto
- Terco
- Elegante
- Subjetivo
- Sorprendente
- Fuerte
- No agresivo
- Poco ambicioso
- Informal
- Inmutable
- Poco exigente
- Insondable
- Sin prisa
- Desinhibido
- No patriótico
- Impredecible
- Poco sentimental
- Caprichoso

- ....
- ....
- ....
- ....
- ....
- ....
- ....
- ....
- ....
- ....
- ....
- ....
- ....
- ....
- ....
- ....
- ....
- ....
- ....
- ....
- ....
- ....
- ....
- ....
- ....
- ....
- ....
- ....
- ....
- ....
- ....

- Marca solo los rasgos que te describen.
- Evalúate del 1 al 5:
  1 = Un poco
  5 = Mucho

Otros Consejos

Solo pregunta

Los ejercicios anteriores trataban sobre cómo te ves a ti mismo. Sin embargo, ¿cómo te ven los demás? Pregunta a un amigo o familiar qué ve en ti. No siempre es fácil pedir retroalimentación, pero pueden compartir ideas útiles y sorprendentes. Al fin y al cabo, muchas veces es más fácil para otros observarnos que para nosotros mismos.

Conecta con tu yo más joven

Busca una foto tuya en un álbum y reconéctate con las emociones de ese niño o niña. Pregúntate qué valores y principios tuviste que aprender para llegar a ser quien eres hoy.

Habla con tu cuerpo

La conciencia corporal puede ayudarte a establecer metas realistas según tus capacidades físicas y a sentirte más cómodo contigo mismo.
Si tienes problemas con tu imagen corporal, desafíate a pensar en cinco cosas que amas de tu cuerpo y agradece lo que tu cuerpo puede hacer (o ha hecho por ti).

Escribir un diario

Llevar un diario, ya sea a diario o semanalmente, promueve la autorreflexión y mejora el autoconocimiento. ¿Por qué? Porque registrar nuestros pensamientos y eventos nos enseña a mirar más allá de nuestras reacciones superficiales y descubrir nuestras verdaderas necesidades y emociones.
 Un diario te ayuda a identificar tu voz interior y diferenciarla de aquellas voces externas cuya aprobación podrías estar buscando.

Meditación

La meditación es una excelente herramienta para encontrarnos con nosotros mismos y entender qué es lo que realmente nos importa. A medida que nos conectamos mejor con nosotros mismos, también mejoramos nuestra conexión con los demás.
Para sacarle el máximo provecho a la meditación, busca dos objetivos: comprenderte y valorarte.
Algunos consejos comunes para una sesión exitosa incluyen: apagar dispositivos que distraen, observar tus pensamientos, escanear tu cuerpo, aceptar tus imperfecciones, evaluar tus valores, expresar gratitud por lo que tienes, repetir afirmaciones y terminar con una resolución.

¿Qué hay más allá? Alcanzar la armonía con todo lo que es.

CÓDIGO BEA HERO™

Hagamos un repaso...

CAPÍTULO 12A: ¿CUÁL ES EL SENTIDO DE LA VIDA?
(ENCONTRAR EL PROPÓSITO VERDADERO - ETAPA 1)

- **Respuestas cronológicas a lo largo de los siglos:**

Años 2350 - 2300 a.C.
- Ptahhotep
- Hinduismo

Años 600 - 270 a.C.
- Laozi
- Confucio
- Sócrates
- Platón
- Aristóteles
- Epicuro

Años 30 - 622
- Cristianismo
- Séneca
- Marco Aurelio
- Demócrito
- Budismo
- Islam

Años 1037 - 1883
- Avicenna
- Yoritomo
- Ikigai
- Wabi-Sabi
- Aquinas
- Dante Alighieri
- Leonardo Da Vinci
- Shakespeare
- Descartes
- John Locke
- Kant
- Nietzsche
- Adler
- Marx
- Fromm

Años 1900 - 1999
- Fromm
- Erikson
- Frankl
- Maslow
- Tolstói
- Freud
- Gandhi
- Max Planck
- Nicolás Berdyaev
- Mary Ainsworth

Año 2000 - Presente
- Robert Nozick
- Dalai Lama
- Roy Baumeister

- **Conociéndote mejor a ti mismo**
  - **¿Cuáles son tus valores y tu moral?**
  - **Pregúntaselo a otros**
  - **Diario, meditación y otros consejos**

NECESIDADES
HUMANAS
UNIVERSALES

HERO

Ya seas consciente de ello o no, **siempre hay una razón por la que hacemos lo que hacemos**. Aunque pueda parecer que existen innumerables motivos, en realidad, solo hay seis necesidades humanas universales*: las situaciones, circunstancias y valores morales pueden variar, pero lo que impulsa a los seres humanos a actuar puede clasificarse en solo seis necesidades universales.

> **¿Cuáles son las seis necesidades humanas universales?***
> * **Certeza**
> * **Incertidumbre / Variedad**
> * **Importancia**
> * **Conexión / Amor**
> * **Crecimiento**
> * **Contribución**

Una vez comprendas estas seis necesidades, podrás identificar qué te impulsa principalmente y sabrás verdaderamente cómo satisfacer tus necesidades.

Estas seis necesidades no son metas ni deseos; son impulsos más profundos. Imagínalas como las raíces interconectadas de un árbol, que anteceden a lo que causa las ramas visibles de los deseos, adicciones y la realización de metas florecientes o de hojas venenosas.

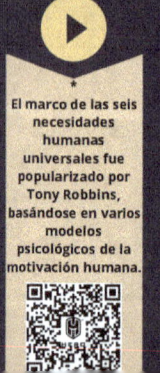

*
El marco de las seis necesidades humanas universales fue popularizado por Tony Robbins, basándose en varios modelos psicológicos de la motivación humana.

Las necesidades pueden satisfacerse de formas positivas, neutras o negativas.

Comprender estas necesidades también te permitirá descubrir qué impulsa a los demás y prever si las personas con las que te relacionas son los socios adecuados para tu vida profesional y personal.

En resumen, gracias al valioso conocimiento enseñado por Tony Robbins, un maestro en identificar patrones, "independientemente de la diversidad en el mundo en cuanto a ética, moral, religiones, políticas y sus distintas agendas, todos compartimos fundamentalmente las mismas seis necesidades humanas emocionales." *

Si todos los seres humanos compartimos las mismas seis necesidades, **¿por qué nos comportamos de manera diferente?**

> Todos nos comportamos de manera distinta debido a dos factores:
>
> * **No valoramos las necesidades por igual**
> * **Nuestras creencias sobre cómo satisfacer esas necesidades son diferentes**

Por ejemplo, para algunas personas, la certeza es la necesidad más valorada. Por eso, cuando alguien intenta cambiar algo, estas personas pueden reaccionar con enojo o miedo, ya que lo que más les importa es mantener el control y la estabilidad.

Las personas que buscan certeza, cuando están enamoradas, pueden tener dificultades para abrir completamente su corazón hasta que se sientan lo suficientemente seguras como para confiar en su pareja.

La siguiente pregunta es: ¿qué debe suceder para satisfacer su necesidad de "certeza" en el amor? Depende, ya que cada persona tiene una creencia diferente sobre lo que se necesita para sentirse amado. Lo que se requiere para alcanzar certeza para ti o para mí puede ser completamente distinto para otra persona.

Además, dado que **este código de comportamiento suele experimentarse de forma inconsciente**, la mayoría de las personas ni siquiera son conscientes de ello.

Por eso esta sección del libro es fundamental: ayuda a descifrar tus laberintos personales, acercándote un paso más al dominio de tus emociones, al establecimiento de buenos hábitos y a la superación de adicciones debilitantes.

¿Cómo nos volvemos adictos?

Cada vez que nuestra mente percibe que hacer algo, creer en algo o sentir algo **satisface al menos tres de nuestras necesidades, nos volvemos adictos a ese** pensamiento, sentimiento, acción o emoción.

Podemos volvernos adictos de forma negativa o positiva a algo. La mente es una gran esclava, pero una maestra indisciplinada.

Así que, en la siguiente sección, vamos a explorar cada una de las necesidades. A medida que leas, podrás identificar **cuáles son las dos necesidades que más te impulsan**.

¿Por qué es importante identificar tus dos necesidades principales?

Porque **aquello que más valoras** en última instancia **determina tu** rumbo en la **vida**. Esta dirección te llevará a **tu destino final**, y nuestro objetivo es alinear ese camino con el verdadero propósito de tu vida.

12° Cuestionario del Hito

P1. ¿Existe una razón principal por la que hacemos lo que hacemos?
a) Sí, ya que nuestras acciones reflejan nuestras necesidades universales fundamentales.
b) No, ya que nuestras acciones se basan en una infinidad de razones, circunstancias y valores morales.

P2. ¿Qué necesidades emocionales humanas compartimos principalmente todos?
a) Tres
b) Seis
c) Siete
d) Diez

P3. ¿Cuáles son las necesidades emocionales humanas universales descritas en el libro BE A HERO?
a) Fisiológicas, seguridad, amor, amigos y ego.
b) Comida, agua, refugio, conexión, autorrealización.
c) Salud, dinero, seguridad, familia, progreso, propósito.
d) Certeza, variedad, importancia, amor, crecimiento, contribución.

P4. ¿Son nuestras necesidades emocionales humanas impulsos más profundos que los deseos y las metas?
a) Verdadero.
b) Falso.

P5. ¿Pueden satisfacerse las necesidades de forma negativa?
a) Sí, las necesidades pueden satisfacerse completamente de forma negativa.
b) No, las necesidades solo pueden satisfacerse completamente de forma positiva.
c) Rara vez, ya que las necesidades pueden satisfacerse de forma positiva o neutra.

P6. Si compartimos las mismas necesidades universales, ¿por qué nos comportamos de manera diferente?
a) Porque nos gustan y disgustan cosas diferentes.
b) Porque valoramos y creemos en nuestras necesidades de forma distinta.
c) Porque lo que se requiere para satisfacer mis necesidades puede ser diferente a lo tuyo.
d) Todas las anteriores.

P7. ¿Perseguimos conscientemente nuestras necesidades según nuestro comportamiento?
a) Sí, ya que tu comportamiento es resultado de tu mente consciente.
b) No, ya que la mayoría de las veces, nuestro comportamiento es resultado de la mente inconsciente.

P8. ¿Cómo nos volvemos adictos a sentimientos, acciones o emociones?
a) A partir de cualquier cosa que satisfaga al menos tres de nuestras necesidades humanas.
b) A partir de situaciones que solo satisfacen y empoderan nuestra vida.
c) A partir de situaciones que satisfacen nuestras dos necesidades principales.

1a, 2b, 3d, 4a, 5a, 6d, 7b, 8a

Me preocupa más ser una buena persona que ser el mejor futbolista del mundo.

LIONEL MESSI

LIO MESSI
FUTBOLISTA ARGENTINO, CAMPEÓN DEL MUNDO, AMPLIAMENTE CONSIDERADO UNO DE LOS MÁS GRANDES DE TODOS LOS TIEMPOS.

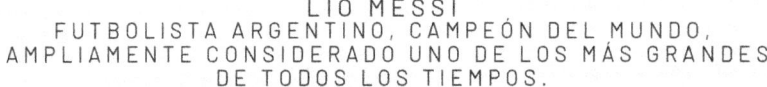

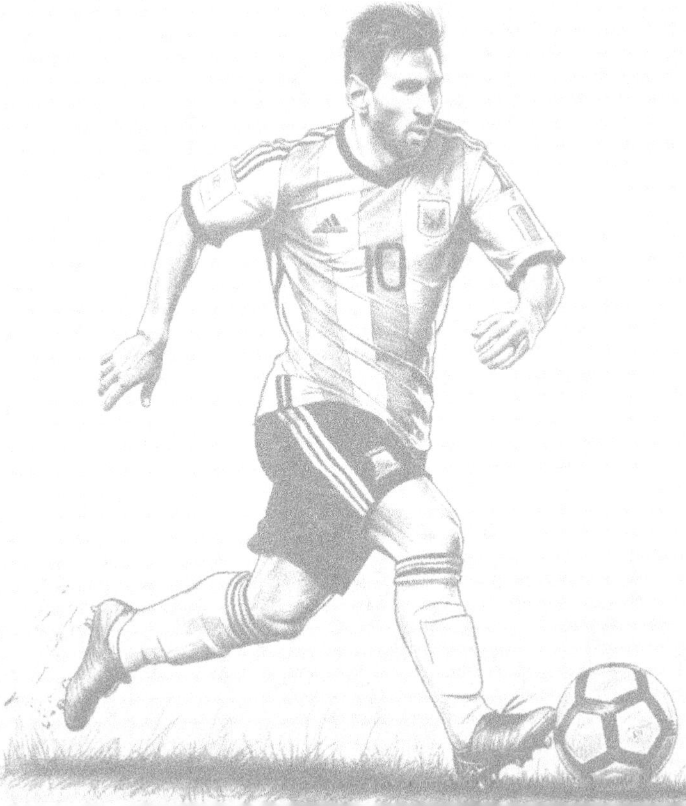

99

Pensar es difícil. Por eso
la mayoría de las
personas juzgan.

BOB DESAUTELS
ESCRITOR, EMPRESARIO Y AMBIENTALISTA

Mini repaso...

CAPÍTULO 12B: NECESIDADES HUMANAS UNIVERSALES (ENCONTRAR EL VERDADERO PROPÓSITO - "ETAPA 2")

- **Tenemos seis necesidades emocionales humanas:**
- **Certeza, variedad, importancia, conexión-amor, crecimiento y contribución**
- **Las necesidades no son deseos ni metas, sino impulsos profundos**
- **Todas las necesidades pueden satisfacerse de formas positivas, negativas o neutras**
- **A pesar de compartir las mismas necesidades, nos comportamos de manera diferente porque las valoramos y creemos en ellas de forma distinta**
- **Nuestras necesidades suelen controlar nuestro comportamiento de manera inconsciente**

CARACTERÍSTICAS GENERALES DE LAS NECESIDADES

- **Las adicciones ocurren cuando nuestra mente percibe que algo satisface al menos tres de nuestras necesidades**
- **La dirección de nuestra vida está determinada por nuestras dos necesidades principales**
- **Identificar correctamente tus dos necesidades principales te guiará hacia el verdadero propósito de tu vida**

Certeza

La certeza es una necesidad de supervivencia inherente en todos nosotros, pero ¿certeza sobre qué? Buscamos certeza **para evitar el dolor** y experimentar comodidad. **¿Por qué? Porque el dolor continuo** indica un daño continuo, que finalmente **puede conducir a la muerte.**

Dado que todos necesitamos cierto grado de certeza, la primera pregunta es: ¿en qué posición colocas la certeza en tu lista de necesidades, del uno al seis?
La segunda pregunta es: ¿qué debe suceder para que tu cerebro sienta que se han satisfecho tus requisitos de certeza?

Para algunas personas, sentirse seguras requiere tener diez millones de dólares; para otras, significa tener su casa completamente pagada. La certeza puede derivarse del pasado, de rezar a Dios, de entrenamientos intensos, de la comida (ya sea comer en exceso o no comer en absoluto), o de estar con alguien que te ama profundamente, entre muchas otras fuentes.

Prácticamente <u>no hay límites</u> para lo que puede satisfacer la necesidad de certeza de una persona, ya que nuestras creencias y significados son infinitos. Sin embargo, en lo más profundo de ti, sabrás con precisión qué satisface tus requisitos de certeza cuando se te pregunte directamente.

Satisfacer la necesidad de certeza **puede manifestarse de tres maneras: negativa, positiva o neutral.**

Un **ejemplo común** de búsqueda de certeza es cuando las personas sostienen creencias imposibles de cumplir. Como consecuencia, con un plan de vida imposible de alcanzar, suelen encontrarse con una **infelicidad constante**.

Este estado de inamovilidad es precisamente lo que alimenta su necesidad de certeza. ¿Cuántas personas conoces que viven así? ¿Más de unas pocas?

Otro ejemplo común que nos brinda certeza inmediata es cuando sentimos **enojo o frustración.**

Estos sentimientos surgen como respuesta a un evento percibido como una "pérdida de control". ¿Qué hacemos? Expresamos enojo; podríamos querer golpear una pared, decir cosas como "Sabía que esto iba a pasar, tenía razón, nadie me escucha, se los dije", y a pesar de la aparición de eventos inciertos, el hecho de **confirmar nuestra insatisfacción o culpar a otros satisface nuestra necesidad de certeza.**

Como mencioné anteriormente, la certeza está programada en todos nosotros, y puede manifestarse de formas indirectas, como el enojo, que —a pesar de sus efectos secundarios— satisface muy bien la necesidad de certeza en el momento.

De manera similar, **puede verse en la necesidad de tener siempre la razón o de estar siempre equivocado,** de nunca ser culpado o de asumir siempre la culpa, ya que todos tenemos creencias diferentes.

> **La mayoría de las personas satisfacen sus necesidades de formas que funcionan a corto plazo, pero no a largo plazo.**

Así que puedes sentirte bien gracias a un subidón de azúcar, hasta que la próxima caída emocional te obligue a repetir el proceso nuevamente a través de la comida, el alcohol, el tabaco, las drogas… ¿por qué? Porque <u>cualquier forma de comodidad </u>nos da certeza.

> **Una necesidad puede ser alcanzable pero no sostenible, y así es como la mayoría de las personas satisfacen sus necesidades.**

Algunas personas pueden recurrir a drogas ilegales, al consumo excesivo de alcohol o al cigarrillo para sentirse cómodas, para olvidar y satisfacer su necesidad de certeza, a pesar de los efectos secundarios. Fumar satisface la necesidad de certeza al brindar comodidad a través de respiraciones superficiales y profundas; funciona a corto plazo, pero a costa de la salud.

En cambio, podrías ser una persona que satisface la certeza entrenando intensamente o exigiéndote con pesas. A medida que la sangre recorre tu cuerpo mientras escuchas música épica, te sientes invencible. ¿Cuál es el efecto negativo de eso? Ninguno.

Puedes lograr certeza practicando yoga, Tai Chi, dibujando, escribiendo, tocando la guitarra, haciendo fotografía, y encontrando comodidad al conectar con estas actividades que empoderan fisiológicamente.

Como resultado, **sé consciente de las formas en que satisfaces tus necesidades: ya sean empoderadoras, neutras o debilitantes.**

Algunas personas encuentran certeza intentando complacer a todo el mundo, lo cual es imposible. Otras alcanzan certeza bajando sus expectativas para evitar la incomodidad —esto puede costarles sus sueños o incluso sus valores, pero satisface sus necesidades.

¿Por qué la gente miente?

Mentir está profundamente arraigado en la naturaleza humana. ¿Cuántas veces has mentido tú o alguien te ha mentido?

Probablemente incontables veces. Lo que he aprendido es que, incluso si somos personas genuinamente buenas que valoramos la honestidad, **cuando nos enfrentamos a un conflicto o a una situación que amenaza una de nuestras necesidades primarias, todos mentimos.** Casi todo el mundo lo hace.

¿Por qué algunas personas nunca mienten?

Existen personas extraordinarias que nunca mienten, y eso ocurre cuando se alinean dos factores: **su necesidad primaria es la certeza**, y **su creencia** para alcanzarla **se basa en la verdad.**

La verdad es la base más sólida en el reino de la realidad.

Las personas renunciarán a sus metas y sueños, incluso a sus valores, para satisfacer sus necesidades.

TONY ROBBINS
AUTOR Y COACH ESTADOUNIDENSE

Mis Necesidades de Certeza

¿Puedes identificar las diferentes formas en que estás satisfaciendo tu necesidad de certeza?

Reflexiona sobre tus hábitos que te brindan una sensación de control, estabilidad, rutinas y comodidad... así como sobre comportamientos a los que eres adicto, incluyendo situaciones problemáticas causadas por ti o por otros.

- _____
- _____
- _____
- _____
- _____
- _____
- _____
- _____
- _____

¿Puedes identificar alguna forma negativa en la que estás satisfaciendo tu certeza que podría transformarse en una forma positiva?

- _____
- _____
- _____
- _____
- _____
- _____
- _____
- _____
- _____

If certainty is one of your primary human needs, **feeling secure** and safe **about the future becomes a top priority**. You achieve this by avoiding new situations, people, and risks.

Si la certeza es una de tus necesidades humanas primarias, **sentirte seguro y protegido respecto al futuro se convierte en una prioridad absoluta**. Logras esto evitando nuevas situaciones, personas y riesgos.

Así como el hombre piensa en su corazón, así es él.

JAMES ALLEN
ESCRITOR FILOSÓFICO BRITÁNICO

Mini repaso...

CAPÍTULO 12B: NECESIDADES HUMANAS UNIVERSALES (Cont.)
(ENCONTRAR EL VERDADERO PROPÓSITO – "ETAPA 2")

CERTEZA
- **Es una necesidad que todos debemos satisfacer**
- **Es una necesidad de supervivencia que refleja comodidad**
- **Es la necesidad de evitar el dolor, el daño y la muerte**
- **La certeza puede satisfacerse de formas negativas, positivas o neutras, tales como:**
  - **La resistencia al cambio, vivir en el pasado**
  - **Sostener creencias imposibles**
  - **Enojarse, maldecir**
  - **Confirmar la insatisfacción**
  - **Culpar frecuentemente a otros o aceptar siempre la culpa**
  - **Querer tener siempre la razón o estar siempre equivocado**
  - **Bajar las expectativas**
  - **Entrenar intensamente**
  - **Realizar actividades que nos brinden consuelo**
  - **Complacer a todos**
  - **Lograr resultados constantes o mejores**

- **¿ES LA CERTEZA MI NECESIDAD PRIMARIA?**
  Aprende a manejar tu terquedad.

CARACTERÍSTICAS GENERALES DE LAS NECESIDADES

- ¿Cómo influyen las necesidades en si mentimos o no?
- Cuando algo contradice nuestras necesidades primarias, tendemos a mentir, excepto en el caso de quienes tienen la confianza o la verdad como necesidad principal.
- Satisfacer nuestras necesidades puede llevarnos a renunciar a nuestros valores y metas.
- La gratificación instantánea es uno de nuestros principales pretextos, ya que la mayoría de las personas se enfoca en satisfacer necesidades a corto plazo a costa de las de largo plazo.
- ¿Cuáles son las facetas de las necesidades?
  Pueden ser: Positivamente empoderadoras, Neutras, Negativamente debilitantes. Las formas negativas de satisfacer necesidades pueden ser alcanzables, pero no sostenibles.

Incertidumbre

¿Cómo te sentirías si pudieras predecir todo en la vida?

Ahora, imagina por un momento: ¿cómo te sentirías si pudieras predecir absolutamente todo lo que va a suceder en tu vida—el cuándo, el qué, el cómo—todos los eventos desarrollándose minuto a minuto?

¿Cómo se sentiría vivir **una vida sin sorpresas,** donde absolutamente nada ocurre sin que tú ya lo hayas anticipado?
Sabrías lo que las personas van a decir antes de que lo digan, lo que van a hacer antes de que lo hagan, y así sucesivamente.

Al principio, probablemente te sentirías muy emocionado, muy poderoso, ya que tu nivel de certeza alcanzaría el millón por ciento. Pero con el tiempo... ¿cómo te sentirías?
Imagina **una vida sin adrenalina**, sin nada nuevo—nada fuera de lo normal, como comer el mismo plato, escuchar la misma canción o ver la misma película una y otra vez.

¿Cómo te sentirías? Hazle la misma pregunta a otras personas.
Tan solo pensarlo haría que la mayoría se vuelva loca del aburrimiento, completamente desesperada por la falta de novedad.

Posiblemente por esta razón, la Madre Naturaleza, en su infinita sabiduría, le otorgó al ser humano una segunda necesidad: la incertidumbre..

> **La incertidumbre es nuestra necesidad humana de sorpresas**, variedad, el deseo de alimentar nuestra **curiosidad** sobre lo desconocido, de vivir **aventuras**, de ver, oír y probar cosas nuevas, de explorar el mundo, experimentar una gama de emociones y ponernos a prueba.
> Esta necesidad es la que, **en última instancia, nos hace sentir vivos** y vibrantes, dándonos una razón importante para evolucionar y crecer como individuos, como mujeres y hombres, y como raza humana.

Por mucho que necesitemos estabilidad y certeza, **la vida probablemente no tendría sabor, propósito ni sentido sin la incertidumbre.**

Al igual que la certeza, **la incertidumbre puede satisfacerse de formas positivas, neutras o negativas.** Formas positivas de abrazar la variedad incluyen aprender, crecer, establecer nuevas metas, asumir nuevos desafíos, encontrar una nueva pareja o trabajo, participar en un nuevo rol, irse de vacaciones, tener una conversación con un amigo o leer un libro.
En cambio, la necesidad de variedad también puede satisfacerse de manera negativa mediante el cambio de estado a través del consumo de tabaco, alcohol, comida en exceso o abuso de drogas, lo cual conlleva efectos secundarios debilitantes.

No podemos resolver nuestros problemas con el mismo tipo de pensamiento que usamos cuando los creamos.

★

ALBERT EINSTEIN
FÍSICO TEÓRICO

Por mucho que todos amemos las formas positivas de variedad, como las sorpresas agradables, ¿cómo llamamos a una forma muy común de variedad que a todos nos desagrada cuando las cosas no salen como queremos? **¡Problemas!**

Así que hablemos de los problemas. Primero que todo, debes saber que **los problemas son otra forma de satisfacer nuestras necesidades**. Digo necesidades porque, en la mayoría de los casos, un solo problema satisface más de una necesidad humana, lo que nos lleva a no querer resolverlo.

¿Por qué estamos apegados a los problemas?

Quizás hayas escuchado la expresión "esconderse detrás de los problemas". Una razón por la cual mantenemos un problema es porque satisface algunas de nuestras necesidades—no todas, porque si así fuera querríamos deshacernos de él—pero sí las suficientes como para que sea difícil soltarlo.

Los problemas nos ofrecen la oportunidad de ocultar nuestros sentimientos, justificar nuestras excusas y redirigir la culpa. Proporcionan una gran comodidad emocional (certeza) dentro de su propia incomodidad.

Al mismo tiempo, **introducen incertidumbre** a través del desafío que representan, obligándonos a ampliar nuestro comportamiento y enfrentarnos a diferentes emociones, muchas veces de forma inesperada.

¿Podemos satisfacer la certeza y la incertidumbre al mismo tiempo?

Sí, y eso es exactamente lo que experimentas cuando te sientes estancado, aburrido con la mediocridad o cuando necesitas **postergar constantemente decisiones importantes.** Esta zona intermedia puede ser muy tóxica para tu crecimiento personal, ya que una parte de ti quiere avanzar, mientras la otra se aferra al status quo.

Por eso nos vamos a la cama con nuestros problemas en lugar de resolverlos. Las personas con necesidades fuertes tanto de certeza como de incertidumbre suelen quedarse atrapadas en esta área estancada, hasta que otras necesidades o eventos las empujan a salir.

Un ejemplo típico es cuando has estado demasiado tiempo en un trabajo o una relación, sabiendo que no funciona, pero aun así perseveras, hasta que un día llegas a un límite y decides con firmeza: si ha sido doloroso en el pasado, lo es en el presente, y probablemente lo será en el futuro, eliges avanzar.

En resumen, **la mayoría de los problemas se resuelven al romper nuestros umbrales internos, o bien funcionan como coartadas para satisfacer nuestras necesidades.**

Mis necesidades de incertidumbre/variedad

¿Puedes identificar las diversas formas en que satisfaces tu necesidad de incertidumbre y variedad?

Piensa en momentos que te brindan una sensación de aventura, imprevisibilidad, sorpresa, adrenalina, vivir el presente... así como en comportamientos o problemas a los que podrías estar adicto.

- _____
- _____
- _____
- _____
- _____
- _____
- _____
- _____
- _____

¿Puedes identificar alguna forma negativa en la que estás satisfaciendo estas necesidades que podría transformarse en una experiencia positiva?

- _____
- _____
- _____
- _____
- _____
- _____
- _____
- _____
- _____
- _____

Si la incertidumbre es una de tus principales necesidades humanas, disfrutas atraer nuevas situaciones, conocer personas nuevas o tomar riesgos, a menudo hasta el extremo.

Es posible que te encuentres cambiando frecuentemente de trabajo o de pareja, así como tomando riesgos innecesarios para satisfacer tu necesidad de adrenalina.

Entre tanta diversión, **sé consciente de cómo manejas el estrés y la ansiedad**, aunque no olvides que **las personas como tú son los más grandes innovadores.**

99

Envejecer es la búsqueda agresiva de la comodidad.

GARY BRECKA

RECONOCIDO BIÓLOGO HUMANO, BIOHACKER
Y EXPERTO EN LONGEVIDAD

Mini repaso...

CAPÍTULO 12B: NECESIDADES HUMANAS UNIVERSALES (Cont.)
(ENCONTRAR EL VERDADERO PROPÓSITO – "ETAPA 2"

INCERTIDUMBRE / VARIEDAD
- It Es una necesidad que todos debemos satisfacer
- Es nuestra necesidad de sorpresas, variedad y curiosidad
- Es la necesidad de sentirnos vivos a través de nuevas experiencias
- La incertidumbre puede satisfacerse de formas negativas, positivas o neutras, tales como:
  - Fumar, consumir alcohol, comer en exceso, drogas
  - Apegarse a los problemas
  - Cambiar frecuentemente
  - Tomar riesgos innecesarios
  - Buscar actividades con adrenalina
  - Asumir una nueva meta, desafío, trabajo o pasatiempo
  - Explorar nuevas aventuras, parejas o amistades
  - Ser un innovador y hacer que las cosas cambien

- **¿ES LA VARIEDAD MI NECESIDAD PRINCIPAL?** Aprende a manejar el estrés y la ansiedad.

CARACTERÍSTICAS GENERALES DE LAS NECESIDADES

- Un solo comportamiento puede satisfacer múltiples necesidades al mismo tiempo.
- Los problemas son un ejemplo común de esto, ¿por qué?
  - Los problemas nos ayudan a ocultar nuestros sentimientos, justificar nuestras excusas y redirigir culpas
  - Los problemas nos proporcionan un mayor rango de emociones y elementos de sorpresa, manteniéndonos en un estado de limbo
  - Los problemas a menudo no se resuelven por elección, para satisfacer nuestra necesidad de incertidumbre y, al mismo tiempo, mantener la certeza del status quo

Significancia

La importancia es la necesidad de sentirse especial, único, importante, reconocido, necesitado, prestigioso y querido.

Sentirse insignificante, que es la falta de importancia, también cumple el mismo rol dentro de esta necesidad humana.

De hecho, las personas que afirman no necesitar sentirse especiales aún buscan importancia; creen que eso las diferencia de quienes sí desean destacarse.

Un comportamiento muy común impulsado por la necesidad de importancia es la **envidia**, que tiene un enorme impacto en nuestra sociedad consumista, donde muchas personas sienten que **no** son lo **suficientemente especiales**, buenas, bellas, inteligentes, interesantes, en forma o ricas. Esto genera un enorme disparador emocional en el marketing, que produce grandes beneficios económicos.

Además, **cuando deseamos el producto más nuevo**, más inteligente, más grande, más rápido o más personalizado, en parte estamos respondiendo a nuestra necesidad de sentirnos importantes.

Al igual que las demás necesidades, **la importancia puede satisfacerse de forma neutral, negativa o positiva.**

Por ejemplo, podemos sentirnos únicos y especiales siendo **adictos al trabajo, tomando grandes riesgos, logrando metas, creando algo nuevo** o buscando poder y riqueza.

Una forma negativa de alcanzar la importancia es **haciendo que los demás se sientan insignificantes**. De hecho, las personas que disfrutan leyendo **sobre las desgracias o fracasos de otros**, que obstaculizan el progreso ajeno, o que disfrutan tener el control porque eso hace que los demás se sientan dependientes y miserables, están satisfaciendo su necesidad de importancia, de forma directa o indirecta.

Estas personas suelen tener egos inflados; no interactúan contigo a menos que estés a su nivel, y tienden a sentirse superiores, por ejemplo, ocupando tu lugar de estacionamiento.

Dependiendo de las circunstancias, solía clasificar a este tipo de personas como "imbéciles". ¿Por qué? Porque etiquetarlos así me hacía sentir importante en ese momento. ☺

A veces, de forma inevitable, **categorizar a las personas con términos despectivos o coloridos** puede **ser una manera de gratificar nuestra necesidad de importancia y certeza.** Y seamos honestos... se siente bien, ¿verdad?

> Preocúpate por lo que piensen los demás y siempre serás su prisionero.

LAO TZU
FILÓSOFO CHINO, CONSIDERADO EL FUNDADOR DEL TAOÍSMO FILOSÓFICO

La importancia puede tener un gran impacto en nuestra confianza y determinación, e influir fuertemente en otras necesidades como la certeza, la variedad, el amor y la conexión.

Un indicador muy común del deseo de importancia hoy en día es las redes sociales. Métricas como la cantidad de seguidores o "me gusta" funcionan como formas de comparar nuestra importancia en relación con los demás.

Sin embargo, puedes alcanzar la importancia de muchas formas positivas. Por ejemplo, **ser más generoso** que otros puede darte una sensación de importancia, junto con sentimientos de certeza y conexión al saber que eres un dador y no solo un receptor.

También puedes sentirte importante contribuyendo con tus acciones: orando, predicando, trabajando por un mundo mejor, **siendo voluntario, expresando gratitud** y respetando la naturaleza, reconociendo que eres un alma viva parte de este milagro cósmico.

Por ejemplo, hace algunos años inicié una nueva actividad llamada BinCliffing, que consiste en invitar a otros a recoger basura que suele encontrarse alrededor de los acantilados de la playa.

Limpiar el océano o **realizar actos de altruismo sin esperar nada a cambio puede hacer que cualquiera se sienta especial como resultado.**

Puedes alcanzar la importancia de muchas formas positivas. Los deportistas lo hacen cada vez que se esfuerzan por ganar el título de su disciplina, romper récords mundiales, subir al podio o hacer historia. Estos logros elevan simultáneamente el ego de su equipo, sus fanáticos y sus compatriotas. Incluso si no eres un atleta profesional, **aprender algo y enseñárselo** a otra persona es una excelente forma de sentirte importante, al igual que **recibir un agradecimiento sincero.**

Como algunos de mis compatriotas italianos, muchas personas sienten orgullo por su experiencia cultural, ya sea haciendo pasta casera o vino artesanal. ¿Te has dado cuenta de cuántas culturas tienden a mostrar su maestría en algo y trabajan con dedicación para mantenerla y perfeccionarla?

Las expectativas y los récords históricos desempeñan un papel enorme en nuestra importancia colectiva como cultura.
Esto es lo que hace que el ballet ruso sea inigualable, el gelato italiano insuperable, el bonsái japonés incomparable y el Burj Khalifa de los Emiratos el rascacielos más alto del mundo.

Competiciones, carreras, estándares, arte y concursos inspiradores brindan oportunidades extraordinarias para unir a las personas y naciones de manera pacífica.

Puedes alcanzar la importancia a través de distintos medios, ya sea con **tu estilo único**, llevando el cabello azul, adornando tu cuerpo con tatuajes, dominando la lectura de manos o siendo el miembro poco convencional de tu familia. Otros encuentran importancia **sabiendo todo** sobre un tema: autos, moda, cine, bienes raíces, etc.

Todos encuentran una forma de sentirse importantes; la mayoría lo **hace aferrándose a problemas significativos**. ¿Por qué?

Porque cuando enfrentamos desafíos importantes o atravesamos eventos traumáticos, solemos **recibir lástima o compasió**n de los demás. A nivel subconsciente, esta simpatía nos ofrece una forma segura de conectar con otros sin temor al rechazo.

> **Si quieres saber cuál es la mayor adicción en la cultura humana,** no es el alcohol ni las drogas ilícitas: **son los problemas.**

¿Por qué somos adictos a los problemas?

Los problemas **nos permiten lidiar con nuestro miedo más profundo:** el temor de no ser suficientes, de no ser amados, diciéndonos: "No soy yo, es este problema.**"**

Así que, aunque <u>**la mayoría de las personas satisfacen sus necesidades a través de los problemas,**</u> lamentablemente no satisfacen sus necesidades más profundas, aquellas que podrían brindarles una alegría duradera y una verdadera realización personal.

NOTA RÁPIDA

Hasta este punto, hemos aprendido sobre **la certeza, la incertidumbre y la importancia,** que, junto con el **amor/conexión** (tema que abordaremos en la próxima sesión), **pueden clasificarse como necesidades de personalidad.** Por personalidad nos referimos al conjunto de características emocionales y conductuales que rigen nuestras acciones, emociones, reacciones, etc..

En contraste con las necesidades de personalidad, tenemos **el crecimiento y la contribución**, que **entran en la categoría de necesidades de felicidad.** Como aprenderás al final de este capítulo, ambas son reconocidas por generar una alegría duradera y una sensación profunda de plenitud.

Es útil tener en cuenta que <u>**todos deben encontrar una forma de satisfacer estas cuatro necesidades de personalidad**</u>, incluso si eso significa mentirse a sí mismos. En cambio, **no todos sienten la necesidad de perseguir las necesidades de felicidad.**
Puede sonar contraintuitivo... pero así funciona.

¿Por qué existe la violencia?

Como dijo una vez Tony Robbins, hay dos formas de construir el edificio más alto de la ciudad: una es trabajar duro y construir el edificio más alto, y la otra es destruir los edificios de los demás. ¿Cuál es más rápida? ¿Cuál es más fácil? ¿Cuál requiere menos inteligencia o menos dinero?

Esta es una de las razones por las que la violencia seguirá existiendo hasta que haya un cambio de conciencia.

Cuando las personas se sienten insignificantes, pueden tomar el asunto en sus propias manos para sentirse importantes, especialmente si son provocadas.

Además, cuando alguien se vuelve agresivo hacia otra persona, también satisface varias otras necesidades. Sienten certeza, ya que sostener un arma o ejercer poder les da una sensación de control.

También obtienen variedad, porque cada enfrentamiento es diferente, y hasta sienten conexión, ya que involucra una interacción directa con el oponente.

Los hombres, por ejemplo, debido a sus niveles más altos de testosterona, son fisiológicamente más propensos a la dominancia y estarían dispuestos a morir por sentirse importantes. Las mujeres, en cambio, morirían por amor. Algunos hombres también están dispuestos a morir por amor, pero bioquímicamente, una mujer está diseñada para nutrir y apoyar a los seres humanos. No existiríamos sin la necesidad femenina de amar y su poder de conexión como fortaleza.

En resumen, **la violencia sigue siendo la solución principal para muchas personas cuando intentan crear certeza en un mundo lleno de incertidumbre,** y variedad en entornos estáticos donde nadie trabaja, por ejemplo, debido al alto desempleo.

Estos lugares, de hecho, tienden a ser los mismos en donde hay mayores índices de abuso de alcohol, drogas y crimen.

Mis Necesidades Humanas

¿Puedes identificar las distintas formas en que satisfaces tu necesidad de importancia? Reflexiona sobre momentos en los que sientes reconocimiento, el deseo de ser notado o agradar, así como comportamientos o situaciones que te hacen sentir superior o "mejor que otros", especialmente frente a personas que consideras menos exitosas o menos comprometidas.

- _____
- _____
- _____
- _____
- _____
- _____
- _____
- _____

¿Puedes identificar alguna forma negativa en la que estás satisfaciendo estas necesidades que podría transformarse en una experiencia positiva?

- _____
- _____
- _____
- _____
- _____
- _____
- _____
- _____
- _____
- _____
- _____
- _____
- _____
- _____

Si la importancia se encuentra entre tus dos principales necesidades humanas, eso es fantástico, ya que **es una fuerza impulsora** clave detrás de muchos logros humanos.

Sentirse importante, especial o necesitado influye en la carrera profesional, las finanzas, la fama y el éxito en muchos niveles.

A medida que avanzas hacia la cima de tu existencia, ten cuidado con las medidas drásticas que podrías tomar para sentirte bien, como abusar del alcohol, las drogas, la comida poco saludable o involucrarte en discusiones. En su lugar, **busca salidas más saludables y empoderadoras que alimenten tu valor desde adentro hacia afuera**. El objetivo no es dejar de buscar importancia, sino canalizarla hacia acciones que realmente te fortalezcan y aporten valor a los demás.

El éxito es cuando agrego valor a mí mismo. La importancia es cuando agrego valor a los demás.

JOHN C. MAXWELL
RECONOCIDO EXPERTO EN LIDERAZGO, ORADOR Y AUTOR
DE FAMA MUNDIAL

Mini repaso...

ENCONTRAR EL VERDADERO PROPÓSITO – "ETAPA 2"

IMPORTANCIA
- **Es una necesidad que todos debemos satisfacer**
- **Es nuestra necesidad de sentirnos únicos, importantes, especiales**
- **Es la necesidad de sentirnos queridos, necesitados**
- **La importancia puede satisfacerse de formas negativas, positivas o neutras, tales como:**
  - **Sentirse insignificante para obtener importancia**
  - **Haber vivido eventos dolorosos para recibir lástima**
  - **Hacer que otras personas se sientan insignificantes**
  - **Hacer que otros se sientan dependientes o miserables**
  - **Sentirse superior y tener siempre la razón**
  - **Incapacidad para manejar cualquier crítica**
  - **Sentido de derecho, narcisismo, envidia**
  - **Necesidad constante de validación en redes sociales**
  - **Actividades deportivas competitivas**
  - **Establecer estándares altos o romper récords**
  - **Enseñar, estudiar, alcanzar un alto nivel profesional**

- **¿ES LA IMPORTANCIA MI NECESIDAD PRINCIPAL?**
  Sé consciente de tus niveles de ego, confianza y egoísmo, incluyendo el abuso hacia otros o hacia tu salud con tal de sentirte bien.

CARACTERÍSTICAS GENERALES DE LA IMPORTANCIA
- **La importancia es una necesidad humana fundamental en nuestra sociedad actual, exigente y competitiva, para sentirnos "suficientemente buenos".**
- **¿Por qué existe la violencia?**
  - **Cuando las personas se sienten insignificantes, a menudo toman el asunto en sus propias manos para sentirse importantes a través de la violencia.**
  - **El acto de violencia satisface no solo la necesidad de importancia, sino también la de certeza, variedad y conexión.**

HERO

Amor y Conexión

El amor y la conexión se encuentran entre nuestras principales necesidades humanas básicas, y pueden proyectarse **hacia alguien, algo o uno mismo.**

Pueden expresarse a través de **sentimientos de pasión, emociones intensas, esperanza, fe, entusiasmo, deberes,** afectos, placeres y **deseos;** así como también a través **del odio, el estrés, la violencia, vivir en el pasado, el dolor y los problemas.**

El amor y la conexión son **los primeros vínculos con la vida.** Todos los hemos experimentado desde el nacimiento. No solo fuimos creados a partir de un lazo, sino que nuestros primeros años de vida dependieron absolutamente del amor de alguien. La falta de amor ha demostrado causar en los bebés disfunciones cognitivas, conductuales y psicológicas, e incluso, en última instancia, la muerte.*

Así como **la falta de amor de los demás puede afectar negativamente la vida, la falta de amor propio también lo hace.** Esto convierte al amor y la conexión en una necesidad humana esencial para sobrevivir. Puede que no sea la más importante para ti, pero es un impulsor fundamental que debe ser satisfecho.

Curiosamente, a pesar de que el amor es una necesidad esencial para sobrevivir, esta misma necesidad ha llevado a los seres humanos a la locura, a perder la razón e incluso a cometer actos irreparables.

Esto convierte al amor y la conexión en una ciencia en sí misma, **probablemente la fuerza más poderosa y a la vez más incomprendida en los humanos;** una espada de tres filos que puede sembrar el bien por un lado, el mal por el otro, e incluso herirnos profundamente a nosotros mismos a través del dolor autoinfligido, como una hoja afilada de amor propio descuidado.

El amor es tan poderoso que debería enseñarse y dominarse con cuidado, como uno de los pilares fundamentales de la vida. De hecho, cualquier buen libro, estudio, podcast o reflexión sobre este tema es una inversión de tiempo valiosísima en tu viaje como Héroe.

En esencia, todos somos criaturas nacidas con un corazón, regaladas con el vínculo del amor, alimentadas por el amor, y hasta nuestro último latido, el amor es la melodía infinita de grandeza con la que resonamos... y probablemente, con la que dejamos este mundo.

*
Aiden Mulvaney
(1944)
Experimento en EE.
UU. sobre privación
de afecto en bebés.
Estudio de caso

¿Por dónde empezamos?

Para el propósito de esta sección, mi intención es darte suficientes ideas para que puedas autoevaluar **cuán importante es para ti el amor y la conexión** en comparación con las otras seis necesidades humanas. Y también, **qué se requiere para que puedas satisfacerlas.**

Todos tenemos que cubrir esta necesidad de alguna manera, y normalmente ocupamos **el rol de dadores, buscadores,** o ambos, a través de la intimidad, la pasión o el compromiso.*

La forma más común es a través de relaciones con otras personas: **parejas, amigos, familia, colegas, compañeros de equipo, mascotas,** etc.; pero también puede ocurrir mediante **gestos de bondad, elogios o cuidado** hacia otros.

Además, **cualquier actividad en la que involucramos nuestro cuerpo, mente o espíritu**—desde el simple acto de bromear, reír o abrazar, hasta intereses más dinámicos como bailar, practicar yoga, meditar, trabajar en grupo, dibujar, tocar música, cantar, practicar artes marciales, hacer manualidades o fotografía—son todos métodos para conectar con nuestras pasiones, donde alguna forma de amor se cumple a través de nuestros múltiples sentidos.

El amor y la conexión también pueden lograrse a través de nuestra relación con **Dios y con la naturaleza**. La fe de una persona es sagrada, al igual que lo es el momento en que sientes los rayos del sol calentando tu piel, o la luna elevándose en el fondo de las galaxias, haciéndote sentir vivo y conectado con algo más grande que tú.

Todos podemos experimentar amor y conexión mediante **cualquier forma de experiencia emocional**, desde elaborar vino hasta disfrutar de una comida deliciosa, desde bucear bajo el mar hasta sentir la libertad de volar, desde caminar por la playa mientras la arena masajea nuestros pies y el sonido de las olas llena nuestros oídos, hasta perdernos en los aromas de una selva tropical, desde **leer** un thriller hasta **escribir** en nuestro diario personal, desde **practicar** nuestro deporte favorito hasta **ser fanáticos** apasionados de nuestro equipo... o de BEA HERO.

¿Cuándo fue la última vez que sentiste una pasión intensa o una emoción atascada dentro de ti que necesitabas desesperadamente expresar? ¿O una vez en que quisiste **compartir** una nota de gratitud, un regalo, una flor, un poema o una canción con una persona especial? ¿O cuando no podías esperar a revisar tu teléfono para ver la respuesta, comentario o reacción de alguien? ¿Con qué frecuencia te sorprendes **subiendo una foto** a internet buscando esa conexión inmediata?

*
Teorías del Amor de Robert J. Sternberg (2018) YouTube.

Por fin, cuando estamos enamorados y experimentamos esa sensación de relajación, confianza o nos sentimos mentalmente tranquilos y completos, con menos estrés o ansiedad, ocurre como resultado de que nuestro cerebro libera una buena dosis de **oxitocina**, la **"hormona de la felicidad"** que promueve la fidelidad y el vínculo afectivo.*

Así como las hormonas controlan nuestros sentimientos virtuosos, también influyen en nuestra susceptibilidad a los vicios y adicciones.

Desde los "subidones" inducidos **por las drogas o el alcohol**, pasando por **la sobreexcitación** hasta la **ansiedad excesiva**, desde los antojos de azúcar hasta la atracción intensa, todas estas experiencias **afectan nuestro equilibrio hormonal y pueden llevarnos a una dependencia emocional hacia algo o alguien.**

Por estas razones, el amor no siempre es un cuadro color de rosa. **Aunque las hormonas liberadas durante momentos íntimos** pueden hacernos sentir bien, recompensados y cercanos a nuestras parejas románticas, también contribuyen a los celos, el comportamiento errático, la irracionalidad y otras **emociones y estados de ánimo menos positivos.****

Espero que, al tomar conciencia de cómo funcionan tus hormonas, puedas darte cuenta de que, como una máquina humana neuroquímica, si puedes controlar tus hormonas, puedes influir efectivamente en tu fisiología.

En una sección posterior de este libro, compartiré algunos métodos sobre cómo calmar la mente y enfocar tu energía en el corazón. ¿Por qué?

Desde el descubrimiento de la neurocardiología por Benjamin Natelson en 1985, **el corazón** ha sido reconocido como **el generador más poderoso de energía electromagnética** en el cuerpo humano. Produce el campo electromagnético rítmico más grande de todos los órganos del cuerpo, con una intensidad eléctrica **aproximadamente 60 veces mayor que la del cerebro y 5000 veces más fuerte en términos electromagnéticos.*****

El corazón también tiene su propio "cerebro" y produce hormonas. No solo puede influir profundamente en ti, sino que también puede tener un poderoso impacto sobre los demás, como aprenderás más adelante en la sesión dedicada a HeartMath.

Por ahora, algunos métodos para equilibrar la dopamina, la serotonina y la oxitocina pueden lograrse simplemente a través de actividades como: Acro-yoga en pareja, baile social, trabajo con animales o experiencia en cuidado de mascotas, tocar la guitarra o explorar una nueva pasión o pasatiempo grupal **Permítete estar expuesto a nuevas personas, nuevos entornos, nuevas emociones y conexiones.**

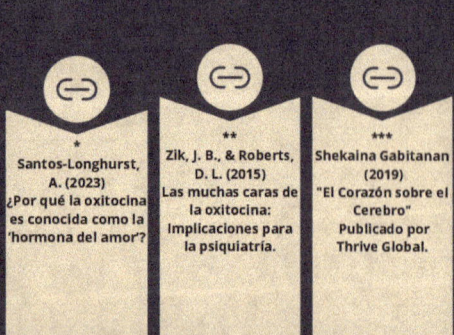

*
Santos-Longhurst, A. (2023)
¿Por qué la oxitocina es conocida como la 'hormona del amor'?

**
Zik, J. B., & Roberts, D. L. (2015)
Las muchas caras de la oxitocina: Implicaciones para la psiquiatría.

***
Shekaina Gabitanan (2019)
"El Corazón sobre el Cerebro" Publicado por Thrive Global.

Trabajo y carrera

El amor y la conexión a menudo surgen de **la gratitud que sentimos** por lo que la vida nos ofrece, y gran parte de ello proviene de **la satisfacción** que experimentamos en el trabajo—ya sea por superar pruebas difíciles, alcanzar metas, cumplir objetivos profesionales, trabajar en proyectos, inventos, acuerdos comerciales, carreras o sueños.

De hecho, seguramente has conocido a muchas personas que buscan amor y conexión a través de sus compromisos laborales, muchas veces como una forma de escapar de relaciones difíciles con sus parejas o familias.

El trabajo, sin duda, juega un papel fundamental en nuestras vidas, y para algunos, incluso define su existencia. **Satisface varias de nuestras necesidades** más importantes. Es un espacio donde podemos **expresar nuestra pasión** en un entorno de equipo con un propósito común.

Fomenta conexiones, y a pesar de los dramas y el estrés, el trabajo puede brindarnos un sentido de propósito que alimenta nuestro amor propio.

Vivir en el pasado

El amor y la conexión también pueden obtenerse a través de nuestros apegos al pasado**. Independientemente de si esos recuerdos son buenos o malos**, el pasado funciona como un ancla dentro de nosotros, **un refugio en el que todos atracamos.**

Por eso, algunas personas buscan constantemente sus fortunas o desgracias del pasado, ya que quizás no tengan otra forma de sentirse conectadas con algo, convirtiendo el pasado en su principal vía para satisfacer esta necesidad.

Por eso, algunas personas buscan constantemente sus fortunas o desgracias del pasado, ya que quizás no tengan otra forma de sentirse conectadas con algo, convirtiendo el pasado en su principal **vía para satisfacer esta necesidad.**

¿Tiene que seguir siendo así? No.
Al igual que con las demás necesidades humanas, el amor y la conexión pueden satisfacerse de manera empoderadora o debilitante.

Por ejemplo, **simplemente cambiar del rol de buscador al de dador puede triplicar nuestros sentimientos de amor y conexión.**

Aunque el pasado no está vivo, los recuerdos sí lo están. Mientras que nuestras esperanzas y fe en el futuro llenan los vacíos, todo gira en torno a la dimensión más poderosa de todas: nuestra imaginación en el presente.
Recuerda: la energía fluye hacia donde va tu enfoque.

Educar la mente sin educar el corazón no es educación en absoluto.

ARISTÓTELES
FILÓSOFO Y POLÍMATA GRIEGO

Mis Necesidades de Amor y Conexión

¿Puedes identificar cómo satisfaces tus necesidades de amor y conexión? Reflexiona sobre tus sentimientos de pasión, emociones intensas, esperanza, fe, entusiasmo, deberes, afectos, placeres, deseos, así como también sobre cómo lidias con el odio, el estrés, la violencia, el aferrarte al pasado, el dolor y los problemas.

- _____
- _____
- _____
- _____
- _____
- _____
- _____
- _____
- _____

¿Puedes identificar alguna forma negativa en la que estás satisfaciendo estas necesidades que podría transformarse en una forma positiva?

- _____
- _____
- _____
- _____
- _____
- _____
- _____
- _____
- _____
- _____
- _____

Si el amor y la conexión están entre tus principales necesidades humanas, eso es fantástico, ya que pueden conducir a relaciones profundamente satisfactorias. Sin embargo, también pueden llevarte a sacrificar el autocuidado con tal de cuidar a otros o mantener una relación.

El amor y la pasión suelen venir acompañados de desafíos, por lo que aprender a navegar estas situaciones con un corazón abierto y agradecido es fundamental. Cuando comienzas cada mañana amándote a ti mismo con una sonrisa, estás compartiendo el café con la energía más poderosa de tu cuerpo.

❝❞

Estamos aquí para despertar de la ilusión de nuestra separación.

THICH NHAT HANH
MONJE ZEN BUDISTA VIETNAMITA,
POETA Y ACTIVISTA POR LA PAZ

Mini repaso...

**CAPÍTULO 12B: NECESIDADES HUMANAS
            UNIVERSALES (Cont.)**
(ENCONTRAR EL VERDADERO PROPÓSITO – "ETAPA 2")

AMOR / CONEXIÓN
- **Es una necesidad que todos debemos satisfacer, ya sea hacia alguien, algo y/o hacia nosotros mismos**
- **Es una necesidad esencial desde que somos bebés**
- **El amor puede satisfacer múltiples necesidades principales al mismo tiempo**
- **Puede expresarse a través de diferentes sentimientos: emoción, esperanza, fe, pasión, afecto y deseo**
- **También puede manifestarse a través del odio, la violencia, el apego al pasado, el dolor y los problemas**
- **Puede llevar al ser humano a cometer actos irreparables e incluso a perder la razón**
- **Tiene múltiples lenguajes que vale la pena aprender**
- **El amor se da a través de cualquier tipo de relación, actividad, trabajo, adoración, gestos de dar, experiencias compartidas que involucren nuestros múltiples sentidos**
- **También puede conducir al abuso de drogas, malos hábitos y adicciones**

- **¿ES EL AMOR / LA CONEXIÓN MI NECESIDAD PRINCIPAL?**
  Sé consciente de tu propio autocuidado, aprende a manejar los tropiezos y abraza la gratitud.

CARACTERÍSTICAS GENERALES DEL AMOR / CONEXIÓN

- **El amor es una de nuestras necesidades humanas más incomprendidas**
- **Aprender más sobre el amor es fundamental para una buena vida**
- **El trabajo del amor requiere un dador, un buscador o ambos**
- **La falta de amor hacia los demás o hacia nosotros mismos nos afecta negativamente**
- **Descuidar el amor pone en riesgo nuestra salud**
- **Los sentimientos de amor influyen en poderosos neurotransmisores y hormonas como la serotonina, endorfina, dopamina y oxitocina**
- **El corazón es 5000 veces más poderoso electromagnéticamente que el cerebro**

Crecimiento

Esta es **la necesidad de aprender, comprender, desarrollar** competencias y crecer **para llegar a ser todo lo que uno puede ser.**

El crecimiento es una característica de **todos los organismos vivos**. Todo lo que tiene vida crece y se desarrolla. Nosotros, los seres humanos, comenzamos nuestro viaje siendo una sola célula de aproximadamente 3.5×10^{-9} gramos, y nos convertimos en una mujer o un hombre promedio de setenta kilos tras haber aumentado alrededor de un dos billones por ciento en masa corporal. Eso equivale a un crecimiento de dos millones de millones de veces.

Si bien nuestros cuerpos crecen inevitablemente según las instrucciones de nuestros genes, si recuerdas cuando éramos bebés, también teníamos una curiosidad constante y un impulso natural por comprender todo a nuestro alrededor. Tocábamos todo, nos llevábamos cosas a la boca, explorábamos, experimentábamos e intentábamos entender el mundo que nos rodeaba.

Sin embargo, al llegar a la adultez, esa necesidad de crecer suele detenerse. No todos buscan desarrollar su vida, ni tienen el deseo de aprender más, de mejorar, de analizar, de experimentar y de descubrir su potencial—no solo intelectual o físico, sino también social y espiritualmente.
Parece que, al convertirnos **en adultos, perdemos el apetito y el entusiasmo por crecer.**

Algunas personas sí sienten esa necesidad, y otras no. ¿Por qué? Porque **a diferencia de las cuatro necesidades anteriores que vimos, el crecimiento** no es una necesidad que todos experimenten de forma natural. El crecimiento puede categorizarse como una "necesidad extra", pero lo que muchos aún no han comprendido es que esta necesidad extra **es la puerta de entrada al progreso, y el progreso equivale a felicidad.**

CRECIMIENTO → PROGRESO → FELICIDAD

El crecimiento nos **da una sensación de logro** en la vida y **alimenta otras necesidades emocionales** como el amor propio, la autoestima, la autoconfianza, el respeto social, entre muchas otras, que a su vez nos brindan felicidad y gratificación instantánea.

Lo contrario sucede cuando dejamos de crecer, cuando nos sentimos estancados, cuando nos rendimos.
De hecho, ¿cómo te sentiste la última vez que lograste algo pero no te propusiste un nuevo objetivo? ¿Perdiste el impulso? ¿Dejaste de sentirte tan feliz después de dejar de crecer? Incluso los grandes sueños, una vez alcanzados, se convierten en algo a lo que nos acostumbramos.
Entonces, ¿el propósito de una meta era lograrla… o era el factor de crecimiento que te transformó mientras la alcanzabas?

Lo que obtienes al alcanzar tus metas no es tan importante como en quién te conviertes al lograrlas.

JOHANN WOLFGANG VON GOETHE
POETA, DRAMATURGO, NOVELISTA,
CIENTÍFICO Y ESTADISTA.

Lo que obtienes nunca te hará plenamente feliz; es en quién te conviertes lo que te hará muy feliz o muy triste, dependiendo de cómo lo enfrentes y qué hagas con tu vida.

Si actualmente no estás donde quisieras estar en tu estado físico, tus finanzas o tu carrera, y comienzas a entrenar, cambias tu estrategia de inversión o tomas un nuevo rumbo profesional, y estás progresando, tu felicidad se elevará.

Por eso, como aprendimos anteriormente en la segunda parte de la Estrategia de Logro, **debes volverte hábil en el arte de dividir tus metas** en partes más pequeñas y alcanzables ("chunking"), de modo que puedas reconocer tu progreso de forma vívida e innegable.

Las personas que valoran el crecimiento están **constantemente buscando nuevas cosas que mejorar.** Suelen ser buenas en lo que hacen, porque su necesidad interior de avanzar los impulsa. El crecimiento les brinda gran placer, **así como también ver o ayudar a otros a crecer.**

Pero si no crecen, **tienden a frustrarse** cuando no logran resultados con rapidez, o se vuelven conscientes de su ego si sienten que van quedando atrás. También pueden encontrarse **aburridos** e **irritados** en relaciones, trabajos o lugares donde todo parece estancado.

Esto puede llevar a estas personas a asumir más riesgos, establecer metas más altas y crear expectativas elevadas para sí mismas, esperando que los demás hagan lo mismo. Por ello, quienes están impulsados por el crecimiento deben **aprender a gestionar las decepciones y el estrés**, sin permitir que los tropiezos los desanimen.

El crecimiento se considera una necesidad espiritual, ya que está profundamente relacionado con el propósito humano universal más conocido: expandir la propia conciencia, lo cual genera una alegría auténtica durante el proceso.

El hecho de que estés leyendo este libro, el hecho de que seas un Héroe en proceso de formación, y el hecho de que hayas hecho un juramento para convertirte en una mejor versión de ti mismo, significa que estás dando un enorme valor al desarrollo personal.

> **El crecimiento es una fuente de felicidad y la primera puerta hacia una vida de gratificación y plenitud extraordinarias.**

Mi Crecimiento

¿Puedes identificar las diferentes formas en que estás satisfaciendo tu necesidad de crecimiento? Piensa en tus sentimientos de esfuerzo por ser mejor, mejorar o aprender más.

- _____
- _____
- _____
- _____
- _____
- _____
- _____
- _____
- _____

¿Puedes detectar algún efecto negativo que te esté causando esta necesidad de crecer? ¿Puedes aprender a transformar alguno de estos efectos secundarios en algo positivo?

- _____
- _____
- _____
- _____
- _____
- _____
- _____
- _____
- _____
- _____

ISi el crecimiento está entre tus dos principales necesidades humanas, ¡fantástico! Es probable que seas hábil en la mayoría de las cosas que haces y que avances con rapidez una vez que crees haber alcanzado tu máximo potencial.

Dado que la búsqueda constante de mejora te asegura no aburrirte nunca, sé consciente de tu inclinación hacia el perfeccionismo y de cómo manejas el estrés. **Aprender a relajarte e incorporar el descanso en tu rutina** debe convertirse en una parte esencial de tu bienestar.

"

No me guío por el libro de reglas. Guío desde el corazón, no desde la cabeza.

PRINCESS DIANA

PRINCESA DE GALES, ÍCONO GLOBAL Y HUMANITARIA

Mini repaso...

**CAPÍTULO 12B: NECESIDADES HUMANAS
UNIVERSALES (Cont.)**
(ENCONTRAR EL VERDADERO PROPÓSITO – "ETAPA 2")

CRECIMIENTO

- **No todas las personas sienten la necesidad de crecer**
- **A medida que envejecemos, esta necesidad tiende a detenerse**
- **Crecimiento = Progreso = Felicidad**

- **El crecimiento es la primera puerta hacia una vida de plenitud**
- **El crecimiento alimenta otras necesidades emocionales**
- **No se trata de lo que logras, sino de en quién te conviertes durante el proceso**
- **Enfoca tu crecimiento hacia aspectos empoderadores de la vida**

- **¿ES EL CRECIMIENTO MI NECESIDAD PRINCIPAL?**
  - **Sé consciente de tu frustración, impaciencia y estrés**
  - **Atiende tu tendencia al perfeccionismo**
  - **Aprende a descansar y a dividir tus metas en hitos pequeños**

Crecimiento = Felicidad

Contribución

La contribución es **la necesidad de cuidar y servir** para hacer que las personas, la comunidad y **el mundo que nos rodea sean mejores**, más prósperos y seguros.

Cuando pensamos en las muchas formas de contribuir, como el altruismo, la compasión o la benevolencia, nos elevamos a una vibración superior.

Esto comienza con la autorrealización de que **todos estamos conectados y somos interdependientes,** parte de un todo natural más grande. Así, hacemos la transición de una visión singular y lineal hacia **un ciclo armónico y circular.**

Este ciclo armónico encarna muchos rasgos humanos como:
la bondad, la amabilidad, el buen corazón, el altruismo, el respeto, la cortesía, la generosidad, la justicia, la honestidad, el perdón, entre otros.

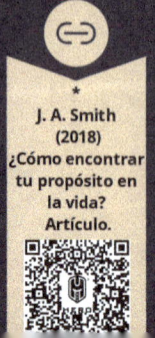

*
J. A. Smith
(2018)
¿Cómo encontrar tu propósito en la vida?
Artículo.

De forma más práctica, el acto de contribuir puede verse como una **forma de intercambio** con características específicas.

Voluntad de ayudar:

Una característica clave de la contribución es **la disposición a dar u ofrecer.** Esto puede implicar tu tiempo, vocación, habilidades, creaciones, paciencia, determinación, u otra cosa, transformando tus acciones en esfuerzos **tangibles para ayudar a los demás.**

Estas acciones pueden tomar diversas formas y darse en distintos entornos:

- **De forma directa**, como ayudar a alguien a avanzar en su vida
- **O de forma indirecta**, como orar por el bienestar de otra persona

En cualquier caso, es importante reconocer que **toda acción orientada a hacer del mundo** un lugar mejor **está directamente relacionada con una verdadera sensación de alegría y plenitud.**

Esto explica por qué muchas personas descubren su propósito o encuentran la mayor satisfacción en la vida al satisfacer esta necesidad humana fundamental. *

Ayudarse a uno mismo

Contribuir no significa necesariamente dirigir todos tus esfuerzos hacia el exterior. **El simple acto de querer mejorar como persona** o de perseguir algo que mejore tu vida puede tener un impacto positivo en la sociedad.

Si te vuelves más próspero, es lo que haces con esa prosperidad lo que determina el bien que generas en los demás.

De hecho, **la abundancia rara vez crea los conflictos que sí genera la escasez.**

No es para todos

Es importante recordar que, aunque todos encuentran la manera de experimentar cierta certeza, variedad, importancia y amor, **no todos buscan crecer o contribuir,** a pesar de que estas dos necesidades son los jardines de la felicidad y la realización.

Aunque algunas formas de contribución puedan parecer las últimas en tu lista de prioridades, otras características de la contribución pueden, de hecho, ser inevitables, como se describe en el siguiente párrafo.

La necesidad de amplificar

Otra característica de la contribución —que también podría pertenecer parcialmente al crecimiento y la conexión— **es la necesidad de amplificarse a uno mismo**. ¿A qué me refiero con esto? Pongamos este concepto en un contexto musical: cada persona tiene una voz, pero para escuchar más, llegar más lejos y sentir más intensamente, necesitamos combinar nuestras voces en un coro. De este modo, las ondas sonoras se expanden más allá, **creando un impacto emocional más fuerte** tanto para ti, como para el coro y para la audiencia.

De manera similar, cuando algo realmente bueno te sucede a ti o a alguien cercano, ¿cuál es la primera reacción? ¿No es ese **impulso ardiente de compartir** la noticia inmediatamente con las personas más cercanas a ti? ¿Por qué? Porque solo podemos sentir hasta cierto punto dentro de nosotros mismos.

Ya sea sexo, dinero, aventuras, eventos o la final de la Copa del Mundo, hay un límite de placer que podemos contener internamente, hasta que nuestras emociones desean expandirse compartiendo ese momento con otros. Y al compartirlo, **inevitablemente se multiplica.**
Lo mismo ocurre cuando pasa algo desagradable. Al compartirlo con otros, la emoción también se amplifica, lo que a su vez puede despertar la compasión y la contribución de los demás.

Los desafíos de la contribución

Si la contribución es una de tus necesidades más fuertes, hay ciertos desafíos que debes tener en cuenta, como **el exceso de entrega, la falta de recursos, las decepciones, la indiferencia y la deshonestidad.**

En general, las personas benevolentes y altruistas tienen dificultades para encajar en entornos donde prevalecen el egoísmo y la falta de respeto. Debido a la inacción de los demás, a menudo tienden a autosacrificarse, llenando los vacíos con **exceso de generosidad y cuidado**, lo cual, con el tiempo, **puede generar estrés, agotamiento, desmotivación e incluso trauma.**

Si tu necesidad principal es cambiar el mundo, corres el riesgo de embarcarte **en un camino largo y turbulento,** ya que el mundo actual está lleno de personas corruptas o indiferentes, que resisten el cambio, la transparencia, la verdad y la abundancia para todos. Es como intentar regar el desierto con una botella de agua al día.

Por eso, sé eficaz en cómo usas tu energía y recursos, para que tus acciones generen un impacto real y no sean desacreditadas ni en vano. Como vas a invertir frecuentemente en otras personas, prepárate para decepciones, malentendidos y retrocesos. **Vas a necesitar mucha paciencia y autodisciplina.**

Como todo gran propósito humano, como has aprendido en los capítulos anteriores, si sientes un llamado que nace de tu corazón para servir al bien común, no puedo imaginar un propósito más puro por el cual vivir.

Todo avance en la historia de la humanidad ha venido de personas que tuvieron una visión más grande que ellas mismas. Si este concepto resuena contigo, la buena noticia es que encontrarás muchas personas y comunidades que te apoyarán, te amarán, te respetarán, confiarán en ti e incluso estarán a tu lado en los momentos difíciles.

En última instancia, si tu llamado es sacrificar tu vida por el bien de los demás, **entrena tu corazón para perdonar a los indiferentes y deshonestos.** Mantén el enfoque en tu objetivo.

Encuentra tu tribu, personas afines que compartan tu visión, para que la sinergia colectiva te ayude a alcanzar tus metas y sembrar tus semillas con mayor éxito.

Recuerda que no puedes cambiar a otras personas, pero ellas sí pueden cambiar por sí mismas. ¿Cómo? **Entrénalas y empodéralas** a través del desarrollo personal, como tú lo estás haciendo ahora. Compárteles buenos libros, testimonios, reseñas y videos inspiradores. Enfócate en su potencial y ayúdalas a ver lo que es posible.

Mis Necesidades de Contribución

¿Puedes identificar las diferentes maneras en que estás satisfaciendo tus necesidades de contribución? Piensa en tus acciones orientadas a ayudar a otras personas, a tu comunidad y al mundo que te rodea.

- _____
- _____
- _____
- _____
- _____
- _____
- _____
- _____
- _____

¿Puedes detectar algún efecto negativo que la contribución pueda estar causándote? ¿Puedes aprender a transformar alguno de estos efectos secundarios en aspectos positivos?

- _____
- _____
- _____
- _____
- _____
- _____
- _____
- _____
- _____
- _____

Si la contribución está entre tus dos principales necesidades humanas, es muy probable que marques una gran diferencia en tu comunidad y **vivas una vida llena de alegría y realización.**

Este camino no está exento de desafíos, como perder de vista el hecho de que dar debe comenzar en casa, **lo que puede llevarte a descuidar a quienes tienes más cerca mientras** intentas cambiar el mundo.

Así que no descuides a tus seres queridos, incluso si no te apoyan completamente, porque **eres una joya para este mundo.**

> ##
>
> Ayudar a una persona hoy puede que no cambie el mundo, pero podría cambiarle el mundo a esa persona..

ANÓNIMO

Mini repaso...

**CAPÍTULO 12B: NECESIDADES HUMANAS
          UNIVERSALES (Cont.)**
(ENCONTRANDO EL PROPÓSITO VERDADERO - "ETAPA 2")

CONTRIBUCIÓN
- **No todos sienten la necesidad de contribuir**
- **Es la necesidad de ayudar a crear un mundo mejor**
- **Contribuir = Progreso = Felicidad**
- **La contribución es la puerta principal hacia una vida plena**
- **La mayoría de las personas descubre su propósito o recibe la mayor gratificación en la vida a través de la contribución**
- **Puede expresarse ayudando a otros, ayudándose a uno mismo, e incluso amplificando**

- **¿ES LA CONTRIBUCIÓN MI NECESIDAD PRINCIPAL?**
  - **Es muy probable que influencies positivamente el mundo que te rodea**
  - **Puede surgir frustración si las personas no apoyan tus ideas y visión**
  - **Ten cuidado de no descuidar a las personas más cercanas a ti**
  - **Ten cuidado de no agotar todos tus recursos en un exceso de generosidad o cuidado**
  - **Aprende a lidiar con la decepción, la indiferencia y la deshonestidad**

Contribución = Felicidad

Mis Necesidades Humanas Primarias

Ahora que tienes una buena comprensión de las seis necesidades humanas, ¿has podido identificar **tus dos principales**?

Si es así, enumera tus seis necesidades **en orden de prioridad** en la tabla a continuación.

1._____

2._____

3._____

4._____

5._____

6._____

Si no lo has hecho, intenta observar más atentamente tus intentos de satisfacer tus necesidades.

Incluso cuando haces cosas que puedan parecer tontas, en realidad solo estás tratando de satisfacer tus necesidades de formas que no son eficaces o que pueden serlo a corto plazo pero perjudiciales a largo plazo.

Como parte de tu viaje de Héroe, sé compasivo contigo mismo, perdónate por las cosas que has hecho para satisfacer tus necesidades y comienza a satisfacerlas de una manera constructiva que te empodere.

Comprender las necesidades humanas es la mitad del trabajo para satisfacerlas.

ADLAI STEVENSON
ABOGADO, POLÍTICO Y DIPLOMÁTICO ESTADOUNIDENSE

Necesidades Humanas Primarias
de Mi Familia/Amigos

¿Alguna vez te has preguntado cuáles son las necesidades principales de las personas que te rodean?

Si lo haces, podrías sorprenderte de lo fácil que resulta identificar las necesidades principales de alguien, incluso después de una conversación de diez minutos. Al **comprender este poderoso código, puedes entender mejor su comportamiento,** adaptar tus modales para satisfacer sus necesidades y sentir más compasión y perdón gracias a un enfoque más sabio.

¿Cómo elegir con éxito a tus parejas amorosas y de vida?

En última instancia, conocer las necesidades principales de las personas con las que te relacionas te ayudará a evaluar si son los compañeros adecuados para tu vida profesional o personal.

De hecho, el mayor consejo para tener relaciones exitosas es alinearte con personas cuyas necesidades principales sean **las tuyas.**

Esta alineación puede crear una conexión más armoniosa y satisfactoria, ya sea en tus relaciones personales o en tus colaboraciones profesionales.

Así que, **según tu evaluación, anota a continuación las dos principales necesidades humanas de las personas más cercanas a ti.** ¿Es certeza, variedad, importancia, amor/conexión, crecimiento o contribución?

Mi ....
1._____
2._____

Mi ....
1._____
2._____

Mi ....
1._____
2._____

Mi ....
1._____
2. _____

MI DECLARACIÓN DE MISIÓN

HERO

Crear tu declaración de misión

Finalmente ha llegado el momento de combinar parte del arduo trabajo que has realizado. Específicamente, nos enfocaremos en identificar la **intersección entre tu propósito y tus dos principales necesidades** humanas del capítulo anterior.

El objetivo es unir estos conceptos en uno solo, utilizando algo muy poderoso y directo: tu declaración de misión.

¿Qué es una declaración de misión?

Una declaración de misión es una frase que transmite **un mensaje impactante y refleja tu visión, tus valores y tus acciones con propósito**. Considérala como un cortafuegos interno que define lo que deseas lograr y el significado que le das.

Puede cambiar con el tiempo

Tu declaración de misión puede cambiar a medida que descubres nuevos niveles en tu viaje o conforme evolucionan tus necesidades. Tus emociones, gustos y rechazos cambian a medida que envejeces. De hecho, lo que te entusiasma en tus veinte puede resultarte completamente aburrido en tus cuarenta.

Más de una

Puedes crear múltiples declaraciones de misión si así lo deseas y cada una puede resonar con una actividad específica o con un objetivo que realmente anhelas alcanzar.

De hecho, podrías tener una declaración de misión para darle un mejor sentido a tu trabajo, otra sobre tu papel en la familia, otra sobre tu posición en tu equipo deportivo y otra para establecer un significado más amplio de por qué existes.

Ten en cuenta que no se trata solo de la declaración en sí, sino de quién te conviertes en la búsqueda de esa misión. Una declaración de misión debe recordarte tu propósito interior y actuar como guía o instrumento de dirección; por lo tanto, **debe ser impactante y fácil de recordar.**

Algunos ejemplos

Veamos algunos ejemplos de personas reconocidas que han logrado sus objetivos en la vida y siguen haciéndolo.

Mientras lees sus declaraciones de misión, observa estos dos principios:

- Cada declaración es una huella dactilar, que empodera al individuo **con un propósito significativo en la vida.**

- Cada declaración es un cortafuegos, que garantiza que **las acciones reflejen y se orienten hacia el cumplimiento de la misión en la vida.**

Oprah Winfrey
Presentadora estadounidense
"Ser una maestra. Y ser reconocida por inspirar a mis alumnos a ser más de lo que creían poder ser."

Richard Branson
Fundador de Virgin Group
"Divertirme en mi viaje por la vida y aprender de mis errores."

Dalai Lama
Líder espiritual
"Mi propósito principal es promover los valores humanos."

Steve Jobs
Cofundador de Apple Inc.
"Hacer una contribución al mundo creando herramientas para la mente que impulsen a la humanidad."

Elon Musk
CEO de SpaceX y Tesla Motors
"Mi objetivo principal es llevar a la humanidad a Marte antes de morir."

Muhammad Ali
Campeón de boxeo estadounidense
"Lucha por tu visión y cambia el sistema."

Por curiosidad, ¿cuál de las declaraciones anteriores te resuena más?
_____

Cuestionario de Mi Declaración de Misión de Vida

Dado que tu propósito de vida resuena a través de una mezcla de emociones, necesidades y significado, al responder las siguientes preguntas, intenta prestar atención a los sentimientos de pasión, amor, entusiasmo, poder o certeza absoluta que emergen de tu cuerpo.

Finalmente, estamos accediendo a tu verdadera naturaleza.

a) A pesar de los constantes cambios, sin pensarlo, ¿cuál es mi razón para vivir? ¿Qué vale la pena vivir hoy?
_____
_____

b) ¿Cuál es una gran razón por la que no quiero morir hoy?
_____
_____

c) ¿Qué es algo que amo tanto que estaría dispuesto a morir por ello?
_____
_____

d) ¿Cuál es mi razón para querer crecer?
_____
_____

e) ¿De qué es algo que no puedo dejar de hablar?
   ¿Sobre qué temas podría hablar durante horas sin cerrar la boca?
_____
_____

f) ¿Tengo una visión más grande que la mía? ¿Podría eso convertirse en mi misión de vida?
_____
_____

g) ¿Hay algo que pueda mantenerme despierto por la noche sin esfuerzo o algo que me brinde mucho entusiasmo y emoción?
_____
_____

Cuanto más te calmas, más puedes oír.

RAM DASS
MAESTRO ESPIRITUAL ESTADOUNIDENSE,
GURÚ DEL YOGA MODERNO,
PSICÓLOGO Y ESCRITOR.

Mi Declaración de Misión Principal

El cuestionario anterior debería haber activado algunos de los motores fundamentales que realmente te impulsan. Ahora es el momento de reunir todo tu esfuerzo y **elaborar tu declaración principal de misión de vida**.

Mi declaración principal de misión en la vida:

_____

_____

_____

Si aún tienes dificultades para encontrar una frase que resuene contigo como declaración principal de misión, deja pasar un día y reflexiona sobre esta sesión. Tómate tu tiempo para pensar en silencio, permitiendo que la inteligencia de tu corazón profundice en la búsqueda. Muy a menudo, la respuesta está justo frente a ti.

Ahora, apliquemos la misma técnica a otros aspectos de tu vida.

Mi declaración de misión en mi trabajo:

_____

_____

_____

Mi declaración de misión en mi rol dentro de mi familia:

_____

_____

_____

Mi declaración de misión en mi rol dentro de mi equipo deportivo o grupo de actividad:

_____

_____

_____

Prueba de la Declaración de Misión

El cuestionario anterior debería haber activado algunos de los impulsos fundamentales que realmente te motivan. Por lo tanto, ahora es el momento de reunir todo tu trabajo y elaborar tu declaración principal de misión.

Mi declaración principal de misión en la vida (Segundo intento):

_____

_____

_____

Si todavía tienes dificultades para encontrar una frase que resuene como tu declaración de misión principal, deja pasar un día. Luego, tómate el tiempo para pensar en silencio, permitiendo que la inteligencia de tu corazón busque en profundidad. Muy a menudo, la respuesta está justo frente a ti.

¿Tu declaración de misión supera esta prueba?

Una vez que hayas escrito tu declaración de misión, verifica si le da un significado pleno a tu vida. Según un estudio reciente del psicólogo social Prof. Roy Baumeister, la declaración debe cumplir con los siguientes cuatro criterios:*

1. Propósito:
¿Refleja la declaración una actividad orientada a una causa positiva que no necesariamente tiene que lograrse en una sola vida?
SÍ / NO

2. Valor:
¿Refleja la declaración tus valores y principios fundamentales, aquellos que son importantes para ti?
SÍ / NO

3. Eficacia:
¿Mejora tu sentido de autoestima y te hace sentir valioso?
SÍ / NO

4. Autoestima:
¿Te da la declaración un sentido de competencia y control, haciéndote sentir capaz de alcanzar tus objetivos?
SÍ / NO

Baumeister, R. F. (1991). Meanings of life. New York, NY: Guilford Press.

13º Cuestionario del Hito

P1. ¿Cuál es el beneficio de descubrir y aclarar tu declaración de misión?
a) Está destinada a resaltar mi propósito en línea Con mis necesidades humanas primarias.
b) Está destinada a aportar claridad, en particular al tomar decisiones.
c) Está destinada a brindar un sentido de dirección en tiempos desafiantes.
d) Todas las anteriores.

P2. ¿Cuál de estas afirmaciones es falsa?
a) Las declaraciones de misión pueden ser más de una para reflejar nuestros múltiples roles en la vida.
b) Las declaraciones de misión no cambian con el tiempo.
c) Las declaraciones de misión deben ser impactantes y fáciles de recordar.

P3. Todos tienen una necesidad de crecimiento y de contribución.
a) Verdadero.
b) Falso.

P4. ¿Qué necesidades humanas están asociadas Con la felicidad y la realización en la vida?
a) Amor y conexión.
b) Certeza y amor.
c) Crecimiento y contribución.
d) Variedad y significado.

P5. Conoces a alguien que constantemente se niega a cambiar y se molesta cuando se le desafía por su comportamiento. ¿ Con qué necesidad humana primaria podría estar asociada esta persona?
a) Incertidumbre.
b) Amor y conexión.
c) Certeza.
d) Crecimiento.

P6. ¿Conoces a alguien que constantemente busca atención? Conn qué necesidad humana primaria podría estar asociada esta persona?
a) Incertidumbre.
b) Significado.
c) Amor y conexión.
d) Crecimiento.

P7. ¿Cuál es una adicción típica a la que las personas suelen recurrir para satisfacer sus necesidades?
a) Egoísmo.
b) Tomar riesgos.
c) Buscar amigos.
d) Problemas.

P8. Conoces a alguien que cambia constantemente de trabajo y que generalmente se aburre con facilidad. ¿Con qué necesidad humana primaria podría estar asociada esta persona?
a) Certeza.
b) Variedad.
c) Crecimiento.
d) Amor y conexión.

P9. ¿Qué suele impedir que las personas logren grandes sueños?
a) Mala suerte.
b) Gratificación instantánea.
c) Problemas.
d) Envidia.

P10. ¿Puede alguien satisfacer la misma necesidad de manera negativa y positiva?
a) Sí, ya que las necesidades pueden satisfacerse de múltiples maneras y actividades.
b) No.

P11. ¿Qué hacen el amor y la conexión en nuestro cuerpo?
a) Regulan una variedad de hormonas y neurotransmisores altamente influyentes.
b) Producen ondas cerebrales alfa.
c) Nos hacen más vulnerables.
d) Satisfacen una de las necesidades humanas más esenciales.

P12. ¿Cuál es una razón típica por la que alguien abusa de drogas o de alcohol?
a) Es una forma insostenible de lograr mayor certeza y/o variedad.
b) Se usa principalmente para desconectarse del pasado.
c) Es una forma insostenible de lograr un mayor significado y/o una mayor conexión.
d) Todas las anteriores.

1d, 2b, 3b, 4c, 5c, 6b, 7d, 8b, 9b, 10a, 11a, 12d

"

¿Qué pasaría si... no fueras tú quien necesitara un propósito, sino que tu propósito te necesitara a ti?

ANÓNIMO

Hagamos un repaso...

**CAPÍTULO 13: MI DECLARACIÓN DE MISIÓN
(ENCONTRANDO EL VERDADERO PROPÓSITO – "ETAPA 3")**

- **¿Qué es una declaración de misión?**
  - **Un mensaje que refleja tu visión, valores y acciones con propósito**
  - **Fácil de recordar e impactante**
  - **Puede haber más de una**
  - **Puede cambiar con el tiempo**
  - **Es la intersección entre tus dos necesidades humanas principales y tu propósito**

- **Ejemplos de declaraciones de misión de celebridades**
- **Cuestionario de mi Declaración de Misión de Vida**
- **Mi Declaración de Misión Principal en la Vida**

- **Mis Declaraciones de Misión en el Trabajo, la Familia y Otros**

- **¿La declaración de misión pasa la prueba?**
  - **¿Refleja un propósito positivo?**
  - **¿Está en consonancia con tus valores?**
  - **¿Crees que puedes lograrla?**
  - **¿Eleva tu autoestima y tu respeto propio?**

14

LAS VERDADERAS RIQUEZAS

HERO

Las Doce Verdaderas Riquezas

Adaptado del concepto de las Doce Verdaderas Riquezas de Napoleon Hill, extraído de sus escritos públicos.

Todos desean ser ricos, pero **no todos saben qué constituye una riqueza duradera,** y la mayoría de las personas cree que la riqueza consiste únicamente en cosas materiales que el dinero puede comprar.

Estas son las palabras de Napoleon Hill, un destacado autor de autoayuda que, en 1937, sorprendió al mundo con su exhaustiva investigación científica, la cual incluía lo que él consideraba las siguientes doce verdaderas riquezas de la vida:

1. Una actitud mental positiva	0 ▯▯▯▯▯▯▯▯▯ 10	_____
2. Salud física sólida	0 ▯▯▯▯▯▯▯▯▯ 10	_____
3. Armonía en las relaciones humanas	0 ▯▯▯▯▯▯▯▯▯ 10	_____
4. Libertad del miedo	0 ▯▯▯▯▯▯▯▯▯ 10	_____
5. La esperanza de logros futuros	0 ▯▯▯▯▯▯▯▯▯ 10	_____
6. La capacidad de aplicar la fe	0 ▯▯▯▯▯▯▯▯▯ 10	_____
7. La disposición a compartir las propias bendiciones	0 ▯▯▯▯▯▯▯▯▯ 10	_____
8. Estar comprometido con una labor hecha con amor	0 ▯▯▯▯▯▯▯▯▯ 10	_____
9. Mente abierta hacia todos los temas y personas	0 ▯▯▯▯▯▯▯▯▯ 10	_____
10. Autodisciplina completa	0 ▯▯▯▯▯▯▯▯▯ 10	_____
11. Sabiduría para comprender a las personas	0 ▯▯▯▯▯▯▯▯▯ 10	_____
12. Seguridad financiera	0 ▯▯▯▯▯▯▯▯▯ 10	_____

¿Has notado cómo el dinero aparece al final de la lista de Napoleón?

PUNTUACIÓN TOTAL 120 /_____

Asígnate una puntuación, y dentro de tres meses, vuelve a evaluarte para comprobar tu progreso.

Hill, Napoleón. «¿Cuáles son las VERDADERAS RIQUEZAS de la vida?». YouTube.

Dinero

¿Qué es el dinero?

Casi todo gira en torno al dinero. Así fue en el pasado, así es hoy y lo más probable es que siga siendo así mañana. Como solía decir Zig Ziglar, **"el dinero no es lo más importante en la vida, pero está razonablemente cerca del oxígeno".**

Qué es el dinero, qué hace el dinero y qué significado le das al dinero son tres preguntas distintas. Crecí pensando que una cantidad equilibrada de dinero era óptima para vivir una buena vida, sin el lío de volverse materialista, de juntarse con la gente equivocada o de alejarse del mundo real.

A medida que fui creciendo, noté que el dinero era simplemente el equilibrio entre comprar y venderme por él, o más precisamente, entre comprar y vender mi energía por él.
Cuando vamos a trabajar, ponemos nuestra energía en ello y recibimos un pago a cambio. Luego, gastamos el dinero que ganamos a cambio del producto o servicio de otra persona.

El dinero es simplemente un medio de intercambio de energía. Por ejemplo, puedes comprar tiempo libre con dinero o bien necesitas sacrificar tu tiempo para ganarlo.

¿El malentendido del dinero?

El malentendido sobre el dinero es donde comienzan los problemas. En pocas palabras, si eres una buena persona con dinero, te vuelves más influyente; si eres una mala persona con dinero, te conviertes en un imbécil.
Es cómo usamos el dinero lo que determina el resultado en quién nos convertimos y el valor que creamos.

El dinero no puede comprar el amor, pero sí puede crear el entorno para que suceda. El dinero no puede comprar la salud, pero sí puede aumentar la probabilidad de lograrla y costear tratamientos.

Por lo tanto, ten en cuenta que **somos, en última instancia, el factor determinante.** Como solía decir Zig Ziglar: "El dinero puede comprarte una casa, pero no un hogar. Puede comprarte un acompañante, pero no un amigo. Puede comprarte un buen momento, pero no la paz mental. Puede comprarte una buena cama, pero no una buena noche de sueño. Puede comprarte una pareja, pero no el amor. Puede comprarte un médico, pero no una buena salud."

En resumen, **el dinero puede comprarte una isla, pero no puede comprarte la felicidad.** Depende de nosotros cómo usamos el dinero para manifestar la vida que deseamos para nosotros y para los demás.

Entonces, ¿cuál es tu filosofía sobre el dinero?

Piénsalo por un momento: la abundancia rara vez genera guerras como lo hace la escasez, y la prosperidad triunfa sobre la miseria. Te deseo una vida llena de prosperidad. Por eso, como Héroe en formación, **deberías considerar volverte financieramente alfabetizado y comprender los principios de:**

- Flujo de efectivo
- Seguimiento de tus gastos
- Inversión en el mercado
- Inversión en bienes raíces
- Deudas y tasas de interés
- Cómo se crea el dinero
- Cómo compensar tus impuestos sobre la renta
- Inflación (el impuesto oculto)
- Cómo paralelizar tus actividades o negocio para deducciones fiscales
- Cómo crear apalancamiento y activos
- Cómo reducir deudas y pasivos
- Comprender tus inversiones en pensiones o jubilación

Cambia tu vocabulario interno de "es muy caro" a "¿cómo puedo pagarlo?"

> Obtendrás todo lo que quieras en la vida si ayudas a suficientes personas a conseguir lo que quieren.

ZIG ZIGLAR
AUTOR, VENDEDOR Y ORADOR MOTIVACIONAL ESTADOUNIDENSE

> Si eres la persona más inteligente en la sala, estás en la sala equivocada.

DESCONOCIDO

HERO

Mini repaso...

CAPÍTULO 14: LAS VERDADERAS RIQUEZAS

- Actitud mental positiva
- Salud y relaciones armoniosas
- Libertad del miedo
- Esperanza en un futuro mejor
- Compartir las propias bendiciones
- Vivir con amor y fe
- Tener una mente abierta
- Disciplina propia completa
- Sabiduría
- Seguridad financiera

DINERO

- "El dinero no es lo más importante en la vida, pero está muy cerca del oxígeno" – Z. Ziglar
- El dinero es un medio de transferencia de energía
- La forma en que usamos el dinero determina en qué nos convertimos y los valores que creamos

- El dinero puede comprarte una isla, pero no puede comprarte la felicidad
- Vuelve financieramente alfabetizado sobre flujo de efectivo, gastos, inversiones, deudas, tasas de interés, impuestos, apalancamiento y estrategias de jubilación

Riquezas Ocultas Reales

Mientras estamos ocupados buscando riquezas en el exterior, enfocándonos en particular en lo que no tenemos, **¿y si** un día despiertas y realmente te das cuenta de que **la mayoría de tus deseos, conocimientos y poder ya residen dentro de ti?**

No te sorprendas; ya hemos descubierto cómo el poder de la imaginación afecta el significado y cómo el significado afecta la realidad. Por lo tanto, exploremos juntos qué más tiene para ofrecernos nuestro cuerpo perfecto, en su forma energética de vida.

Esta sección podría resultar desafiante, ya que exploraremos conceptos que no son fácilmente perceptibles ni visibles a simple vista. Físicamente hablando, nuestros cuerpos están formados por muchos sistemas, como el esquelético, el cardiovascular y el digestivo, los cuales indudablemente creemos y entendemos sus funciones. Podemos verlos; podemos oírlos. Pero ¿qué hay de las verdaderas riquezas ocultas?

Aunque quiero que tomes más conciencia de que **nuestro cuerpo es** mucho más que huesos y músculos, está **formado por un asombroso río de energía eléctrica**. Como seres eléctricos fascinantes, emanamos campos de energía, fuerzas electromagnéticas, percepciones telepáticas, frecuencias de luz, partículas de luz (fotones) y mucho más.

Nuestro cuerpo **es una supermáquina, interconectada con otros campos energéticos** en las dimensiones físicas y metafísicas. Es capaz de conectarse con la conciencia cuántica e incluso de participar en viajes astrales a través del tiempo durante experiencias fuera del cuerpo.

Como Héroe en formación, aunque algo parezca o suene a película de ciencia ficción, **debes dejar de lado el escepticismo** hasta haber hecho tu debida diligencia. En otras palabras, ¡no puedes permitirte la ignorancia! Muchas personas se ofenden con esta palabra, a pesar de que la ignorancia simplemente significa falta de conocimiento o de conciencia.

El hecho de que algo parezca demasiado bueno para ser verdad no significa que no pueda lograrse. Piénsalo: usamos un smartphone del tamaño de una palma que realiza algunas de las cosas más increíbles al instante y de forma invisible a través de tecnologías como GSM, Bluetooth y WiFi. Sube y descarga datos a la nube y hasta puede cargarse de forma inalámbrica. ¿Qué tan increíble es eso?

A pesar de que ni siquiera tenemos idea de cómo funcionan los teléfonos inteligentes, igual los usamos. Es realmente decepcionante que, si los dejamos caer y se rompen, no se reconstruyan ni se reparen solos... todavía.

Así que no seas ingenuo; **abre tu mente a todo lo que tu cuerpo y tu mente humanos están diseñados para hacer y a lo que son capaces**. Estírate más allá, hacia tu verdadero potencial, tus verdaderas riquezas.

Los conceptos que te presentaré a continuación están lejos de ser nuevos. Gracias a la mecánica cuántica, la teoría de los átomos y las partículas subatómicas, la ciencia cuántica moderna ha logrado muchos avances revolucionarios. Depende de ti explorarlos más a fondo durante tu viaje de Héroe.

> Se necesita un conocimiento considerable solo para darse cuenta del alcance de la propia ignorancia.

TOMAS SOWELL
ECONOMISTA, COMENTARISTA SOCIAL Y AUTOR ESTADOUNIDENSE

Nuestro Centro Principal

LA SÍNTESIS DE LA SABIDURÍA DEL ANTIGUO EGIPTO Y DEL YOGA

Centro Estelar Ka

SUSTENTO, PROPÓSITO DEL ALMA, COSMOS, CAMPO UNIFICADO, CUÁNTICO
40 cm por encima de la cabeza

7° - 768 Hz
Pensamiento

Corona

ASCENSIÓN, ESPIRITUALIDAD
Glándula pineal

6° - 720 Hz
Luz

Tercer Ojo

REVELACIÓN, SABIDURÍA, CLARIDAD
Plexo Nervioso: Plexo Carotídeo
Glándula pituitaria
Ojos, oídos, nariz, cerebro

5° - 672 Hz
Éter

Garganta

RESONANCIA, EXPRESIÓN, ELECCIÓN
Plexo Nervioso: Plexo cervical
Glándula tiroides
Garganta, cuello, boca, mandíbulas

4° - 594 Hz
Aire

Corazón

ABUNDANCIA, PODER EMOCIONAL
Plexo Nervioso: Plexo cardíaco
Glándula timo
Corazón y pulmones, brazos, manos

3° - 528 Hz
Fuego

Plexo Solar

PURIFICACIÓN, AUTOESTIMA, EGO
Plexo Nervioso: Plexo solar
Páncreas
Estómago, hígado, páncreas, intestinos

2° - 480 Hz
Agua

Sacro

TRANSMUTACIÓN, SENSUALIDAD, CREATIVIDAD, FINANZAS
Plexo Nervioso: Plexo lumbar
Glándulas reproductoras
Órganos sexuales, riñones, sistema urinario

1° – 432 Hz
Tierra

Raíz

RENOVACIÓN, TRIBU, CULTURA, SEGURIDAD, CONFIANZA, SUPERVIVENCIA
Plexo Nervioso: Plexo sacro
Glándulas suprarrenales y adrenales
Columna vertebral, articulaciones, tendones, ligamentos y músculos (especialmente piernas y rodillas)

Centro Tierra

GÉNESIS, ANCLAJE, CONEXIÓN A LA TIERRA
45 cm debajo de los pies

Los Chakras

Los chakras son confluencias principales de estructuras conceptuales en nuestro sistema energético sutil. La tradición yóguica afirma que esta "anatomía sutil", como suele llamarse, consiste en una red de 72.000 canales que **conducen una fuerza vital a través de nuestro cuerpo.**

Estos canales de energía focalizada forman una red nerviosa enormemente ramificada y se encuentran en diversas confluencias principales.

Los chakras, que significan "rueda" o "círculo", se representan a menudo en forma de flores geométricas. Sirven como vórtices mediadores entre los aspectos energéticos y espirituales y los físicos, mentales y emocionales de nuestro ser, **influyendo en todos los niveles de la existencia humana.**

Los chakras se localizan **principalmente en los lugares donde los seres humanos experimentan energía emocional y espiritual.**

¿De dónde proviene este conocimiento?

El conocimiento de los chakras proviene del antiguo Egipto, del misticismo judío, del budismo, de los mayas y de varias tribus indígenas americanas. Las descripciones más detalladas de los chakras se encuentran en **las antiguas escrituras en sánscrito**, el idioma más antiguo del sur de Asia.

¿Cuáles son algunas expresiones comunes de los chakras en la sociedad occidental?

Seguramente has escuchado expresiones como "tener el corazón roto", "tener los pies fríos" o "tener las piernas temblorosas". **Cada una de estas sensaciones es una indicación del chakra correspondiente**. "Mariposas en el estómago" es una señal del chakra sacro y sentir ahogo en la garganta indica un bloqueo en el quinto chakra. Los chakras son intuitivos para todos nosotros. Es una experiencia íntima que resuena en nuestro cuerpo, en nuestro sistema energético y en nuestra esfera emocional en todo momento.

El sistema de chakras que siguen los yoguis occidentales proviene de un texto en sánscrito escrito por Pūrṇānanda Yati en 1577, que más tarde fue traducido al inglés por John Woodroffe en 1918. Como mucha de la sabiduría se perdió en la traducción —lo que inevitablemente generó algunas imprecisiones—, mantengamos una mente abierta sobre el tema, especialmente considerando que los chakras pueden variar según el tipo de práctica.

¿Cómo están interconectados los chakras?

Los chakras regulan y transportan nuestra "fuerza vital", denominada "Prana" por los yoguis y "Qi" por la medicina china, a través de lo que los yoguis llaman "Nadis" y la medicina china, "Meridianos".

La mayoría de las tradiciones describen los chakras principales como **alineados a lo largo de la columna nerviosa central**, entrelazándose entre sí. Esta columna corresponde a **nuestra médula espinal física,** que va desde el coxis hasta la parte más alta de la cabeza.

Según la literatura sobre los chakras, estos **operan entre lo físico y lo espiritual,** actuando como mediadores que transforman la energía material en espiritual y viceversa.

¿Cómo influyen los chakras en nuestro bienestar?

Donde la energía se concentra y forma un centro circular, mayor o menor, los chakras **influyen energéticamente en el sistema nervioso circundante**, así como en sus glándulas y órganos relacionados. También impactan **nuestra conciencia y diversos aspectos emocionales, mentales y espirituales.**

Por ejemplo, ¿sabías que el 95 % de tu estado de ánimo depende de tu intestino? Así es, el intestino tiene un segundo cerebro debido a los cientos de millones de neuronas y conexiones neuronales que posee.

En consecuencia, un chakra sano y equilibrado proporciona nutrición vital. En cambio, un chakra desequilibrado o bloqueado procesa la energía de forma menos eficiente, restringiendo el flujo de nutrición hacia su región y, a su vez, afectando al cuerpo.

> Los chakras son puntos de encuentro de todos los niveles posibles de la existencia humana: física, energética, emocional, mental y espiritual.

TEXTOS SÁNSCRITOS

¿Existen máquinas capaces de medir los chakras?

Sí, cada chakra, al igual que cada órgano de nuestro cuerpo, corresponde a una frecuencia específica. Mediante una metodología llamada biorresonancia, podemos medir y reproducir la frecuencia de cualquier onda energética emitida por nuestro cuerpo.

La primera máquina de biorresonancia fue inventada en Alemania en 1977 por Franz Morell y Erich Rache.

De manera similar, **hoy en día existen varias máquinas** en el mercado con distintos nombres que afirman poder leer auras y chakras mediante la detección de **las corrientes eléctricas** de nuestras manos. Algunas de estas máquinas incluso cuentan con una cámara de aura que interpreta la energía del aura-chakra en una imagen instantánea.

Personalmente, he experimentado varias sesiones de terapia de biorresonancia. Este método no solo puede usarse para equilibrar todos los chakras, sino también para balancear los hemisferios izquierdo y derecho del cerebro, así como para neutralizar y detectar la radiación corporal, metales pesados, bacterias, toxinas, parásitos y otros "intrusos" dañinos.

¿Qué causa que los chakras se bloqueen?

En pocas palabras, cuando experimentamos **ansiedad, estrés, depresión** u otros problemas psicológicos o emocionales, esto puede derivar en una **mala alimentación, falta de sueño, consumo de tabaco, abuso de drogas, sobreesfuerzo** (trabajar en exceso) o **falta de ejercicio**. Estos factores drenan nuestra energía tanto física como mental. ¿Cómo?

Al respirar de forma más superficial y rápida y al tensar el cuerpo, aumentando su rigidez, reducimos el suministro de oxígeno y la capacidad del cuerpo para producir y transportar energía. Cuando el flujo de energía se interrumpe durante períodos prolongados, el chakra más débil se ralentiza o incluso se bloquea. Piénsalo como una gran ciudad que deja de funcionar por falta de electricidad.

Otras causas del bloqueo de chakras pueden incluir enfermedades **generales, como** inflamación, virus, bacterias, parásitos, **metales pesados, radiación,** tumores, quistes, acumulación de colesterol, placa en las arterias y un sistema digestivo congestionado.

En resumen, **cualquier cosa que agote tu río fisiológico de energía** reduce la funcionalidad de tus chakras.

¿Qué efectos tienen los chakras bloqueados?

Dado que cada chakra se encarga de suministrar energía a una zona específica del cuerpo —proporcionando fuerza vital a los órganos, glándulas y nervios—, si está desequilibrado o bloqueado, aparecerán molestias físicas, emocionales o espirituales notables relacionadas con esa área. Estas pueden ir desde cansancio, agotamiento, fatiga y falta de energía, hasta dolores de cabeza, acidez estomacal, insomnio, miedo, ansiedad, sensación de inseguridad sin razón aparente, ira, odio, o falta de creatividad, confianza y motivación.

Además, cuando un chakra no funciona correctamente durante mucho tiempo, otros chakras pueden desequilibrarse. Algunos pueden comenzar a girar más rápido para intentar redirigir más energía de lo habitual, mientras que otros pueden ralentizarse debido al bloqueo.

Lamentablemente, **a medida que estos desequilibrios provocan más agotamiento energético** e ineficiencias, empiezan a aparecer síntomas más graves, como hipertensión, dolores estomacales frecuentes, problemas hepáticos, estreñimiento, insomnio, disfunción eréctil, ausencia de menstruación, baja libido, sistema inmunológico débil, depresión e incluso alteraciones en el sistema eléctrico del corazón, lo que podría derivar en un infarto.

El tipo de malestar depende de dónde se haya detenido el flujo de la energía vital—ya sea en un órgano, una glándula o en el sistema nervioso.

Cómo lidiar con los chakras bloqueados

Es importante **identificar cuándo tu energía física o mental se agota.** Aprender técnicas para calmarte y reducir la tensión y el estrés que se acumulan a diario o a la semana puede ser de gran ayuda.

De hecho, probablemente hayas oído hablar del concepto chino de Yin y Yang. De manera similar, en esta situación, **mantenerse activo** y hacer ejercicio **es beneficioso para nuestro bienestar** (Yang), **pero también es igual de importante aprender a relajarse y descansar** (Yin). Por lo tanto, explora formas de meditar, de calmarte y de desconectar tu mente con regularidad.

Métodos utilizados para equilibrar los chakras pueden encontrarse a través de:

- Aromaterapia con aceites esenciales
- Terapia de sanación con cristales
- Visualización e imágenes guiadas
- Reflexología
- Terapia de masajes
- EFT (Técnicas de Liberación Emocional) o tapping
- Meditación de atención plena (mindfulness)
- Terapia del color
- Dieta ayurvédica y cambios en el estilo de vida
- Escribir en un diario para la autorreflexión y liberación emocional
- Pasar tiempo en la naturaleza

¿Cuáles podrían ser tus tres principales?

- Acupuntura
- Medicina ayurvédica
- Terapia de chakras
- Qi Gong, Tai Chi
- Terapia de polaridad
- Terapia con campos electromagnéticos pulsados (PEMF)
- Grounding (conexión a tierra)
- Prácticas de sanación reconectiva
- Yoga
- Respiración profunda rítmica
- Musicoterapia o terapia con sonidos
- Medicina energética
- Reiki
- Ejercicios de los ritos tibetanos
- Canto y baile
- Máquina generadora de frecuencias Rife
- ¿Cuáles podrían ser tus tres principales?

El lado metafísico de los chakras, los centros de energía y el ADN

Uno de los conceptos metafísicos presentes en los textos sánscritos es el principio del karma. **El karma conceptualiza fundamentalmente "mis acciones"** bajo el principio de causa y efecto, según el cual **la intención** y las acciones de un individuo (causa) **influyen en su futuro** (efecto). El karma se aplica tanto a las acciones buenas como a las malas, pasadas o presentes, tanto hacia los demás como hacia uno mismo. Se sabe que el karma afecta metafísicamente a nuestros chakras, ya sea bloqueándolos, sanándolos o incluso expandiéndolos. ¿Cómo?

Todo se reduce a frecuencias y vibraciones. El buen karma, que produce alegría y amor, vibra alrededor de 500 Hz, mientras que la vergüenza y la culpa vibran alrededor de 20 Hz.

Las frecuencias se miden comúnmente en hertz (Hz) como ciclos u oscilaciones por segundo:

1 Hertz (Hz) = 1 ciclo / seg
1 Kilohertz (kHz) = 1,000 Hz
1 megahertz (MHz) = 1 millón de Hz

Por lo tanto, debes tomar conciencia de que tus acciones y pensamientos son frecuencias de emoción; **estás generando energía en movimiento, "(e)moción"**, y eso es solo el comienzo.

Nuestro cuerpo está compuesto por partículas generadoras de energía, cada una en constante movimiento. Piensa en tu ritmo cardíaco o en tu respiración: son ejemplos de ritmos fisiológicos que puedes ver, sentir y medir. Lo mismo se aplica **a cada célula, a cada hebra de ADN e incluso a cada átomo de tu cuerpo.** ¡Son seres vivos, son energía y son frecuencias vivientes!

¿Qué significa esto?

Significa que **tus acciones y pensamientos,** en su forma energética, **influyen en todas las células y átomos de tu cuerpo a cada segundo.** Significa que tienes más control del que jamás imaginaste y que estás profundamente conectado con cada partícula de tu ser.

Desde un punto de vista energético, tus chakras equilibrados constituyen una medida general de tu fuerza vital. Al activarlos aún más, puedes desbloquear más de tu potencial humano.

En el campo metafísico, **tu frecuencia energética tiene la capacidad de influir en la mente sobre la materia,** en la sustancia sobre el atributo, en la potencialidad sobre la actualidad, e incluso de doblar las propiedades del espacio y del tiempo, la causa y el efecto, la realidad y la posibilidad.

Esto revela, sin lugar a dudas, que **la mayor de las riquezas está dentro de ti.**

El cuerpo humano sano resuena a una frecuencia de 62 a 78 MHz, y las enfermedades comienzan cuando la frecuencia baja a 58 MHz.

BRUCE TAINIO
INVESTIGADOR Y FUNDADOR DE TAINIO TECHNOLOGY

Arquitectura Oculta del Universo

Todo es frecuencia. Todo es vibración.

Lo que percibimos como "materia" es simplemente energía vibrando a distintos ritmos. La única diferencia entre una roca, una canción, un pensamiento o un rayo de luz es la frecuencia con la que vibra.

Cuando la energía vibra lentamente, la percibimos como sólida. Cuando vibra más rápido, se convierte en sonido, luz, color y, finalmente, en información pura.

Tomemos el hidrógeno, el elemento más ligero y abundante del universo. Es la primera nota de la sinfonía cósmica.
Cada elemento más pesado, cada estructura, cada célula de tu cuerpo están construidos a partir de átomos de hidrógeno vibrantes, reorganizados y refinados en frecuencias más complejas.

Incluso el oxígeno, esencial para la vida, es simplemente otra configuración de energía vibrante. También tiene su propia firma electromagnética, zumbando silenciosamente en la sinfonía invisible del cosmos.

Todo lo que percibimos — luz, sonido, calor, incluso la emoción — **es frecuencia en movimiento.**

- **El sonido** es el aire vibrando entre 20 Hz y 20 000 Hz.
- **El color** es luz vibrando en el rango de 400 a 700 THz.
- **La música** es matemática emocional: una vibración organizada en patrones que tocan el alma.
- **¿El pensamiento y la conciencia?** Cada vez se cree más que son fenómenos ondulatorios.

Incluso tu cuerpo es una orquesta de frecuencias. Tu corazón tiene un ritmo. Tu cerebro emite ondas eléctricas. Tus células se comunican mediante la bioelectricidad. Cuando estos sistemas están alineados y en coherencia, experimentamos salud y armonía. Cuando se desajustan, puede surgir la enfermedad (dis-ease).

Por eso, la sanación con sonido, la respiración consciente (breathwork) y las terapias basadas en frecuencia, como las máquinas Rife o los binaural beats, están ganando atención. No tratan los síntomas, sino que afinan el cuerpo, como se afinan los instrumentos musicales.
Cuando un pez se enferma en una pecera, entendemos instintivamente que el problema real no es solo el pez, sino la calidad del agua. El mismo principio se aplica a la salud humana, a la energía y hasta a la conciencia.

Energía de punto cero: el zumbido eterno

En el borde de la quietud absoluta, donde la física clásica decía que el movimiento debía cesar, la física cuántica descubrió un secreto: **la vibración nunca termina.** Incluso en el cero absoluto, las partículas continúan temblando con la energía de Punto Cero (ZPE) **—el estado de energía más bajo posible de un sistema cuántico.**

Este campo sutil —el vacío cuántico— no está vacío. Está repleto de ondas invisibles y partículas virtuales que aparecen y desaparecen constantemente. Incluso los neutrinos, las partículas más esquivas que se conocen, siguen moviéndose y vibrando a velocidades cercanas a la de la luz a través de todo: tu cuerpo, la Tierra e incluso las estrellas.

Por si te lo preguntas, el Dr. Steven Greer afirma que las tecnologías basadas en la Energía de Punto Cero han sido desarrolladas y probadas,* pero se mantienen ocultas al dominio público.

Sostiene que la divulgación de dichas tecnologías podría revolucionar el sector energético, volverse obsoletos los combustibles fósiles y proporcionar una fuente de energía limpia, ilimitada y universal.
¿Demasiado bueno para ser verdad?

Según el Dr. Steven Greer y su trabajo a través de The Disclosure Project, los presidentes de Estados Unidos desde Bill Clinton en adelante (y posiblemente incluso antes) han sido informados o han tenido conocimiento de tecnologías avanzadas de Energía de Punto Cero (ZPE).

Como Héroe en formación, **es esencial que expandas tu perspectiva más allá de lo que te enseñaron en la escuela.**

Aprende a buscar el conocimiento mediante fuentes directas: libros, pódcasts, entrevistas y testimonios de primera mano —ese tipo de información que rara vez aparece en las portadas de revistas o se transmite en horario estelar de televisión.

*
Greer, S. M. (s.f.). 2022
Energía de Punto Cero. The Disclosure Project.

**
Greer, S. M. (2025). The Disclosure Project Briefing Document 2025. The Disclosure Project.

La tabla periódica de Russell: la geometría de la vibración

El físico y filósofo Walter Russell reinventó la tabla periódica, presentada en 1926, como una espiral basada en ondas, en lugar de una disposición lineal. Su tabla refleja la idea de que todos los elementos son expresiones de la luz en diferentes densidades, creadas a través de la interacción entre la radiación y la gravitación, como si la energía inhalara y exhalara.

En el modelo de Russell, el hidrógeno no es simplemente el primer elemento: es la semilla de la vibración, desde la cual toda la materia se expande en espirales estructuradas de ondas.
  Cada elemento es un tono musical en la gran composición del universo. La materia no es fija: nace del ritmo, fluye dentro y fuera de la forma en una danza continua de vibración y reposo.

TABLA PERIÓDICA DE TODOS LOS FENÓMENOS DE WALTER RUSSELL

PUBLICADA ORIGINALMENTE POR WALTER RUSSELL, AHORA EN DOMINIO PÚBLICO.

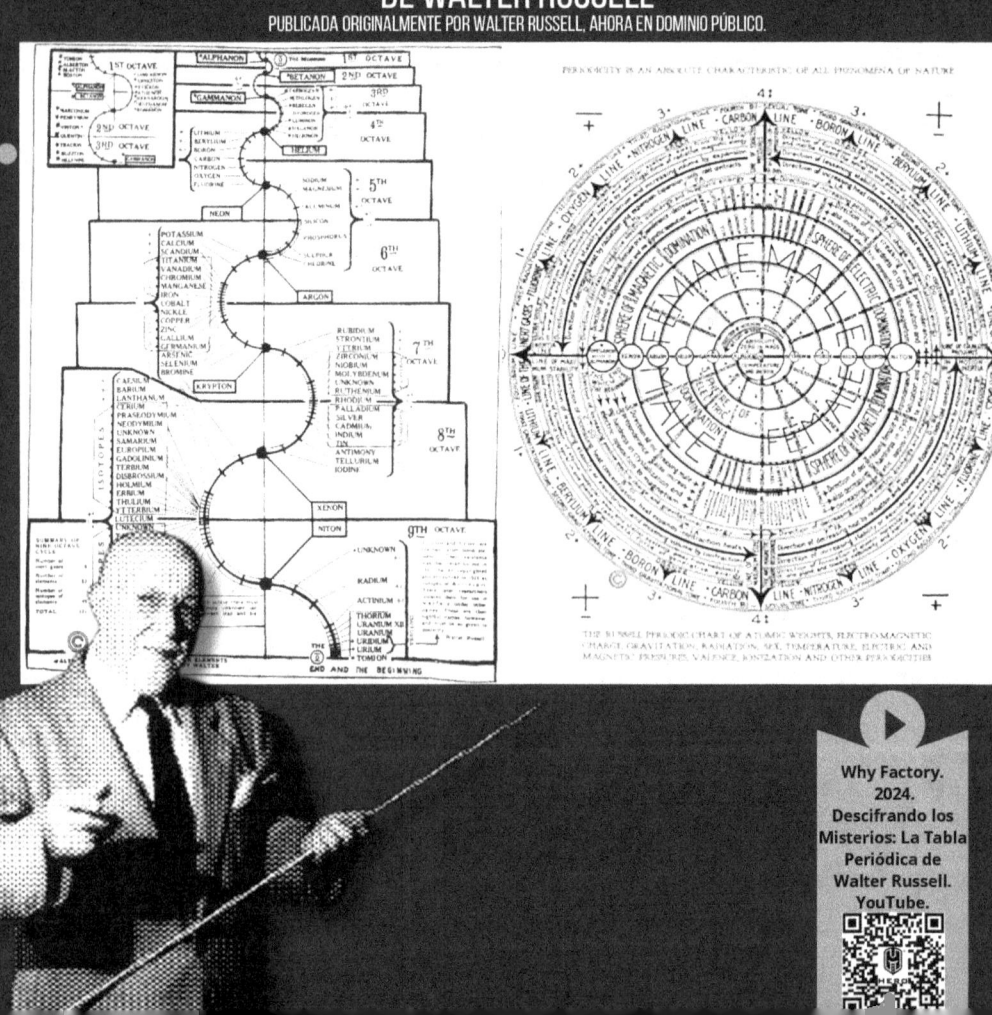

Why Factory. 2024. Descifrando los Misterios: La Tabla Periódica de Walter Russell. YouTube.

El Campo de Frecuencia Viviente

Todo — tu respiración, tus pensamientos, tus emociones, los planetas, las estrellas — forma parte de un gran campo vibracional interconectado. Esto no es solo filosofía poética. Actualmente se está explorando en biología cuántica, neurociencia y física de la conciencia.

En este nuevo paradigma, no estás separado del universo. Tú eres el universo — vibrando en forma humana. Y cuanto más sintonices con tus propias frecuencias — a través de la respiración, la consciencia, la presencia y el amor — más claramente escucharás la música cósmica que ha estado sonando todo el tiempo.

No eres una gota en el océano. Eres el océano, en una gota.

JALĀL AD-DĪN MUHAMMAD RŪMĪ
POETA PERSA, ERUDITO ISLÁMICO, MÍSTICO SUFÍ

14° Cuestionario del Hito

P1. ¿Cuál de las siguientes fue listada por Napoleon Hill como una de las "verdaderas riquezas"?
a) Armonía entre el amor y el miedo.
b) Tener una actitud mental positiva.
c) No creer que la mayoría de las personas piense.
d) Tener cuidado con cómo se aplica la fe.

P2. ¿Qué es el dinero?
a) Una forma de intercambio con la que se mide tu valor en la vida.
b) Un medio de transferencia de energía.
c) Algo con lo que comprar paz mental.
d) Es la raíz de todo mal.

P3. ¿Lo que el dinero hace y el significado que le damos son esencialmente lo mismo?
a) Verdadero.
b) Falso.

P4. ¿Qué es algo importante que tener en cuenta sobre el dinero?
a) Que el dinero nunca es suficiente.
b) Que el dinero es un reflejo de la etnicidad de alguien.
c) Que el dinero puede intercambiarse, pero nunca crearse.
d) Que el dinero no puede comprar todos los bienes intangibles (amor, salud, amigos, felicidad).

P5. ¿Qué deberías considerar aprender sobre el dinero?
a) Gastar dos tercios de lo que gano y ahorrar el resto.
b) Convertirme en una persona financieramente alfabetizada.
c) Que el dinero es tan importante como el oxígeno.
d) Que la vida económica es mejor con una tarjeta de crédito.

P6. ¿A qué se refiere BEA HERO con "riquezas ocultas"?
a) Al hecho de que nuestro cuerpo humano es más que músculos y huesos.
b) Al hecho de que los humanos son capaces de acceder a la conciencia cuántica.
c) Al hecho de que los humanos son supermáquinas interconectadas con otros campos energéticos.
d) A todo lo anterior.

P7. ¿Qué son los chakras?
a) Son vórtices de fuerza vital energética focalizados en nuestro cuerpo.
b) Son puntos donde la mayoría de las arterias y venas se unen, como en el corazón.
c) Son un sistema de pasajes que evolucionan en pequeños sacos de aire llamados alvéolos.
d) Es un sistema especial de filtración del cuerpo que elimina los productos de desecho de la sangre.

P8. Aquí tienes la traducción al español manteniendo el formato:
P8. ¿A qué se refieren comúnmente como meridianos del cuerpo?
a) Líneas trazadas desde el Polo Norte hasta el Polo Sur en ángulo recto con el ecuador.
b) Los caminos por los cuales fluye la energía vital conocida como "Qi" o "Prana".
c) El punto medio entre la hora del amanecer y la puesta del sol en ese meridiano.
d) Todas las anteriores.

P9. ¿Cómo puede influir un chakra bloqueado en ti?
a) Influenciando el sistema nervioso circundante.
b) Influenciando nuestra conciencia.
c) Influenciando nuestros aspectos mentales y espirituales.
d) Todas las anteriores.

P10. ¿Cómo puedes lidiar con los chakras bloqueados a diario?
a) Evitando formas de aumentar mi nivel de energía.
b) Saliendo a correr hasta quedar completamente exhausto.
c) Practicando yoga o tai chi regularmente.
d) Evitando alimentos de bajo índice glucémico.

P11. ¿Qué es Hertz?
a) La empresa de alquiler de autos que ofrece los mejores descuentos para todos los Héroes.
b) La medición de la aceleración o la desaceleración de nuestro ritmo cardíaco.
c) La unidad de medida estándar se define como un ciclo por segundo.
d) Es la diferencia de carga entre dos puntos eléctricos.

P12. ¿Existe algún método para medir la frecuencia humana?
a) Sí, mediante metodologías como la biorresonancia y la radiometría.
b) Sí, midiendo los latidos del corazón.
c) No, ya que el cuerpo no tiene una frecuencia principal.
d) No, la frecuencia humana no puede medirse de ninguna manera.

P13. ¿Qué es el karma?
a) Es la conceptualización de los sueños.
b) Una forma de energía que refleja la relación causa-efecto de nuestras acciones.
c) Es el destino de una persona.
d) Todas las anteriores.

P14. ¿Cada célula y cada hebra de ADN en tu cuerpo vibran a una frecuencia específica?
a) Verdadero.
b) Falso.

P15. ¿Puedes controlar el estado de frecuencia de tu cuerpo?
a) Sí, ya que todas las partículas de nuestro cuerpo están interconectadas.
b) Sí, pero solo cuando dormimos profundamente.
c) No, a menos que nuestros chakras estén correctamente equilibrados.
d) No, a menos que nuestro karma sea bueno.

P16. ¿Qué prácticas pueden ayudar a equilibrar y desbloquear los chakras?
a) Ver televisión y comer comida chatarra.
b) Practicar meditación, yoga y reiki regularmente.
c) Trabajar sin parar ni descansar.
d) Ignorar tu bienestar emocional.

1b, 2b, 3b, 4d, 5b, 6d, 7a, 8b, 9d, 10c, 11c, 12a, 13b, 14a, 15a, 16b.

HERO

Hagamos un repaso...

CAPÍTULO 14: NUESTRAS RIQUEZAS OCULTAS

- Nuestro cuerpo es un río de energía
- Puedes conectarte con otros campos energéticos y dimensiones
- Debes abandonar el escepticismo
- Abre tu mente a lo que tu cuerpo es capaz de hacer

NUESTROS PRINCIPALES CENTROS DE CHAKRAS

- Diagrama de los chakras:
  - frecuencias, posiciones y descripciones
- Pies fríos, piernas temblorosas y corazones rotos son expresiones comunes en Occidente relacionadas con los chakras.
- Los chakras son ruedas de fuerza vital energética (Prana o Qi) que fluyen a través de nuestros meridianos (Nadis).

- Los chakras influyen en todos los niveles de la experiencia humana.
- Nuestro estilo de vida, la nutrición y los niveles de estrés influyen en nuestros chakras, provocando desequilibrios que afectan nuestra salud y vitalidad.
- Yoga, reiki, acupuntura y biorresonancia son algunos de los métodos comunes para ayudar a regular los chakras.

- Cada célula, cada hebra de ADN e incluso cada átomo de tu cuerpo son frecuencias energéticas vibrantes de causa y efecto.
- Las emociones y los pensamientos humanos también son frecuencias capaces de influir en la relación causa-efecto (karma).
- En el campo metafísico, tu frecuencia energética puede influir en la mente y la materia.

- ¡LA MÁS GRANDE DE LAS RIQUEZAS YA ESTÁ DENTRO DE TI!

ARQUITECTURA OCULTA DEL UNIVERSO

- La "materia" es simplemente energía vibrando a diferentes velocidades
- Todo lo que percibimos — luz, sonido, calor, incluso las emociones — es frecuencia en movimiento.
- La vibración nunca se detiene, incluso en el Punto Cero de Energía
- La tabla periódica de Russell muestra el flujo expresivo entre todos los elementos y fenómenos

EL SIGUIENTE NIVEL ⬆

NUESTRA INTERNET BIOLÓGICA

HERO

En este capítulo, voy a **presentar algunos hechos científicos recientes y asombrosos sobre las frecuencias**, porque quiero reforzar que la mayor de todas las riquezas está dentro de ti. Comenzaré este viaje compartiendo cómo **nuestro ADN humano es mucho más de lo que creemos** que es y que hace.

Como Héroe en proceso de formación, no puedes permitirte ignorar cuánto afectan tus pensamientos, palabras, hábitos de escucha, enfoque, imaginación y proyecciones a tu mundo interior y exterior.*

Este capítulo ayudará a cerrar el círculo de muchos de nuestros temas anteriores, como **el significado de la vida, qué es la realidad** y qué papel desempeñas en ella.

La respuesta casi podría resumirse así: **"Mi cerebro no es más que un receptor;** en el Universo hay un núcleo del cual obtenemos conocimiento, fuerza e inspiración. No he penetrado en los secretos de ese núcleo, pero sé que existe." — Nikola Tesla.
¡Comencemos!

El lenguaje biológico del ADN

La ciencia está avanzando de forma asombrosa al demostrar que **nuestro ADN humano es un internet biológico superior**, capaz de percepción extrasensorial, intuición, actos espontáneos y remotos de sanación, autocuración, influencia de la mente sobre los patrones climáticos, e incluso actividades consideradas sobrenaturales.**

Más específicamente, en 2011, el biofísico y biólogo molecular ruso Pjotr Garjajev llevó a cabo varios experimentos **en los que modificó el ADN únicamente mediante frecuencias de sonido y de luz.** El experimento fue revolucionario cuando embriones de rana se transformaron en embriones de salamandra al transmitir los patrones de información del ADN únicamente mediante la frecuencia.

¿Qué significa esto? Prueba que:

- **La frecuencia transporta información o es información.**
- **La frecuencia repetitiva**, en forma de luz o sonido, **influye en la materia física y puede alterar el ADN sin efectos secundarios**.

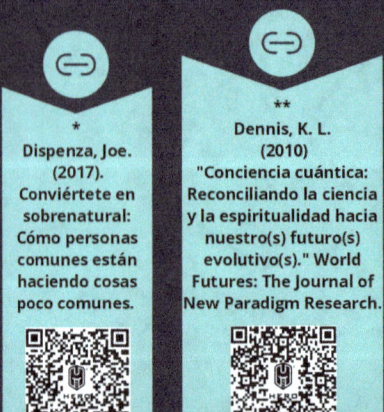

*
Dispenza, Joe. (2017). Conviértete en sobrenatural: Cómo personas comunes están haciendo cosas poco comunes.

**
Dennis, K. L. (2010) "Conciencia cuántica: Reconciliando la ciencia y la espiritualidad hacia nuestro(s) futuro(s) evolutivo(s)." World Futures: The Journal of New Paradigm Research.

> Si quieres encontrar los secretos del universo, piensa en términos de energía, frecuencia y vibración.

NIKOLA TESLA

INVENTOR, INGENIERO Y FUTURISTA, CONOCIDO POR EL DISEÑO DE LA CORRIENTE ALTERNA MODERNA, EL CONTROL REMOTO, LAS LUCES DE NEÓN Y FLUORESCENTES, LA TRANSMISIÓN INALÁMBRICA, LAS COMPUTADORAS, LOS TELÉFONOS INTELIGENTES, LOS RAYOS LÁSER, LOS RAYOS X Y LA ROBÓTICA.

El mismo equipo de científicos no se detuvo allí. También unieron a lingüistas y genetistas para evaluar el impacto de la vibración y del lenguaje en **el ADN humano**. ¿Qué descubrieron?

- **El ADN humano almacena información** como el sistema de memoria de una computadora.

- **El ADN humano utiliza reglas gramaticales y sintácticas** de una manera que refleja de cerca el lenguaje humano.

El experimento encontró que nuestro ADN sigue una gramática regular y reglas establecidas, lo que llevó a otra conclusión:

- **Todos los idiomas humanos son simplemente verbalizaciones del ADN humano.***

En otras palabras, no solo nuestros lenguajes no aparecieron por coincidencia, sino que, según otras investigaciones respaldadas, dado que el lenguaje es un reflejo de nuestro ADN inherente, esto significa que:

- **Los humanos pueden influir en el ADN y reprogramar el ADN mediante el uso de palabras (frecuencias)** sin necesidad de cortar ni reemplazar genes individuales.**

Estos descubrimientos, a medida que se realicen más investigaciones y estudios científicos, podrían finalmente explicar por qué las afirmaciones o la hipnosis pueden tener efectos tan poderosos en los seres humanos y en sus cuerpos.

Durante siglos, las tradiciones de sabiduría ancestral y los maestros espirituales han aplicado el conocimiento de que **el cuerpo humano es programable mediante el lenguaje, las palabras y el pensamiento.** Cuando reflexionamos sobre los diversos mantras y rituales de canto presentes en cada religión y tradición del planeta, nos damos cuenta de cuánto nuestra intuición y nuestras costumbres nos han ayudado a conectar con nuestro yo interior, mucho antes de que la ciencia pudiera ofrecer respuestas.

Ahora que estamos aprendiendo cómo las palabras y las frecuencias pueden impactar significativamente en nuestro ADN, ¿qué podemos hacer para aprovechar este potencial?

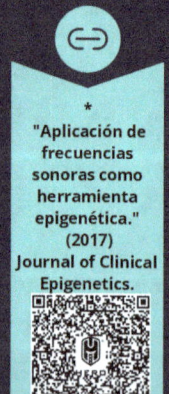

*
"Aplicación de frecuencias sonoras como herramienta epigenética."
(2017)
Journal of Clinical Epigenetics.

**
Gosar, Grazyna, y Franz Bludorf.
(2008)
Inteligencia en Red.

Inteligencia en red y hipercomunicación

En la naturaleza, la hipercomunicación y la conciencia grupal no son algo nuevo. Se han aplicado con éxito durante millones de años, desde el flujo organizado de la vida en insectos como hormigas, abejas y termitas, hasta en nuestras mascotas más cercanas, que pueden percibir desde lejos cuándo sus dueños planean regresar a casa. Pero ¿es **esta habilidad de hipercomunicación accesible para los humanos?** ¿Dónde estamos científicamente?

Aunque la investigación moderna de los últimos veinte años ha sido tímida en ofrecer evidencia contundente, en el libro "Vernetzte Intelligenz" (Inteligencia en Red), Grazyna Gosar y Franz Bludorf explican que **nuestro ADN humano es capaz de alimentar y recuperar datos desde y hacia una hiperred, conectada a otros participantes, creando una conciencia grupal individual como una especie de internet biológico.***

Todos hemos tenido un atisbo de esto, como cuando recibimos una llamada o un mensaje de alguien en quien pensábamos segundos antes. Pero ¿puede esta hipercomunicación aprenderse, replicarse y probarse científicamente?

Algunos científicos interpretan que **nuestro ADN es un superconductor orgánico** que puede funcionar a la temperatura corporal normal y es capaz de almacenar información, con fenómenos vinculados a microagujeros de gusano. **Nuestras células se comunican entre sí** intercambiando información vital mediante **diferentes frecuencias** de luz (biofotones).

Se ha descubierto que esta propiedad de biofotones existe en todos los seres vivos, lo que convierte literalmente a todos los seres vivos en **seres de luz**, cada uno irradiando una fuerza vital y expresando un campo de luz real alrededor de su cuerpo.**

De hecho, **todo en nuestro universo conocido está compuesto por o emite luz e información**, comúnmente referidas como energía y conciencia. Estos dos elementos están tan entrelazados que no es posible separarlos.

¿Qué podría significar esto?

Podría significar que somos, efectivamente, seres de luz, cada uno irradiando una fuerza vital y expresando un campo luminoso real a su alrededor. Nuestros biofotones pueden ser detectados por cámaras extremadamente sensibles, lo que muestra que cuanto más fuerte es la emisión, mayor es la comunicación entre células y más sano es el organismo.

*

Aplicación de frecuencias sonoras como una herramienta epigenética. (2017) Journal of Clinical Epigenetics.

**

Popp, Fritz-Albert, Ph.D. "Propiedades de los biofotones y sus implicaciones teóricas." (2003) Biblioteca Nacional de Medicina (National Library of Medicine).

La llave maestra de la repetición

A medida que los científicos demuestran que el ADN puede reprogramarse mediante palabras y vibraciones —ya que todo es, en esencia, frecuencia—, ¿qué ocurriría si **replicaras y amplificaras periódicamente la misma frecuencia?**

Se genera un fenómeno conocido como **resonancia,** del latín resonantia, que **significa eco o resonar.**

La resonancia tiene efectos muy poderosos: desde romper un vaso con la voz de un cantante hasta el colapso de un puente por el aullido del viento, desde levitar objetos hasta sanar el cuerpo humano.

La resonancia, de hecho, es tan poderosa que **afecta todo tipo de vibraciones de distintas formas**: mecánicas, acústicas, electromagnéticas, nucleares, del giro de los electrones e incluso funciones de onda cuánticas.*

Reparando células humanas: sanación cuántica

Desde el siglo XIX, fisiólogos como Claude Bernard, el cibernético Norbert Wiener y el físico Nikola Tesla han apoyado la idea de que los tejidos enfermos conducen los impulsos de manera distinta a los tejidos sanos. Cuando el Dr. Royal Raymond Rife inventó la Máquina Rife en 1920, hizo posible medir las frecuencias del cuerpo. Al aplicar terapias de biorretroalimentación, fue capaz de **restaurar el equilibrio del cuerpo y tratar exitosamente enfermedades en los pacientes.****

Desde entonces, la tecnología y la ciencia se han desarrollado exponencialmente, permitiendo más métodos para tratar enfermedades mediante campos eléctricos pulsados específicos, los cuales se enfocan en la regeneración más que en la medicina de eliminación.***

Si realmente deseas aprender más sobre este tema, investiga los trabajos más recientes en sanación cuántica de la Dra. Lana Morrow, neurocientífica médica, fundadora, directora ejecutiva y creadora del sistema THINK,**** o el trabajo del Dr. Joe Dispenza sobre la autocuración mediante ondas cerebrales en Becoming Supernatural.*****

* Sheldrake, Rupert. Morphic Resonance: The Nature of Formative Causation. (2009)

** Dubost, G., Holland, A., & Bare, J. (2013). Morphological Transformations of Human.

*** Lynes, Barry. Rife's World of Electromedicine. (2009).

**** Corporación THINK Interfaces

***** Sobrenatural: Cómo las personas comunes están haciendo cosas extraordinarias por el Dr. Joe Dispenza.

Reprogramación del agua

Un científico japonés, el Dr. Masaru Emoto, se hizo popular cuando su experimento mostró que los pensamientos y las vibraciones pueden afectar la estructura molecular del agua.*

En su investigación —considerada controvertida por algunos— fotografió miles de cristales de agua después de exponerlos a diferentes pensamientos y emociones. Descubrió que las formaciones más bellas se producían cuando el agua era expuesta a palabras que resonaban con "amor" y "gratitud", mientras que el agua expuesta a emociones negativas como "odio" o "guerra" formaba patrones incompletos y asimétricos, con colores opacos.

Si **los pensamientos pueden influir** en el agua, ¿pueden también **influir en nuestro cuerpo**, sabiendo que está compuesto aproximadamente en un 70% por agua?

Esta comunicación interna me recuerda a las afirmaciones positivas enseñadas por muchos entrenadores, como el preparador olímpico Johannes Schultz, creador del entrenamiento autógeno que actualmente utiliza la NASA, o médicos como la Dra. Christiane Northrup, quienes documentan que lo que nos decimos frente al espejo cada día tiene un gran efecto en la mejora de nuestras vidas.

Así que permíteme proponerte un ejercicio rápido y eficaz.

MI ESPEJO MÁGICO

En lugar de enfocarte en tus imperfecciones cuando te mires al espejo, practica las siguientes afirmaciones. Al principio puede parecer muy extraño, pero hazlo de todos modos.

Mírate directamente a los ojos y dite con firmeza:

- **Estoy mejorando cada día**
- **Todo lo que necesito está a mi disposición**
- **Me amo profundamente**
- **Puedo lograrlo, soy inteligente**
- **Amo mi cuerpo, soy sexy**
- **Soy perfecto/a y fuerte**
- **Soy especial e importante**
- **Soy divertido/a y buena compañía**
- **Hago una diferencia en este mundo**
- **Soy libre y estoy a salvo**
- **Soy abundante y rico/a en ideas**
- **Estoy eternamente agradecido/a**
- **Soy un Héroe**
- **(Haz tus propias afirmaciones)**

Recuerda que cuando la mente habla, el cuerpo escucha... siempre, no solo cuando estás frente a tu espejo.

*
Emoto, Masaru. Documental sobre los Cristales de Agua Hado. (2017) YouTube.

Las riquezas en el espacio vacío

Lo que me deja sin aliento es que el universo está compuesto por un 99.9% de espacio vacío, ¡incluidos nosotros!

Sí, aunque el 0.01% de nuestro cuerpo está compuesto atómicamente por 700,000,000,000,000,000,000 (octillones) de átomos —principalmente oxígeno, carbono, hidrógeno, nitrógeno, calcio y fósforo — **¡el 99.9% restante es espacio vacío!**

Todas las cosas atómicas están hechas, en su mayoría, de espacio vacío. Imagina que el núcleo de un átomo tiene el tamaño de una canica, con sus electrones girando alrededor como motas de polvo a casi un kilómetro de distancia.

But how can this be possible, and **what's in the space? Intelligence and frequency.**
Pero ¿cómo es posible esto y qué hay en ese espacio vacío? Inteligencia y frecuencia.

Como resultado, al igual que todo en el universo, estamos hechos de inteligencia y frecuencias, conocidas como conciencia y energía. Nuestros principales órganos vibran entre 60 y 80 megahercios. Nuestros chakras vibran entre 400 y 800 hercios. Incluso nuestro ADN se regenera a 568 Hz.

El pulso de la Tierra, conocido como la resonancia Schumann, **es de 7,83 hertzios, lo cual, curiosamente, coincide con el rango de frecuencias alfa/theta del cerebro cuando estamos en un estado de relajación profunda.**

El sol resuena a 126.22 Hz, la luna a 210.42 Hz y todos los planetas tienen su propia frecuencia energética, que **nos influye física y emocionalmente.**

Esto se expande al valioso conocimiento de la astronomía, que, según el Libro de Hermética, contiene la clave del origen de la filosofía espiritual.*

Freke, Timothy, y Peter Gandy. Hermética: La sabiduría perdida de los faraones. (1997)

Cuando hables contigo mismo, deberías ser tu mejor entrenador, no tu peor crítico.

DENIS WAITLEY
ORADOR MOTIVACIONAL, ESCRITOR Y CONSULTOR ESTADOUNIDENSE.

Meditación Sobrenatural

La siguiente técnica de meditación, desarrollada por el Dr. Joe Dispenza, tiene como objetivo acelerar el flujo de energía hacia arriba y hacia abajo por la médula espinal, permitiendo finalmente que la glándula pineal libere un elixir poderoso, uno que "anestesia la mente analítica y el cerebro pensante".

El Dr. Dispenza ha demostrado que expresar emociones intensas durante la meditación potencia el crecimiento de nuevas neuronas y la expresión génica. También se ha descubierto que **son nuestras emociones las que activan o desactivan los genes del ADN,** y no al revés.

> Conviértete en sobrenatural de Dr. Joe Dispenza. (2017)

1. Siéntate derecho en una silla con ambos pies planos sobre el suelo, o siéntate en el suelo sobre un cojín con las piernas cruzadas. Coloca tus manos a los lados de los muslos.

2. Con tu dedo, encuentra el centro de tu cuero cabelludo. Presiona suavemente ese punto con una uña. Intenta recordar dónde está este punto, ya que será el punto focal de esta meditación.

3. Mientras respiras normalmente por la nariz, sigue tu respiración mientras fluye hacia arriba desde tu perineo, pasando por tu abdomen inferior y superior, hacia tu pecho, tu garganta, tu cerebro y hasta la parte superior de tu cabeza, justo donde estaba tu dedo.

4. Después de un par de respiraciones, cuando el aire llegue a la cima de tu cabeza, detente y mantén la respiración allí durante 5 a 10 segundos, enfocándote exactamente en la parte superior. Luego, relájate.
(Si te ayuda, coloca de nuevo tu dedo sobre la parte superior de tu cabeza para encontrar el centro del cuero cabelludo).

Este es un resumen simplificado de una técnica de meditación enseñada por el Dr. Joe Dispenza, adaptado de Deja de ser tú (Becoming Supernatural, 2017). Para una guía completa y una práctica detallada, por favor, consulta sus obras oficiales.

Esta vez vas a inhalar aire contrayendo tus músculos en orden ascendente. Nuestro objetivo general es enviar la energía almacenada en la parte inferior del cuerpo al cerebro.

5. Entonces, mientras **inhalas por la nariz, contrae simultáneamente los músculos del perineo** (como si estuvieras aguantando las ganas de orinar) y **manténlos bien apretados.**

Mientras sigues inhalando, **aprieta los músculos del abdomen inferior y superior y manténlos tensos.**

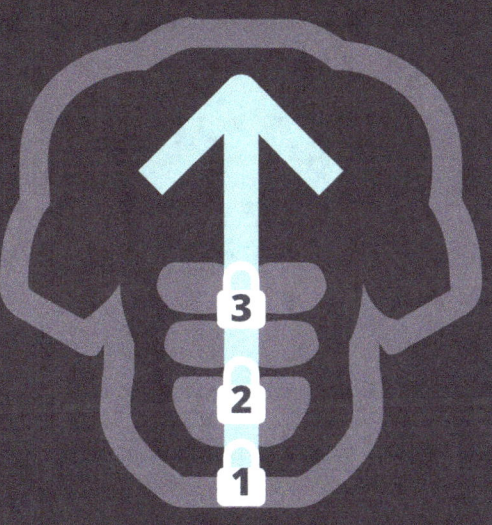

(Mantén esos tres grupos musculares
contraídos y bloqueados.)

6. Mientras mantienes contraídos los músculos del core, evitando que la energía se dirija hacia abajo, **continúa inhalando y lleva el aire a través del pecho, la garganta y**, finalmente, hasta **la cabeza.**

Una vez que el aire llegue a tu cabeza**, mantén la respiración durante 10 segundos.**
Mientras sostienes el aire, **mantén la atención en la parte superior de tu cabeza (la glándula** pineal). Relájate mientras **exhalas.**

6a. **Repite** el proceso tantas veces como desees.

Consejos:
- Inhala lentamente al principio, ya que hay mucho ocurriendo a la vez.
- Solo bloquea la parte inferior del cuerpo, no el pecho ni la garganta.
- Pon música de solfeggio de fondo para acompañar la práctica.
- Ve aumentando gradualmente hasta poder mantener la respiración durante diez segundos.
- Mantén tu atención en el punto superior de tu cabeza.

7. Una vez que se vuelva más fácil, amplía tu enfoque a diferentes partes de tu cuerpo y luego al espacio que las rodea.

Por ejemplo, **enfócate primero en el espacio vacío dentro de tu cabeza y** luego en el espacio vacío dentro de tu corazón. ¿Por qué? Porque el 99,9 % de la inteligencia universal vibra en las riquezas de los espacios vacíos.

8.**Siente ese espacio vacío con gratitud**, abundancia, libertad y amor. Estas emociones centradas en el corazón abren la puerta al subconsciente.

9. Permítete expandirte y **convertirte en nadie, nada, en ningún lugar y en ningún tiempo**. Suelta todo. Deja que tu conciencia pura se eleve. Deja que suceda. Conviértete en libertad.

Puedes estar atento, concentrado y alerta, pero todo lo que eso te enseñará es lo que no debes hacer.

ALAN WATTS
FILÓSOFO DEL BUDISMO, TAOÍSMO E HINDUISMO

Mundus Nihil Pucherrimum.

(El mundo es una hermosa nada)

GIORDANO BRUNO

FRAILE DOMINICO ITALIANO, FILÓSOFO, MATEMÁTICO, POETA, TEÓRICO
COSMOLÓGICO Y OCULTISTA HERMÉTICO

El Método Silva™

El Método Silva™, creado por su fundador, José Silva, ayuda a acceder a la mente subconsciente para manifestar deseos, resolver problemas y apoyar la sanación mediante los estados de onda cerebral alfa y theta.

Estas técnicas simplificadas ofrecen una introducción al método. **Dominar el estado alfa y su pleno potencial** requiere práctica y entrenamiento dedicado. Para obtener una guía completa, consulta los recursos oficiales del Método Silva™ y los programas con licencia.

Método Silva™ – Origen y propósito Silva Method. "About Silva Method." Silva Method Official Website, (2023).

Técnica de los Tres Dedos

Propósito: Acceder **rápidamente al estado alfa para resolver problemas y mejorar el enfoque.**

1. **Relájate y entra en estado Alfa:** Siéntate o recuéstate cómodamente. Cierra los ojos y respira profundamente para relajarte. Cuenta hacia atrás desde 100.
2. **Une los dedos:** Junta el pulgar con los dos primeros dedos (índice y medio) de cada mano.
3. **Concéntrate y visualiza:** Piensa en un problema o meta específica. Visualízalo claramente en tu mente. Imagina tus problemas a la derecha y tus metas a la izquierda, ambos ligeramente por encima de ti.
4. **Refuerza con afirmaciones: Dite a ti mismo:** "Cada vez que junte mis tres dedos, entraré en un estado mental profundo donde puedo resolver problemas rápidamente y fácilmente."
5. **Práctica:** Utiliza esta técnica con regularidad para reforzar la conexión entre el gesto de los dedos y el estado de relajación y enfoque.

Técnica del Espejo de la Mente

Propósito: **Visualizar y manifestar los resultados deseados.**

- **Relájate y entra en estado Alfa:** Siéntate o recuéstate cómodamente, cierra los ojos y respira profundamente para relajarte.
- **Imagina un espejo:** Visualiza un gran espejo frente a ti. En un lado del espejo, imagina la situación actual o el problema que deseas cambiar.
- **Borra la imagen:** Borra mentalmente la imagen de la situación actual del espejo.
- **Crea el resultado deseado: en el otro lado del espejo, visualiza el resultado o la** solución que deseas. Haz la imagen lo más vívida y detallada posible.
- **Refuerza con emociones positivas:** Siente las emociones asociadas a alcanzar ese resultado.
- **Practica regularmente:** Repite este proceso a diario para reforzar la visualización y la manifestación de tu resultado deseado.

Técnica del Vaso de Agua

Propósito: Recibir **respuestas y guía del subconsciente.**

1. **Prepara un vaso de agua:** Antes de irte a dormir, llena un vaso con agua.
2. **Entra en estado Alfa:** Siéntate en silencio, respira profundamente y relájate.
3. **Declara tu intención:** Sostén el vaso con ambas manos y expresa en voz alta tu intención o tu pregunta. Por ejemplo: "Recibiré guía sobre cómo resolver [problema específico]."
4. **Bebe la mitad del agua:** Bebe la mitad del agua mientras te concentras en tu intención.
5. **Coloca el vaso junto a tu cama:** Deja el vaso con el agua restante al lado de tu cama.
6. **Duerme y reflexiona:** Duerme con la intención de recibir respuestas o guía. Por la mañana, bebe el resto del agua y anota cualquier pensamiento, idea o sueño que pueda brindarte información o claridad.

Técnica de Ensayo Mental

Propósito: Practicar **mentalmente y perfeccionar habilidades o tareas.**

1. **Relájate y entra en estado Alfa:** Siéntate o recuéstate cómodamente, cierra los ojos y respira profundamente para relajarte.
2. **Visualiza la tarea:** Imagina con claridad que estás realizando la tarea o la habilidad que deseas mejorar. Míralo desde tu propia perspectiva.
3. **Agrega detalles sensoriales:** Incluye tantos como sea posible, como sonidos, sensaciones e incluso olores.
4. **Repite con regularidad:** Practica esta visualización diariamente para mejorar tu desempeño y tu nivel de habilidad en la vida real.

Cuenta Regresiva al Estado Alfa

Propósito: **Entrar rápidamente en el estado alfa para una relajación profunda y la resolución de problemas.**

1. **Siéntate o recuéstate cómodamente:** Cierra los ojos y respira profundamente para relajarte.
2. **Cuenta hacia atrás:** Cuenta lentamente del 10 al 1, permitiendo que cada número te lleve más profundamente a un estado de relajación.
3. **Afirmación:** Al llegar al número 1, afirma mentalmente: "Ahora estoy en un estado profundo de relajación y enfoque consciente."
4. **Visualiza:** Utiliza este estado para visualizar soluciones, practicar afirmaciones o realizar otras técnicas del Método Silva.

¿Dónde termina todo esto?

¡No termina! Cuanto más investigo estos temas, más estudios, podcasts y libros sigo descubriendo. Haría falta mucho más que este capítulo para compartir todas las habilidades sobrenaturales que muchas universidades, revistas científicas revisadas por pares, agencias gubernamentales y asociaciones independientes están revelando y comprendiendo cada vez mejor. Mi objetivo es darte una buena muestra de nuestras habilidades sobrenaturales, y si hay una que puede catapultar tus creencias sobre las leyes naturales, es esta última que voy a compartir contigo: la parapsicología.

El doctor en parapsicología Jeffrey Mishlove ha compartido experiencias profundas en la exploración de habilidades humanas que normalmente se relegan al mundo esotérico, paranormal o al contacto con fuerzas espirituales.*

¿Qué es la parapsicología?

El diccionario Britannica describe la parapsicología como la disciplina que investiga fenómenos o **eventos que no pueden explicarse mediante leyes naturales** ni por conocimientos adquiridos por medios distintos a los sentidos habituales.

Por ejemplo, **la clarividencia** —la capacidad de percibir cosas o eventos del futuro o más allá del contacto sensorial normal—, **la telepatía** —la transmisión de información de una persona a otra sin usar ningún canal sensorial humano conocido— o **la psicokinesis** —la habilidad psíquica que permite a una persona influir en un sistema físico sin contacto físico— son **fenómenos parapsicológicos que no utilizan los canales sensoriales ordinarios.**

Sé que suena completamente loco, pero ¿sabías que el ejército de los Estados Unidos enseña habilidades parapsicológicas a sus soldados?

I know it sounds absolutely wild, although did you know that the U.S. Army teaches soldiers parapsychological skills?
Sí, de hecho, les enseñan cosas como **la visión remota**, la invisibilidad y la capacidad de "fasear" (desplazarse entre dimensiones o estados físicos).

Si estos temas te interesan, estúdialos, ya que solo pueden ayudarte a ampliar aún más tu percepción de la realidad y de tu mente sobrenatural.

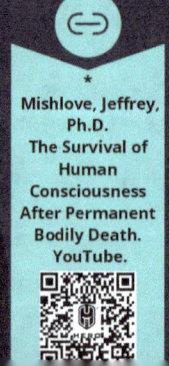

*
**Mishlove, Jeffrey, Ph.D.
The Survival of Human Consciousness After Permanent Bodily Death. YouTube.**

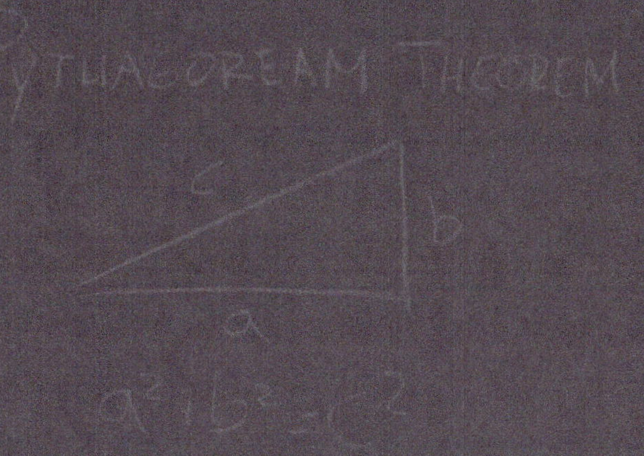

Un necio se da a conocer por su habla, y un sabio por su silencio.

PITÁGORAS
FILÓSOFO GRIEGO JÓNICO, POLÍMATA Y
FUNDADOR EPÓNIMO DEL PITAGORISMO.

Hipnosis Consciente:
Programación del ADN antes de Dormir

La autohipnosis es una forma reconocida de reprogramar nuestra mente, increíblemente poderosa. Los expertos en este campo coinciden en que somos y nos convertimos en aquello en lo que pensamos.

¿Sabías que entramos de forma natural en un estado de hipnosis varias veces al día, como cuando conducimos o justo antes de dormirnos por la noche? Entonces, ¿cómo podemos acceder a este estado tan poderoso?

Cuando estés cómodo en tu cama antes de quedarte dormido, tómate un momento para responder las siguientes tres preguntas:
- **¿Cómo sería mi día ideal mañana?**
- **¿Qué quiero que suceda?**
- **¿Qué quiero lograr?**

Conectarte contigo mismo antes de dormir es una poderosa forma de autohipnosis. **Tu subconsciente está escuchando, tus células también están escuchando, tu ADN también está escuchando** y todo el campo cuántico también está escuchando. Recuerda que cada palabra, cada pensamiento, es una frecuencia y que lleva consigo información.

Para ayudarte con esta nueva rutina, puedes llevar un diario.
(Al final de esta sección encontrarás un diario de siete días).

Buenas noches, Héroe.

77.83 Hz es la misma frecuencia armónica natural de la Tierra.

WINFRIED OTTO SCHUMANN
FÍSICO ALEMÁN

Reflexiones

Date : ....

Nivel Emocional

– Feliz – En paz – Relajado – Energético – Satisfecho – Decepcionado – Letárgico – Tenso – Preocupado – Infeliz –

Cosas por las que estar agradecido

Los momentos o recuerdos más felices de hoy

Logros, avances o lecciones de hoy

Personas por las que estoy agradecido(a)

La cita o la mejor lección de hoy

Metas para mañana

¿Por qué quiero lograrlo?

¿Cómo puedo lograrlo de la mejor manera?

Descarga de Página de Reflexión Diaria

Reflexiones Diarias - Libreta de 90 Días

**Reflexión
Diaria
Tapa Blanda
Opciones
Multicolores
Enlace en Línea**

¿Cómo Te Gusta Vivir Tu Vida?

Ahora siéntate y permite que tu cuerpo se relaje por completo. Relájate totalmente. Ahora, comienza a visualizar en tu mente. Mírate a ti mismo tal como realmente deseas ser. ¡Siente la emoción de vivir tu vida soñada! Toma esa imagen y descríbela en tiempo presente:

*"Estoy tan feliz ahora que me veo...*_____

_____

_____

_____ "

Sé específico, visualiza cada detalle tal como aprendiste en el capítulo anterior sobre el poder del enfoque y la especificidad. Una vez que estés satisfecho con tu creación, viene la segunda parte, igual de importante:

Lee y relee esta afirmación cada día. Tenla cerca, llévala contigo adonde vayas. Algunas personas incluso la colocan debajo de la almohada mientras duermen.

Una verdad innegable, repetida por todos los grandes maestros a lo largo de la historia, es la que Earl Nightingale citó: nos convertimos en aquello en lo que [consistentemente] pensamos.

Claro, algunos se burlarán de esta idea, descartándola como una simple fantasía. Pero como hemos aprendido en este libro, **el concepto de manifestación cuántica es real y poderoso.** Se trata de aprovechar la energía del universo para hacer realidad tus deseos más profundos.

Esto no es simplemente una fantasía "new age". Ha sido comprobado una y otra vez. De hecho, el libro que tienes en tus manos está lleno de ejemplos de personas que han manifestado cosas increíbles al ser específicas con sus deseos y mantener una creencia inquebrantable.

¡Así **que abraza esta idea con pasión!**

Permite que tus pensamientos irradien positividad e intención, sabiendo que el universo está escuchando con atención y respondiendo a cada uno de ellos. Recuerda: tus pensamientos son la chispa que enciende tus emociones y estas, a su vez, alimentan tus acciones.

Atrévete a soñar en grande, sé específico con lo que deseas **y observa con entusiasmo** cómo tu realidad se transforma ante tus propios ojos.

Nos convertimos en aquello en lo que pensamos.

EARL NIGHTINGALE
ORADOR Y AUTOR ESTADOUNIDENSE

15° Cuestionario del Hito

P1. ¿El ADN se ve afectado por las frecuencias?
a) Sí, pero solo si son repetitivas.
b) No, ya que las frecuencias no influyen en el ADN.
c) Sí, el ADN está influenciado por las frecuencias de sonido y de luz.
d) No, el ADN tiene un escudo que lo protege de las frecuencias externas.

P2. ¿Es verdadero o falso que nuestro ADN es una forma de internet biológico?
a) Verdadero.
b) Falso.
c) No se puede decir.

P3. ¿Cómo puede alguien influir en su ADN?
a) Usando un microscopio infrarrojo.
b) Usando palabras y pensamientos.
c) Usando solo una bobina de Tesla.
d) Usando solo hipnosis.

P4. ¿El ADN es una antena?
a) Sí, el ADN es un conductor que recibe y transmite datos desde y hacia una hiperred.
b) No, es solo una molécula con dos cadenas de polinucleótidos enrolladas.
c) No, ya que nadie tiene la contraseña del WiFi de la matriz.

P5. ¿Qué son los biofotones?
a) Es la capacidad reproductiva máxima de un organismo en condiciones óptimas.
b) Componen los elementos de las partes de la Tierra donde existe vida.
c) Son la variedad biológica y la variabilidad de la vida en la Tierra.
d) Son fotones de luz ultravioleta y visible baja producidos por todos los seres vivos.

P6. ¿Qué define mejor la resonancia?
a) Ocurre cuando la frecuencia de una fuerza coincide con la frecuencia natural de un sistema, lo que aumenta su amplitud.
b) Es la replicación y la amplificación periódicas a la misma frecuencia.
c) Es resonar.
d) Todas las anteriores.

P7. ¿Cuál es una propiedad de la resonancia?
a) Afecta solo a algunos tipos de vibración de distintas maneras.
b) Puede utilizarse para ayudar a sanar el cuerpo humano.
c) Es la causa del colapso de los puentes con el tiempo.
d) Todas las anteriores.

P8. ¿De qué está compuesto el 99,9 % de toda la materia?
a) Partículas subatómicas.
b) Espacio vacío.
c) Electrones.
d) Resonancia.

P9. ¿Qué tiene de valioso el 99,9 % de la materia?
a) El polvo cósmico.
b) Contiene frecuencias de inteligencia e información.
c) La capa de ozono.
d) Todas las anteriores.

P10. ¿Cuál es un componente clave de la Meditación Sobrenatural?
a) Contener la respiración durante el mayor tiempo posible.
b) Relajar el cuerpo.
c) Enfocarse en el espacio vacío.
d) Respirar constantemente.

P11. ¿Cuál es una forma de la parapsicología?
a) Telepatía y visión remota.
b) Contacto con fuerzas espirituales.
c) Actividad fuera de los cinco sentidos normales.
d) Todas las anteriores.

P12. ¿Cuál es un beneficio principal de practicar la autohipnosis?
a) Solo puede usarse para el entretenimiento.
b) Ayuda a manejar el estrés y la ansiedad al promover la relajación.
c) Solo es efectiva para un grupo reducido de personas.
d) Reemplaza la necesidad de dormir.

P13. ¿Qué es la resonancia Schumann?
a) La frecuencia de las ondas cerebrales humanas durante la actividad intensa.
b) El pulso de la Tierra coincide con el rango de frecuencias alfa/theta del cerebro relajado.
c) La resonancia del sol.
d) Una frecuencia que solo se encuentra en ambientes artificiales.

P14. ¿Cuál es el enfoque principal de la rutina de afirmación "Mi Espejo Mágico"?
a) Criticar y mejorar la apariencia.
b) Visualizar metas y ambiciones futuras.
c) Reforzar las afirmaciones positivas y el amor propio.
d) Analizar y resolver problemas diarios.

P15. ¿Qué busca lograr la "Técnica del Vaso de Agua"?
a) Calmar la sed antes de dormir.
b) Recibir respuestas y orientación del subconsciente.
c) Purificar el cuerpo de toxinas.

1c, 2a, 3b, 4a, 5d, 6d, 7d, 8b, 9b, 10c, 11d, 12b, 13b, 14c, 15b

¿Cómo debes tratar tu cuerpo?
Como un templo.

¿Y tu mente?
Como el suelo más fértil.

¿Por qué?
Porque los pensamientos son
las semillas de la mente.

CÓDIGO BEA HERO™

Hagamos un repaso...

CAPÍTULO 15: TEL SIGUIENTE NIVEL ⬆ – NUESTRO INTERNET BIOLÓGICO

- La ciencia ha demostrado que:
  - Las frecuencias transportan información o son información.
  - La luz y el sonido son formas de onda.
  - Las frecuencias influyen en la materia física.
  - Nuestro ADN es un internet biológico superior que:
    - Almacena datos en un disco duro.
    - Usa reglas gramaticales y sintácticas similares a las de nuestro lenguaje.
    - Puede ser influenciado y programado mediante palabras y pensamientos.
- Todos los seres vivos en el universo emiten luz o información.
- El universo se comunica con sus elementos a través de biofotones o de diferentes frecuencias de luz.
- Somos seres de luz interconectados.

RESONANCIA
- Es la repetición periódica a la misma frecuencia.
- Tiene efectos muy poderosos en todos los campos, incluida la física cuántica.
- Puede utilizarse para cambiar e incluso sanar nuestro ADN.

EXPERIMENTO DE REPROGRAMACIÓN DEL AGUA
- Los pensamientos pueden influir en nuestro cuerpo.
- Relacionado con la rutina de afirmación "Mi Espejo Mágico".

LA RIQUEZA ESTÁ EN EL ESPACIO VACÍO
- El 99,9 % de todo es espacio vacío.
- El espacio está lleno de inteligencia y frecuencias.
- Todo en el universo es inteligencia y energía.

MEDITACIÓN SOBRENATURAL
- Técnica de respiración, enfocándose en el espacio vacío
- El objetivo general es convertirse en nadie, nada, ningún lugar ni ningún tiempo.

EL MÉTODO SILVA™
- Técnica de los Tres Dedos
- Técnica del Espejo de la Mente
- Técnica del Vaso de Agua
- Técnica de Ensayo Mental
- Cuenta regresiva hacia el estado Alfa

PARAPSICOLOGÍA
- Estudia fenómenos que no pueden explicarse mediante las leyes naturales.

SELF AUTOHIPNOSIS – PROGRAMACIÓN DEL ADN ANTES DE DORMIR
- Hazte estas preguntas antes de dormir:
- ¿Cuál es mi mañana ideal?
- ¿Qué quiero que suceda?
- ¿Qué quiero lograr?

BEA HERO – Cuaderno de Reflexión Diaria

ESTUDIOS CONECTADOS CON EL COSMOS

HERO

En los últimos capítulos, hemos **descubierto cómo el universo, en su infinita complejidad, opera bajo muchos códigos** que a menudo se conocen como leyes universales, provocando un cambio constante, como una danza entre la creación y la destrucción, frecuentemente observada en un ciclo caótico que se repite.

Aunque las cosas están extremadamente bien definidas, la física cuántica nos enseña que **algunos aspectos permanecen en la incertidumbre.**

Así que mientras dejamos que la ciencia continúe explorando estas incertidumbres, en este capítulo compartiré brevemente algunos de los estudios ancestrales ya establecidos y su conexión con la vida en la Tierra. En particular, me enfocaré en la numerología, la astrología y el Feng Shui.

Aunque algunos de estos temas **puedan parecer distintos por naturaleza, están interconectados** y posiblemente influyen en la vida mucho más de lo que imaginamos.

> La astrología es un
> lenguaje. Si entiendes este
> lenguaje, el cielo te habla.

LINDA GOODMAN
RENOMBRADA ASTRÓLOGA Y AUTORA ESTADOUNIDENSE

Numerología
Breve Introducción

La numerología se describe como el **estudio de la vibración de los números y de cómo están conectados con la vida.** ¿Pero qué significa eso?

Piénsalo como una práctica que **estudia la interconexión numérica — la creencia de que todo está alineado a través de fuerzas no físicas que se expresan con mayor claridad** a través de los números.

Hoy en día, la mayoría de las prácticas de numerología se basan en las enseñanzas del antiguo filósofo griego Pitágoras. Como brillante matemático, Pitágoras creía que el mundo físico era la amalgama de vibraciones energéticas numéricas y desarrolló un sistema que vinculaba letras y secuencias numéricas con un número entero.

¿Es coincidencia que escuchemos tan a menudo la frase: "las matemáticas son un lenguaje universal"?

Aunque la numerología se utiliza comúnmente para asignar un valor numérico a palabras, nombres, fechas, ideas e incluso a eventos coincidentes, los expertos a menudo la asocian con fenómenos paranormales y con artes adivinatorias.

Para explorar más a fondo este lenguaje del cosmos, una excelente manera de comenzar con la numerología es **descubrir tu número de camino de vida** y tu número de destino, que podrás revelar en las próximas páginas.

Esto me recuerda cómo, si alguna vez has leído un libro sobre quiromancia (lectura de la palma) o lectura facial china, la interpretación de formas, líneas y marcas actúa como un mapa en evolución del carácter, de los rasgos y del recorrido de la vida de una persona.

Cuanto más profundizas en este conocimiento, más te das cuenta de que las matemáticas pueden aplicarse a todo y de que descifrar su código es un verdadero viaje de autodescubrimiento.

Como es arriba, es abajo; como es abajo, es arriba.

AXIOMA HERMÉTICO

Sistemas de Numerología

Existen diferentes metodologías numerológicas disponibles; siéntete libre de explorarlas según tu interés:

- **Numerología Pitagórica**
  - Cálculo Pitagórico
  - La más popular en países occidentales
  - Conocida por predecir el futuro; parte esencial de la astrología india
  - Basada en los números del 1 al 9, cada uno con una energía y vibración específica que puede utilizarse de forma positiva o negativa
  - Origen: Antigua Grecia

- **Numerología Cabalística**
  - Mística
  - Muy popular
  - Conocida por ayudar a descubrir y conectar con el yo interior
  - Basada en el valor numérico de cada letra del alfabeto, que representa características específicas
  - Origen: ciencia mística hebrea

- **Numerología Caldea**
  - Mística y espiritual
  - Conocida por su precisión y exactitud en las predicciones
  - Basada en las vibraciones emitidas por ciertos números, lo que les da características únicas
  - Origen: Antigua Babilonia (actual Irak)
  - Los dígitos simples indican influencias externas, mientras que los dígitos dobles reflejan aspectos internos de la persona

- **Numerología Tamil**
  - También llamada numerología india o védica
  - Forma más antigua
  - Conocida por predecir el futuro; parte esencial de la astrología india
  - Basada en números del 1 al 9, cada uno con una característica específica que ayuda a conocerse plenamente
  - Origen: Antiguo mundo indoeuropeo (religión del 1500 a.C., actual Irán)

Numerología Pitagórica

Numerología Calculadora

FECHA DE NACIMIENTO

Número del Camino de Vida

Significado:_____
_____
_____

Número de Cumpleaños

Significado:_____
_____
_____
_____

Año Personal

Significado:_____
_____
_____

✓

NOMBRE COMPLETO

Nombre Número del Destino

Significado:_____
_____
_____

Número del Corazón y del Alma

Significado:_____
_____
_____
_____

Número de Personalidad

Significado:_____
_____
_____

✓

Escanea o haz clic en el código QR de arriba para calcular tu número de camino de vida y número de destino usando el método pitagórico.
Para otros sistemas de numerología, explora recursos en línea.

Astrología

La astrología puede verse como un complemento de la numerología, ya que **estudia las estrellas y los planetas en el cielo y su conexión con la vida en la Tierra.**

Una excelente manera de explorar este fascinante tema es **obtener tu carta natal** (o la de alguien que conozcas) **y comprender su significado.**

La carta natal es una representación del cielo en el momento exacto de tu nacimiento: una instantánea de la posición de los principales cuerpos astrales mientras transitaban por los distintos signos del zodíaco y por las casas astrológicas.

La **interpretación de cada carta natal ofrece valiosas ideas** sobre la **personalidad, la identidad, los deseos y el crecimiento de una persona.**

Lo interesante también es comprender las múltiples complejidades de cómo una carta natal evoluciona con el tiempo, mediante el estudio de **cartas transitorias, progresiones, ascendentes, entre otros elementos**.

Esto es solo un vistazo de todo lo que la astrología puede ofrecer a través de su vasta y compleja matemática, capaz de interpretar las fases de la vida, los eventos, las compatibilidades en las relaciones e incluso el destino.

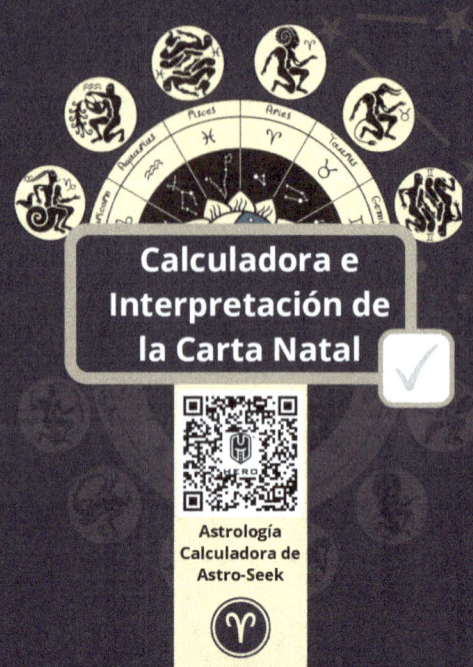

Calculadora e Interpretación de la Carta Natal ✓

Astrología
Calculadora de
Astro-Seek

Una carta natal para una persona nacida a la medianoche
del 01/01/2020 en Sídney, Australia.

"Carta generada utilizando herramientas gratuitas de www.astro-seek.com. © Astro-Seek.com. Usada aquí con fines educativos."

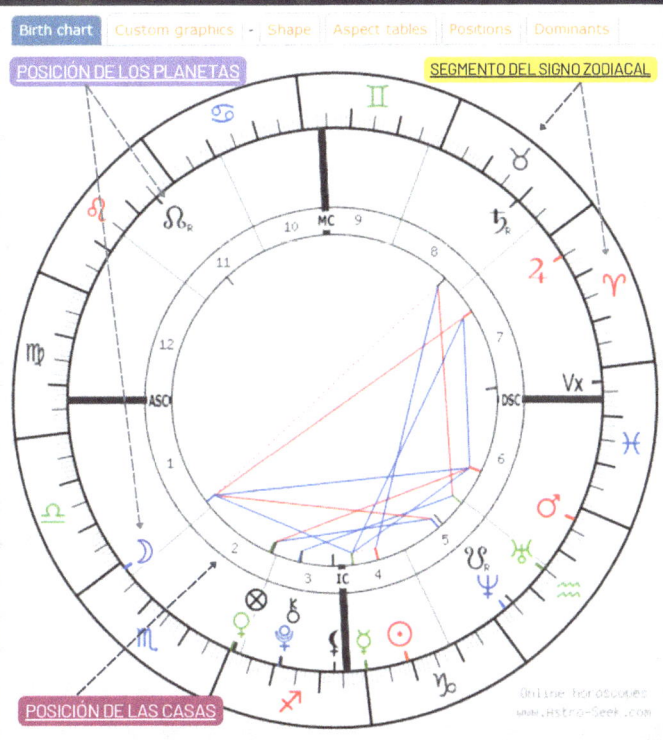

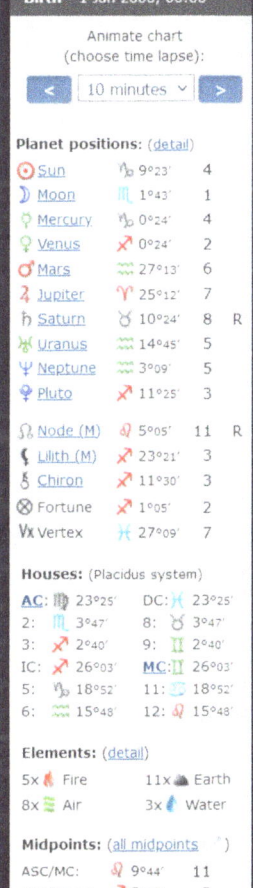

- La carta natal ofrece una representación gráfica de las posiciones relativas de los principales cuerpos astrales en el momento y lugar de nacimiento, con el individuo ubicado en el centro del círculo.

- La carta está enmarcada por los doce signos del zodíaco en el círculo exterior y por las doce casas astrológicas en el círculo interior.

- Cada pequeño símbolo alrededor de la carta representa la posición de un cuerpo astral (por ejemplo, el Sol, la Luna).

- Las líneas azules, rojas y punteadas dentro del círculo conectan un cuerpo astral con otro, lo que ayuda a interpretar características específicas y patrones de comportamiento.

- La calculadora utiliza esta información para ofrecer una interpretación descriptiva completa.

Feng Shui

Los principios chinos del flujo de energía entre las cosas, conocidos como Feng Shui, o "viento y agua", constituyen un arte y una ciencia que estudian las relaciones entre los elementos, colores, direcciones cardinales, tiempo, sonidos **e incluso nuestro cuerpo humano.** Aunque esta práctica se hizo popular en Occidente por su aplicación en la organización del hogar, ofrece enseñanzas mucho más profundas.

Si decides explorar estas enseñanzas en tu viaje como Héroe, descubrirás **métodos profundos de autorrevelación y de autosanación del cuerpo y de la mente.**

Desde posturas, dietas y ejercicios hasta meditaciones innovadoras y técnicas basadas en los principios de la medicina tradicional china y en el arte de "tomar conciencia de tu centro", el **Feng Shui ofrece una amplia variedad de prácticas.**

Personalmente, encontré este tema sumamente fascinante y particularmente único al estudiar la interconexión y el **equilibrio entre los cinco elementos —tierra, agua, fuego, metal y madera—** y su relación con los colores, las situaciones, el tiempo, las direcciones, así como con nuestros órganos, manos, pies y rostro, ya que todos ellos son expresiones de estos cinco elementos principales.

LOS 5 ELEMENTOS

AGUA

CALMA Y ABUNDANCIA

MADERA

CRECIMIENTO Y VITALIDAD

FUEGO

PASIÓN Y ALTA ENERGÍA

TIERRA

NUTRICIÓN Y ESTABILIDAD

METALES
CLARIDAD Y PRECISIÓN

Elementos principales del Feng Shui asociados a su espectro de colores y atributos. El aire es el único elemento considerado presente en los cinco.

N

VIAJES + PERSONAS DE APOYO **NO o Frente Derecha** Blanco, Gris, Negro Elemento Metal	**CARRERA** **N o Puerta Principal** Negro Elemento Agua	**CONOCIMIENTO + AUTOCULTIVO** **NE o Frente Izquierda** Azul, Verde, Negro Elemento Tierra
NIÑOS + CREATIVIDAD **O o Centro Derecho** Blanco Elemento Metal	**SALUD** **Centro** Amarillo, Naranja Tonos Tierra	**FAMILIA** **E o Centro Izquierdo** Verde Elemento Madera
LOVE RELACIONES + AMOR **SO o Parte Trasera Derecha** Rosa, Rojo, Blanco Elemento Tierra	**FAME + REPUTATION** **S o Parte Trasera Central** Rojo Elemento Fuego	**RIQUEZA + PROSPERIDAD** **SE o Parte Trasera Izquierda** Púrpura, Azul, Rojo Elemento Madera

O

E

S

Feng Shui: Direcciones Cardinales Asociadas con Colores, Elementos y Características

Feng Shui en Acción - Cuestionario

Busca en línea la respuesta correcta para cada pregunta.

P1) ¿Qué objeto podrías colocar en tu oficina para fomentar el crecimiento personal?
a. Una estatua de metal de Confucio
b. Una imagen de una cascada
c. Una planta
d. Un cuarzo rosa

P2) Supongamos que tienes problemas para dormir, ¿hacia qué dirección debería estar orientada tu cama?
a. Hacia la ventana
b. Hacia el sur
c. Hacia la puerta
d. Hacia el norte

P3) Tu casa necesita un espejo. ¿Dónde deberías colocarlo?
a. Frente a tu cama
b. Frente al comedor
c. Enfrente de la puerta principal
d. Frente a una ventana

P4) Si alguien sufre de problemas renales, ¿qué alimentos debería consumir?
a. Arándanos, moras, sopa de miso, algas y salsa de soya
b. Camarones, cangrejo, langosta y salmón
c. Té verde, limones, limas y manzanas verdes ácidas
d. Verduras como nabos, plátanos verdes y espárragos blancos

P5) Te sientes constantemente cansado. ¿Qué puedes comer para incorporar alimentos con energía "yang" y restaurar el equilibrio "yin-yang" en tu cuerpo?
a. Rábanos, cebollas y papas
b. Calabaza, champiñones, zapallo y mangos
c. Lima, encurtidos, miel, huevos y algas
d. Lechuga, arvejas, ejotes y aceitunas

P6) Últimamente te despiertas entre la 1 y las 3 a.m., ¿por qué podría ser?
a. Podría ser una señal de complicaciones cardíacas
b. Podría ser una señal de complicaciones pulmonares
c. Podría ser una señal de complicaciones pancreáticas
d. Podría ser una señal de complicaciones hepáticas

1c, 2d, 3b, 4a, 5c, 6d

❝

Tu hogar es un reflejo de tu mundo interior. Cuando alineas tu espacio, alineas tu vida.

TISHA MORRIS

EXPERTA EN FENG SHUI, ABOGADA, COACH LITERARIA, CONSULTORA EDITORIAL Y AUTORA DE DESARROLLO PERSONAL

HERO

Hagamos un repaso...

CAPÍTULO 16: ESTUDIOS CONECTADOS AL COSMOS

- El universo opera bajo muchos códigos. ¿Están interconectados?

- **NUMEROLOGÍA –** Breve Introducción
  - Definición: estudio de la vibración de los números y de su conexión con la vida.
  - Usos: Se utiliza comúnmente para asignar un valor numérico a palabras, nombres, fechas, ideas, eventos y más.
  - DESCUBRE: TU NÚMERO DE CAMINO DE VIDA Y DESTINO → [ENLACE]

  - Principales Sistemas de Numerología:
    - Pitagórico – de la Antigua Grecia
    - Cabalístico – de origen hebreo
    - Caldeo – de la antigua Babilonia
    - Tamil – de la India

- **ASTROLOGÍA –** Breve Introducción
  - El estudio de las estrellas y los planetas y su conexión con la vida en la Tierra.
  - DESCUBRE: TU CARTA NATAL DE NACIMIENTO Y SU INTERPRETACIÓN → [ENLACE]
  - Incluye un ejemplo de una calculadora de carta natal.

- **FENG SHUI –** Breve Introducción
  - Principios chinos sobre cómo fluye la energía entre las cosas.
  - Involucra elementos, colores, tiempo, sonido, direcciones cardinales y más.
  - Estudia métodos de autosanación del cuerpo y de la mente.

  - Los 5 Elementos: Agua, Madera, Fuego, Tierra y Metal
  - → Gráfico de direcciones cardinales Feng Shui e interconexiones

  - Quiz práctico de Feng Shui

16° Cuestionario del Hito

P1. ¿Qué es la numerología?
a) El estudio de la geometría de Pitágoras.
b) El estudio de cómo los números se conectan con la vida.
c) El estudio de las matemáticas.
d) El estudio de las fuerzas físicas en orden numérico.

P2. ¿Es verdadero o falso que la numerología proviene de la antigua Grecia?
a) Verdadero.
b) Falso.

P3. ¿Es verdadero o falso que la numerología solo involucra números y no debe mezclarse con las letras del alfabeto?
a) Verdadero.
b) Falso.

P4. ¿Qué es la astrología?
a) El estudio del zodíaco.
b) El estudio de las estrellas y los planetas y su conexión con la vida en la Tierra.
c) El estudio de la astronomía.
d) El estudio de las constelaciones.

P5. ¿Qué es una carta natal?
a) Es una carta basada en tu linaje familiar.
b) Es un método rápido para conocer tu número de la suerte.
c) Es una carta sobre tus deseos ocultos.
d) Es una instantánea de las posiciones de las estrellas en el momento del nacimiento.

P6. ¿Qué significa la traducción de Feng Shui?
a) Viento-agua.
b) Fuego-tierra.
c) Yin-yang.
d) Vitalidad-Fuerza.

P7. ¿Qué estudia el Feng Shui?
a) Estudia el espectro de colores.
b) Estudia el proceso cíclico del fuego, el agua, la tierra y el aire.
c) Estudia los principios del flujo de energía entre las cosas, así como sus interrelaciones y conexiones.
d) Todas las anteriores.

La astrología es el lenguaje del posicionamiento matemático, que traza la trayectoria del alma para que la Fuente se experimente a sí misma a través de la creación.

VEDA AUSTIN
INVESTIGADORA DEL AGUA DE NUEVA ZELANDA,
CONFERENCISTA, ARTISTA Y AUTORA

1b, 2a, 3b, 4b, 5d, 6a, 7d

TE AMO

=

¿???

HERO

Razones por las que Amamos

¿Qué pasaría si alguien nos dijera que, al final de **nuestra vida**, todos **seríamos juzgados en función del amor?**

Piénsalo por un momento. ¿Existe tal cosa como el amor desperdiciado? Y si existiera, ¿seguiríamos **considerando al amor como la emoción más grande e importante de nuestra existencia?** Nuestra **vida depende,** de principio a fin, **del amor que recibimos de los demás y del amor que sentimos por nosotros mismos.** Pero amarnos solo a nosotros mismos no es suficiente.

Cuando la vida termina, los arrepentimientos no giran en torno a cuánto más dinero podríamos haber ganado ni a cuántas más cosas podríamos haber poseído. En cambio, si existiera una lista, podría incluir cosas como:

- **No haber hecho cambios en situaciones o relaciones que lo requerían**
- Haber desperdiciado tiempo valioso en cosas pequeñas
- **Metas no cumplidas**
- Estudios no completados
- Palabras que quedaron sin decir
- **Haber trabajado demasiado**
- Haber vivido pendiente de lo que otros piensan
- **Pasiones no seguidas**
- Tomarse la vida demasiado en serio
- No haber escuchado la intuición
- **No haber pasado más tiempo con amigos y familia**

Damos por sentado muchas cosas, solo para darnos cuenta de que el tiempo es fugaz. Por **eso, debemos despertar rápidamente y amar, amar lejos y profundamente.**

Todas las cosas —incluso las inanimadas como las montañas, los océanos, las calles, el cielo, el viento, las ciudades, los ríos, las piedras y los edificios—**todas estas cosas que por sí solas son vacías** o indiferentes, de pronto, cuando las miramos, **se llenan de significado humano.**

Nos cautivan; **sentimos emociones hacia ellas. ¿Por qué?** Porque **contienen un presentimiento de amor,** incluso las más insignificantes. Palabras que se convierten en canciones poéticas, movimientos que se transforman en danzas, deportes, colores y edificios que se convierten en arte, historia, sabor y aroma que se vuelven gastronomía, acciones e ideas que se transforman en descubrimientos e invenciones.

La raíz de todo siempre es el amor; es lo que da significado a todas las cosas. Y si el amor es el sentimiento, **la felicidad es lo más cercano a su resultado deseado.**

¿Es Verdadero Amor o Amor Propio?

La palabra "amor" es profundamente malinterpretada, desubicada y mal usada.

Los estudios coinciden en que el amor puede significar deseo, afecto, placer, necesidad, lujuria, esperanza y mucho más. Entonces, ¿qué significa realmente el amor para ti? ¿Y cómo podemos distinguir entre el amor verdadero y el amor propio?

Cuando alguien dice **"te amo"**, ¿realmente lo siente? ¿O está nublado por el componente **del "yo" en el amor?** ¿A qué me refiero con eso?

Cuando nuestra pareja nos dice:
"**Me** encanta cómo me haces sentir",
"Te amo por lo que **me** das",
"Te amo porque **me** respetas",
"Te amo porque cambias **mi** vida",
"Te amo porque **me** haces sentir seguro(a)",
"Te amo porque te preocupas **po**r **mí**",
"Te amo porque te **necesito**",
"Te amo porque **me haces** sentir especial",
"No puedo **estar** sin ti",
"Te **extraño**", "Eres **mi** rayo de sol",
En "Eres todos **mis** deseos", **¿has notado el "yo", "me" y "mi" en estas expresiones amorosas?**
¿Hacia dónde va esto? ¿Hacia el amor verdadero o hacia el amor propio?
Analicémoslo más a fondo.

VERDADERO

YO, ME, MI...

Seguramente podemos estar de acuerdo en que **el amor es un intercambio entre dos personas.** Ocurre entre **personas**, así como hacia **cosas, comida, actividades, lugares, trabajo, pasatiempos, adicciones**... Por lo tanto, **el concepto de amor verdadero o amor propio** que abordamos en esta sección se aplica **a todo tipo de interacciones amorosas.**
Es otro laberinto multifacético entre nuestras necesidades humanas y el significado que damos.

Pero **¿seguiríamos participando en ello si no hubiera algo para nosotros?** ¿Seguiría existiendo el amor si no hubiera algo para ambos?

A pesar de las muchas razones por las que nos involucramos en el trabajo del amor, **entender qué es lo que realmente impulsa nuestra "máquina del amor"** es de suma importancia.

La **claridad es poder**; cuando rupturas dolorosas u otras experiencias amorosas nos rompen el corazón, **ser capaces de distinguir** entre el amor verdadero genuino y otra cosa **puede guiarnos en el proceso de sanación y crecimiento personal.**

Incluso puede hacernos darnos cuenta de cuánto tiempo nos hemos estado mintiendo a nosotros mismos.

AMOR PROPIO

¿El amor se trata de nosotros o de los demás? ¿El amor consiste en dar o en recibir? ¿Cómo podemos saberlo con certeza?

¿Sientes que, instintivamente, buscamos el amor propio por supervivencia, para satisfacer nuestras necesidades humanas, por el ego y para evitar el dolor de ser abandonados, heridos o traicionados?

Entonces...¿Cómo saber si el amor es verdadero o está motivado por el interés propio?

Simple: haz una prueba de análisis. **Si tu pareja** —o aquello de lo que estás enamorado— **deja de darte, de comportarse o de hacerte sentir como lo hace ahora, ¿cómo vas a reaccionar?**

Este cambio puede ocurrir de forma repentina o gradual; puede ser temporal o permanente.

¿Cómo vas a responder? ¿Cómo te vas a sentir? ¿Decepcionado? ¿Molesto? ¿Frustrado? ¿Impaciente? ¿Deprimido?¿Estresado ¿Desagradable?¿Distante ¿Reservado? ¿Retraído? ¿Frío? ¿Lleno de odio? ¿Con el corazón roto?

Si tiendes a reaccionar ante alguna de estas emociones, ¿lo que estás experimentando es realmente amor verdadero?

Voy a ser valiente aquí y decir que no es amor verdadero. Lo **que estás experimentando** y alimentando en ti es amor propio confundido o **amor egoísta**, también conocido como "amor pescado".*

> *Decimos que amamos al pez, y por eso lo matamos, lo cocinamos y nos lo comemos. Tú te amas a ti mismo, y como el pez sabe bien, por eso te lo comes.*

RABBI DR. ABRAHAM TWERSKI
PSIQUIATRA Y AUTOR

*
Rabí Dr. Abraham Twerski sobre el Amor – YouTube.

Te advierto que se necesita una gran dosis de humildad y de ausencia de ego para aceptar las conclusiones relacionadas con el amor propio.

Algunos de ustedes que están leyendo esto pueden rechazar por completo esta información. No te estoy pidiendo que la aceptes de inmediato. Todos somos seres emocionales y puede que necesites tiempo para digerir esta verdad. Incluso podrías negarte a aceptarla por completo. Si pudiera resumir todo esto en una sola fórmula, sería la siguiente:

17° Cuestionario del Hito

P1. Si la vida fuera juzgada por el amor, ¿cuál sería un arrepentimiento común de la gente?
a) Haber ganado menos dinero
b) Dejar palabras sin decir
c) Evitar riesgos
d) Viajar demasiado

P2. ¿Qué le da sentido a la vida y se conecta con la felicidad?
a) El éxito
b) La riqueza
c) El amor
d) El conocimiento

P3. En el código BEA HERO, la respuesta a "¿Por qué hacemos lo que hacemos?" sería:
a) Por éxito
b) Por diversión
c) Por felicidad
d) Por amor

P4. ¿Cuál se considera el propósito máximo de la vida según el texto?
a) Alcanzar poder
b) Obtener riqueza
c) Encontrar felicidad y realización
d) Ser recordado

P5. ¿Qué afirmación refleja mejor el amor verdadero?
a) "Te amo porque me haces sentir completo(a)."
b) "Te amo por quien eres, sin necesitar nada a cambio."
c) "Te amo porque aportas emoción a mi vida."
d) "Te amo porque me haces sentir especial."

P6. ¿Qué es una señal de amor propio más que de amor verdadero?
a) Dar incondicionalmente
b) Aceptar el crecimiento de tu pareja
c) Sentirte mal cuando tus necesidades no son prioridad
d) Apoyar las pasiones del otro

P7. ¿Qué respuesta refleja mejor el significado de "Te amo"?
a) "Te amo = Te necesito"
b) "Te amo = Confío en ti"
c) "Te amo = Te acepto"
d) "Te amo = Te respeto"

¿Por qué hacemos lo que hacemos?

Por amor.

CÓDIGO BEA HERO™

HERO

Hagamos un repaso...

CAPÍTULO 17: TE AMO = ¿???

¿Y si la vida fuera juzgada en función del amor?
- **Nuestra vida depende completamente del amor que recibimos de los demás y del que nos damos a nosotros mismos.**
- **Los arrepentimientos más comunes en la vida incluyen:**
  - **No haber hecho cambios en situaciones o relaciones**
  - **Haber perdido tiempo valioso en cosas pequeñas**
  - **Metas no cumplidas**
  - **Estudios no finalizados**
  - **Palabras que quedaron sin decir**
  - **Trabajar demasiado**
  - **Preocuparse demasiado por lo que piensan los demás**
  - **No haber seguido pasiones**
  - **Tomarse la vida demasiado en serio**
  - **No haber escuchado la intuición**

- **<u>Todas las cosas están vacías sin el presentimiento del amor</u>**
- **El amor es la raíz — ¡Despierta al amor, amplio y profundo!**
- **El amor da sentido y está directamente conectado con la felicidad.**
- **"¿Cuál es el propósito final? Ser feliz y estar realizado."**

¿ES AMOR VERDADERO O AMOR PROPIO?
- **La palabra "amor" es de las más malinterpretadas, mal ubicadas y mal utilizadas.**
- **Cuando alguien dice "Te amo", ¿es genuino o centrado en uno mismo?**
- **Las frases que incluyen "yo, me, mí", ¿son expresiones de interés propio?**
- **¿Puede existir amor verdadero si no hay nada que obtener para uno mismo?**
- **La claridad sobre el amor nos lleva a la sanación y al crecimiento personal.**

Test del Amor
- **¿Cómo te sentirías si la persona que amas dejara de darte o de comportarse como lo hace habitualmente?**
  - **Decepcionado, molesto, retraído**
  - **Impaciente, reprimido, estresado**
  - **Frío, distante humeante, roto por dentro**

Resumen de la Fórmula del Amor:

TE AMO = TE NECESITO

¿QUÉ ES EL AMOR VERDADERO?

HERO

Te Amo = Te Necesito

¿Por qué es así?

Podría dar mi propia respuesta: ese es el "concepto del yo" que nos ata a esta tierra, uno por uno, desde el comienzo de nuestra existencia humana.

Nacemos en la existencia y se nos da un solo nombre. Se nos da un solo corazón y vivimos atrapados en un solo cuerpo durante el resto de nuestra vida.

Desarrollamos:
una mente propia, un concepto propio, unos esquemas propios, una identidad propia, una perspectiva propia, una autoevaluación, un autocontrol, una autoeficacia, una autorreflexión, una estructura del yo, una autoestima, una autoconciencia, una autoobservación...
Podemos experimentar muchas cosas en la vida, **pero todo siempre vuelve a nuestra identidad**. Estamos atados a nuestra mente, de forma constante y permanente, durante toda la vida.

Desde el momento en que creemos que yo soy yo, tú eres tú y ellos son ellos — ¡se acabó!
 Una vez que se crea nuestra matriz del yo, resulta casi imposible descodificarla.

Más allá de la burbuja del yo

Paradójicamente, ¿y si pudiera saltar y ser tú por un día, o si pudieras ser yo durante todo un año? **¿Y si pudiéramos intercambiar mentes y cuerpos con nuestras parejas?**

¿Y si pudiéramos convertirnos en la comida que comemos, en el aire que respiramos, en el agua que bebemos? **¿Y si fuéramos todas estas cosas**, pero solo pudiéramos experimentarlas una a la vez?Ciertamente, estamos hechos de los mismos elementos y compartimos la misma realidad en el tiempo y en el espacio. ¿Y si fuera así? **Solo entonces podríamos acercarnos a la esencia del amor verdadero.**

Pero no lo somos. En nuestra dimensión actual, somos criados en la segregación. **Vivimos, figurativamente, dentro de nuestra burbuja-ego,** flotando por ahí, chocando con otras burbujas.

Cuando nuestra burbuja estalla, liberando nuestra forma e identidad, **podemos despertar nuestra energía eterna.** Éramos simplemente energía, **sin forma**, atrapada en una cáscara frágil. Ahora **libres**, nuestra esencia vuelve a ser **ilimitada—como el amor verdadero, puro e infinito.**

El yo cognitivo: el concepto de sí mismo. En Principios de Psicología Social – 1.ª Edición Internacional H5P (Capítulo 3).

Desenmascarando la ilusión del amor como autogratificación

Hasta que comencemos a sumergirnos en el orden natural de las cosas y en la sinergia del universo; **hasta que exploremos las interconexiones entre nosotros y todo lo que nos rodea**; y hasta que dejemos de intentar controlarlo todo y a todos, **es posible que nunca comprendamos el verdadero significado del amor**, que está **muy lejos del constructo de autogratificación en el que creemos** y dentro del cual permanecemos atrapados.

No hay correcto ni incorrecto, pero para casi todos, así es como sucede: **Nos enamoramos** (no nos elevamos en el amor) **de una persona o de una cosa que puede satisfacer nuestras necesidades físicas y emocionales.** Sin darnos cuenta, buscamos la mejor combinación para cubrir nuestras carencias, **convirtiendo a nuestras parejas amorosas en vehículos de nuestra gratificación.**

Entonces, cuando las parejas ya no satisfacen nuestras necesidades de gratificación, ¿qué hace la mayoría de las personas? En las circunstancias adecuadas y dadas las oportunidades, cuando ya no satisfacen nuestras necesidades o cuando estas pueden ser mejor cubiertas por otra persona o en soledad, seguimos adelante.

Si tienes la humilde capacidad de mirar hacia atrás en el tiempo, puede **que te des cuenta de cuántas de tus historias de amor se trataban de ti:** tus necesidades, tus expectativas, tu crecimiento, tu comodidad, tu supervivencia, tus creencias o tus miedos.

¿Esto también aplica a las relaciones o a los hábitos tóxicos?

Sí. Como aprendimos en un capítulo anterior, a pesar de las circunstancias, un entorno tóxico aún satisface nuestras necesidades humanas universales de certeza, significancia o conexión.

> El amor no se trata de posesión.
> El amor se trata de apreciación.

OSHO
MÍSTICO INDIO, MAESTRO ESPIRITUAL Y FILÓSOFO

Misterio o miseria del amor

¿Cuántas personas conoces que alguna vez amaron a alguien y luego llegaron a odiarlo?

Cada circunstancia es diferente, obviamente, pero **gran parte del intercambio amoroso no es amor verdadero.** Es amor propio, basado en cómo nos hace sentir la otra persona. **Cuando nuestra pareja deja de darnos lo que esperamos**, lo que solíamos recibir y lo que necesitamos, se crea un vacío —una necesidad insatisfecha— y **nuestra historia de amor eventualmente se desmorona**.

El amor propio no es amor verdadero. Así que, la próxima vez que te escuches a ti mismo o a alguien más hablando sobre el amor, sé consciente de que lo que proviene de tus sentimientos —o de los de ellos— probablemente sea amor propio.

Aun así, solo puedo tener la esperanza de que, una vez que comprendamos el significado del amor propio, **dejemos de mentirnos a nosotros mismos o a los demás sobre el amor verdadero, comenzando por ser verdaderos con nosotros mismos.**

¿Amor Propio Verdadero o Invertido?

Dado que el amor propio se interpreta como recibir algo para satisfacer nuestras necesidades, es lógico pensar que si das a quienes amas sin esperar nada a cambio, entonces eso se clasificaría como amor verdadero o amor incondicional.

El amor verdadero suele describirse como una devoción inquebrantable e incondicional hacia alguien. Es una fuerza que toma forma como una conexión emocional y física inmensamente profunda, donde la vida sin esa persona significativa sería prácticamente impensable, donde **uno no existiría sin el otro.**

Todo suena tan maravilloso, **pero ¿realmente lo es?** Voy a desafiar esta lógica y proponer que **cuando las personas se refieren al amor verdadero, en realidad se trata de amor propio invertido.**

Veamos el caso más extremo: sacrificar nuestra vida por un ser amado. Cuando entregamos todo nuestro ser a alguien, de forma consciente o inconsciente, sigue siendo amor propio.
¿Por qué?

Podría ser **porque no podríamos soportar el dolor** de no haberlo hecho, para evitar **la culpa, o el miedo a no poder vivir sin esa persona,** para evitar **la infelicidad, la decepción** o **la tristeza** con nosotros mismos.

En otras palabras, **damos para evitar nuestro propio dolor**. Eso es amor propio.

Algunas personas enseñan que dedicar nuestra vida al servicio de los demás es amor verdadero. ¿pero lo es? ¿O nos dedicamos a alimentar nuestro propio buen karma, sentido de valía y la contribución que nos brinda alegría? ¿No ayudamos a otros en momentos de necesidad con la esperanza de que hagan lo mismo por nosotros? Una vez más, amor propio.

En general, **cualquier forma de dar** es como invertir en los demás, lo que implica entregarles una parte de nosotros. Cuando ellos logran algo (en parte gracias a nosotros), nos sentimos **recompensados internamente.** Una vez más, amor propio.

De una u otra forma, el amor propio sigue teniendo la ventaja y parece que no podemos despegarnos de los límites de la individualidad.

Incluso si hacemos algo de manera indirecta, como criar a un hijo, estamos invirtiendo en él.
Ellos llenan nuestro tiempo, nos dan propósito y la alegría de verlos crecer es la experiencia más gratificante y orgullosa para uno mismo.

Por lo tanto, **lo que la mayoría de las personas llama amor verdadero es amor propio invertido fiel a uno mismo.** Es real, con sentimientos reales, pero no es amor verdadero.

Entonces, ¿qué es el amor verdadero?

A pesar de ser una de las preguntas más difíciles de la humanidad, el gurú de yoga indio y defensor de la espiritualidad, Sadhguru, enfatiza que lo más cercano al amor verdadero es estar en una relación **de cuidado sin formar opiniones ni juicios ni dar consejos.** En otras palabras, ninguno de los dos tiene derecho a opinar.

Los antiguos griegos definieron **ágape, el amor desinteresado, como el nivel más alto de amor que se puede ofrecer.** Se trata de dar sin esperar absolutamente nada a cambio. Ofrecer Ágape es una decisión de esparcir amor en cualquier circunstancia —incluso en situaciones destructivas—.

No sé qué debe sentirse al perder a un hijo o al trabajar toda una vida construyendo algo y luego verlo arder, y aun así amar a quien o a lo que lo causó. Para mí, se me rompe el corazón con solo pensarlo; una parte de mí se habría ido para siempre.

Como ser humano atrapado en un solo cuerpo, en una sola dimensión, en un continuo de tiempo, **sentirme feliz en una situación destructiva es**, **para mí**, lo más cercano a lo **imposible.**

El amor verdadero, el amor desinteresado, ágape, debe residir en una frecuencia mucho más alta, desde cuidar tanto como para nutrir hasta no importar las consecuencias.

¿Qué es posible?

Si fuésemos inmortales, en un mundo de imaginación, donde todo es esencialmente una vibración, donde todo lo que ocurre es simplemente un evento —ni bueno ni malo—, quizás nunca sucedió realmente —como un sueño—, entonces, tal vez podríamos comprender el significado del amor verdadero, sin juicio. Aunque, ¿realmente experimentaríamos el amor si supiéramos que es solo una creación de nuestra imaginación? ¿O experimentaríamos su autenticidad si fuésemos inmortales?

Soy incapaz de responder a estas preguntas. Así que el propósito de la siguiente sección no es explicar cómo alcanzar el amor verdadero, sino **crear una plataforma para una relación amorosa entre dos individuos que se aman a sí mismos.**

Una sugerencia es **inspirarse en los conceptos del amor verdadero** y aplicarlos para crear una plataforma ideal y duradera entre dos personalidades con amor propio.

18° Cuestionario del Hito

P1. ¿Qué incluye nuestro autoconcepto?
a) Desinterés, autoconcepto y autoconciencia
b) Autoestima, autoconcepto y autoconciencia
c) Autoconciencia, autoidentidad y autosacrificio
d) Todas las anteriores

P2. Según el texto, ¿qué hace que nuestro autoconcepto sea inquebrantable?
a) La creencia en "yo soy yo"
b) La búsqueda del amor propio
c) Alcanzar el amor verdadero
d) No tener expectativas de los demás

P3. ¿Qué sería posible si pudiéramos intercambiar mentes y cuerpos?
a) Liberarnos de la burbuja del ego
b) Despertar nuestra energía
c) Acercarnos a la esencia del amor verdadero
d) Todas las anteriores

P4. En el contexto del amor propio, ¿por qué "nos enamoramos"?
a) Para satisfacer las necesidades del otro
b) Para satisfacer nuestras propias necesidades
c) Para experimentar el amor ágape
d) Para buscar el amor verdadero

P5. ¿Qué sucede a menudo cuando una pareja ya no satisface nuestras necesidades?
a) Redefinimos el amor
b) Profundizamos en el amor propio
c) Buscamos nuevas fuentes
d) Alcanzamos el amor verdadero

P6. ¿Cuál es la "ilusión del amor" según el texto?
a) Amar sin expectativas
b) Amor basado en la autogratificación
c) Amor verdadero sin condiciones
d) Amor sin ninguna necesidad

P7. ¿Con qué se confunde a menudo el "amor propio invertido"?
a) Con el amor verdadero
b) Con el autoconcepto
c) Con la burbuja del ego
d) Con el cuidado básico personal

P8. ¿Qué implica Ágape, la forma más elevada de amor?
a) Juicio y cuidado
b) Dar incondicionalmente, incluso en situaciones destructivas
c) Auto-gratificación
d) Satisfacer primero las necesidades personales

P9. ¿Por qué se describe el amor verdadero como "casi imposible de alcanzar"?
a) Porque implica perdonar
b) Porque requiere no emitir juicios ni opiniones
c) Porque es igual al amor propio
d) Porque depende de nuestro ego

P10. ¿Qué suele pasar con el amor cuando una pareja deja de cumplir nuestras expectativas?
a) La historia de amor se desvanece
b) Nos enamoramos más profundamente
c) Dejamos de amarnos a nosotros mismos
d) El vínculo se fortalece

P11. Según el texto, ¿a qué equivale "cualquier forma de dar"?
a) Amor incondicional
b) Autosacrificio
c) Recompensa personal
d) Altruismo

P12. ¿Cuál es el propósito de crear una plataforma entre dos personas con amor propio?
a) Alcanzar el amor verdadero incondicionalmente
b) Lograr el amor ágape en su forma más pura
c) Establecer una conexión ideal de amor entre dos personas con amor propio
d) Evitar el amor propio

P13. ¿Cuál es el significado de ágape en griego?
a) Autoconcepto
b) Amor eterno
c) El nivel más alto de amor
d) Compasión

P14. ¿Por qué podríamos sentirnos impulsados a entregarnos por completo, incluso de forma sacrificada?
a) Para obtener amor incondicional
b) Para evitar la culpa, el dolor o la tristeza interna
c) Para demostrar nuestro compromiso
d) Para satisfacer las necesidades de la pareja

P15. Según el texto, ¿cómo refleja el amor nuestras relaciones?
a) A través del desinterés y el sacrificio
b) Cumpliendo las expectativas de los demás
c) Reflejando nuestras propias necesidades y miedos
d) A través de una conexión emocional pura

P16. ¿Cuál es la respuesta de BEA HERO a la pregunta "¿Qué pasa cada día??"
a) Cada día es mi día de suerte.
b) Cada día lo vivimos al máximo.
c) Cada día mejoramos más y más.
d) Cada día es un regalo.

1.b 2.a 3.d 4.b 5.c 6.b 7.a 8.b 9.b 10.a 11.c 12.c 13.c 14.b 15.c 16.c

El amor puro es desinteresado; no es para la satisfacción de los propios deseos, sino para el bienestar del ser amado.

EL BHĀGAVATA PURĀṆA
ESCRITURAS SAGRADAS DE LA INDIA

Hagamos un repaso...

CAPÍTULO 18: ¿QUÉ ES EL AMOR VERDADERO?

¿Por qué es así?
- Desde el nacimiento, recibimos un nombre, un corazón y un cuerpo
- Formamos una identidad individual:
  - Autoconcepto, autoestima y autoconciencia...
  - Todas las experiencias y reflexiones siguen reforzando esta identidad
- Una vez que interiorizamos "yo soy yo", el autoconcepto se vuelve inquebrantable

¿Qué pasaría si pudiéramos:
- Intercambiar mentes y cuerpos, fusionarnos con todos los elementos
- Reventar la burbuja del ego, liberar el ser y despertar nuestra energía
- Volvernos ilimitados y puros—solo entonces podríamos acercarnos a la esencia del amor verdadero

Desenmascarando la ilusión del amor como gratificación personal
- "Nos enamoramos" de quienes satisfacen nuestras necesidades
- Convertimos a nuestras parejas en vehículos de autogratificación
- Cuando nuestras necesidades dejan de ser satisfechas, buscamos nuevas fuentes
- El amor suele reflejar nuestras propias necesidades y miedos
- Incluso las relaciones tóxicas satisfacen nuestras necesidades básicas
- ¿Cuántas de tus historias de amor eran, en realidad, todo sobre ti?

El amor propio no es amor verdadero
- Cuando una pareja deja de cumplir nuestras expectativas, la historia de amor suele desvanecerse
- Dejemos de engañarnos sobre el amor verdadero y empecemos a ser verdaderos con nosotros mismos

¿AMOR VERDADERO O AMOR PROPIO INVERTIDO?
- Desafiando la creencia común del amor verdadero
- El amor verdadero, comúnmente referido como amor incondicional, es en muchos casos amor propio invertido
- Incluso en el sacrificio, entregarnos por completo refleja una forma de amor propio—evitar la culpa, el dolor o la tristeza interior
- Damos para evitar el dolor
- Cualquier forma de dar se traduce en una recompensa personal
- Lo que la mayoría llama amor verdadero es amor propio invertido fiel a uno mismo

¿Qué es el Amor Verdadero?
- Ágape (Griego): la forma más elevada de amor
- Cuidar sin juicio, opinión ni consejo
- Dar incondicionalmente, incluso en situaciones destructivas
- Para la mayoría de las personas, este ideal es casi imposible de alcanzar real

¿Qué es Posible?
- Deja de esforzarte por alcanzar el amor verdadero; inspírate en él
- Crea una plataforma entre dos individuos que se aman a sí mismos

RADIO DEL AMOR PROPIO

El amor propio encuentra al amor propio

Cuando podemos establecer que entre dos amantes lo que buscan es amor propio y amor propio invertido —un ciclo de retroalimentación unidireccional—**cualquier relación amorosa depende, en última instancia, del equilibrio del amor propio de una persona alimentando al otro.** Son dos personas, ambas impulsadas, unidas y sedientas de amor propio.

Si el objetivo es tener una relación feliz y duradera, debemos **aprender a crear una gran plataforma** amorosa donde los amantes de sí mismos puedan desempeñar su relación.

La analogía de la radio del amor

La plataforma amorosa y el amor en sí son dos cosas distintas. Piénsalo como una radio: la radio es la plataforma física o el instrumento, mientras que la música transmitida representa la señal del amor.

Si asumimos que la señal del amor es muy fuerte, ¿estarías de acuerdo en que dos personas, una con una excelente radio con altavoces nuevos y otra con una radio vieja y medio rota, experimentarían la misma música del amor de formas totalmente distintas? ¡Sí!

¿Qué tan buena es tu radio del amor?

Demasiadas personas no se dan cuenta de que **tener una radio desactualizada lleva a una experiencia amorosa profundamente decepcionante**. Culpar a la señal es un error; **sin importar cuán fuerte sea la señal del amor,** si la radio está fallando, la experiencia será inevitablemente insatisfactoria.

En cualquier relación, todo comienza con volverse consciente de uno mismo y crear la plataforma más óptima para recibir la señal del amor y así tener la mejor experiencia.

Dado que **cada pareja tiene su propio receptor único con sus fallas, ambos deben esforzarse en afinar su plataforma,** o los componentes de su radio musical, para lograr una conexión armoniosa y una experiencia sonora amorosa.

Los Siete Componentes de la Radio del Amor Propio

Así como una radio se construye a partir de componentes clave, la plataforma del amor se crea a través de estos cinco principios esenciales:

1. "La Antena"
Ambos amantes deben ser libres

2. "El Sintonizador"
No caigas en la posesión

3. "El Amplificador"
Honra las necesidades románticas

4. "El Decodificador"
Sé verdadero y digno de confianza

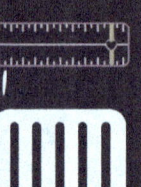

5. "El Dial"
Establece la jerarquía de la relación

6. "Los Parlantes"
Domina los lenguajes del amor

7. "Las Baterías"
Mantén la energía del amor cargada

Ahora, analicemos cada principio y su papel en la creación de la plataforma amorosa más óptima— una base para una experiencia de amor que enriquecerá nuestras vidas de una vez por todas, como música que llena tus oídos con una calidad inmensa.

Nota: **Cada uno de estos principios es esencial y está interconectado**. Como un estéreo, si incluso uno de los componentes clave se pasa por alto, por muy fuerte que sea la señal del amor, la experiencia amorosa y la música se verán disminuidas, distorsionadas, desviadas, desvanecidas o, eventualmente, apagadas.

Ambos amantes deben ser libres
1. Antena

No caigas en la posesión
2. Sintonizador

Establece la jerarquía de la relación
5. Dial

RADIO DEL AMOR

3. Amplificador
Honra las necesidades románticas

4. Decodificador
Sé digno de confianza y auténtico

6. Parlantes
Domina los lenguajes del amor

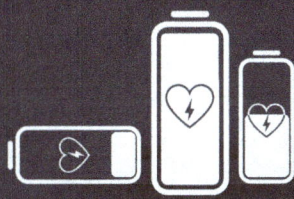

7. Baterías
Mantén la energía del amor cargada

HERO

Hagamos un repaso...

CAPÍTULO 19: LA RADIO DE LOS AMANTES DE SÍ MISMOS

El amor propio se encuentra con el amor propio

- **Toda relación se equilibra en el amor propio de una persona alimentando al de la otra**
- **Una relación feliz y duradera necesita crear una plataforma amorosa sólida**

La analogía de la Radio del Amor
- **La plataforma amorosa y el amor en sí son cosas separadas**
- **Piensa en el amor como una señal de radio y la plataforma como el estéreo**
- **Con una plataforma deficiente, incluso la señal de amor más fuerte no sobrevivirá**

¿Qué tan buena es tu radio?
- **Cada amante tiene su propio "receptor de radio" con fallos**
- **Cada uno debe trabajar para mejorar los componentes de su radio**

Los 5 Componentes de la Radio del Amor
- **Una radio, como una plataforma amorosa, se construye a partir de estos cinco elementos esenciales:**

1. Ambas personas deben ser libres	– la antena
2. No caigas en la propiedad	– el sintonizador
3. Honra las necesidades románticas	– el amplificador
4. Sé confiable y sincero	– el decodificador
5. Domina los lenguajes del amor	– los altavoces

AMBOS AMANTES DEBEN SER LIBRES

LA ANTENA

1
AMBOS AMANTES
DEBEN SER LIBRES

En una relación amorosa, a pesar de los rasgos, fortalezas, debilidades, similitudes y diferencias de cada individuo, **ambos amantes deben sentirse libres**. La liberación recíproca es **el primer principio que permite la forma más pura de ser uno mismo.**

Así como una antena de radio está abierta a captar señales del aire, ambos individuos en una relación deben ser libres y estar abiertos. La libertad **permite que cada persona se exprese plenamente**, fomentando una conexión genuina sin interferencias, permitiendo que la antena de cada uno se posicione y apunte hacia la señal de amor óptima que recibe.

Así como el aire, el agua y el fuego tienen propiedades diferentes pero coexisten en armonía dentro del mismo reino —como la madera que alimenta el fuego, creando suelo al respirar aire; como el calor que empuja el aire hacia arriba, transformándolo en gotas de agua que forman nubes fascinantes; como la lluvia que besa la tierra, nutriendo los bosques y moldeando el paisaje en ríos y valles de las formas más sinuosas— de manera similar, **la pasión de una plataforma amorosa debe permitir experimentar libremente los elementos del otro**; aunque aire, agua o fuego tengan propiedades distintas, aún así coexisten **en armonía dentro del mismo reino.**

La libertad de experiencia se traduce en libertad de expresión y libertad de pensamiento, las cuales son **fundamentales para crear una plataforma amorosa armoniosa**, al igual que las leyes naturales que nos rodean. Así como una antena, cuando se eleva por encima de obstrucciones limitantes, obtiene un mayor ancho de banda, la libertad en una relación **abre el camino para ser nuestro verdadero yo**, incluyendo un respeto y comprensión más profundos.

Además, **la sensación de libertad debe estar equilibrada entre ambas personas.** Cada elemento existe en armonía con los demás, y solo pueden coexistir verdaderamente sobre una plataforma estable y equilibrada que apoye a ambos por igual, tal como una antena necesita una polarización coincidente para una recepción óptima.

Por ello, las parejas deben **aceptarse mutuamente** incluso cuando algo no tiene sentido. Esto no significa que no puedan mejorarse o darse retroalimentación constructiva—temas que abordaremos en una sección posterior—pero reprimir la libertad de uno ahoga el crecimiento personal y la conexión. we'll address in a later section—but suppressing one's freedom stifles self-growth and connection.

En conclusión, este primer componente de la radio del amor nos recuerda que, como antenas sintonizadas para captar la señal más clara, **el amor florece cuando la libertad se alinea.** En esa armonía, se establece una base para que el amor fluya libremente, enriqueciendo la vida de ambos amantes de sí mismos.

NO CAIGAS EN LA POSESIÓN

EL SINTONIZADOR

2
NO CAIGAS EN LA POSESIÓN

Casi todas **las relaciones vienen acompañadas de un arriesgado sentido de posesión sobre el otro**. No decimos simplemente "novia" o "esposo", decimos "mi novia" o "mi esposo". Aunque suene bonito, en realidad debe tratarse con cautela. **Cada persona nace libre**, con su propio cuerpo, mente y alma. **Aspira a la exclusividad** con esa persona, pero **no a la posesión ni al control.**

Con el sentimiento de **posesión**, las parejas comienzan a establecer **restricciones**, límites y a decirse mutuamente lo que pueden o no pueden hacer. Normalmente, **se establece una dinámica de "quién manda"**, donde el control eclipsa la conexión. Finalmente, en lugar de florecer, muchas relaciones **se degradan en experiencias controladoras, tóxicas y destructivas**.

¿Tendría algún sentido que si nos enamoráramos de una planta hermosa, limitáramos la cantidad de agua que puede beber o el tiempo que puede pasar bajo el sol, cuando esas cosas son esenciales para que crezca fuerte y florezca en un majestuoso árbol?

¿O tendría algún sentido forzar a un cerezo a convertirse en un manzano solo porque nos complace más?
¡Por supuesto que no!

Nos aseguraríamos de que nuestra planta esté bien cuidada, protegida, hidratada y que reciba tierra fresca periódicamente. En una palabra, la nutriríamos mientras presenciamos su crecimiento con alegría, al ver cómo alcanza su máximo potencial.

Cuando esto ocurre, la planta a menudo nos devuelve su gratitud ofreciéndonos sombra en los días soleados, refugio de la lluvia y más frutos de los que podríamos comer. Si esto es obvio, ¿por qué la mayoría de las personas no aplica los mismos principios con sus seres queridos? De hecho, **la mayoría de las parejas hacen exactamente lo contrario.**

Volviendo a nuestra analogía de la radio, cuando **actuamos como un sintonizador** sensible en nuestras relaciones, captamos las cualidades y valores que hacen única a nuestra pareja, **apreciándola plenamente sin intentar alterar su esencia natural.**

Así como un sintonizador permanece atento a una señal seleccionada, nosotros **nos enfocamos en comprender y apoyar la individualidad de nuestra pareja sin distorsión.** Esta sintonía atenta nos permite respetar y amplificar sus mejores cualidades, en lugar de imponer nuestras propias preferencias.

Por eso el segundo componente de una radio del amor es **sintonizarse el uno con el otro como individuos que viven sus propias vidas.** Cuando nuestras vidas se cruzan y nos enamoramos, coexistimos como compañeros de vida para potenciarnos, **sin limitarnos mutuamente.**

Como una radio finamente sintonizada, mantenemos el **enfoque en la señal clara y fuerte de quién es realmente cada persona**, ajustando solo para fortalecer la conexión sin distorsión. Entonces, un día, podemos tener hijos que eleven aún más nuestras vidas.

En conclusión, este segundo principio, "no caigas en la propiedad", ilustra que, por nuestra cuenta, solo podemos sintonizar una experiencia única. Con alguien a quien amar y que nos ame, sin control ni distorsión, **creamos una "frecuencia" compartida y sólida entre dos amantes de sí mismos.** De esta forma, nos abrimos a la esencia de una vida fantástica, memorable y profundamente satisfactoria juntos.

19° Cuestionario del Hito

P1. En la analogía de la "Radio del Amor", ¿qué representa la radio en una relación?
a) La señal de amor en sí
b) La plataforma física o instrumento que recibe la señal de amor
c) El vínculo emocional entre las parejas
d) El tipo de música que a cada persona le gusta

P2. ¿Qué es esencial para una experiencia amorosa satisfactoria en la analogía de la "Radio del Amor"?
a) Solo una señal de amor fuerte
b) Una apariencia física atractiva
c) Una plataforma amorosa actualizada y bien sintonizada
d) Una variedad de preferencias musicales

P3. Según el texto, ¿qué es la "plataforma amorosa" en una relación?
a) La señal de amor en sí
b) La radio o instrumento que recibe la señal de amor
c) El apego emocional entre las parejas
d) La apariencia física de cada pareja

P4. ¿Qué se sugiere para asegurar una relación feliz y duradera?
a) Cambiar de pareja con frecuencia
b) Crear una plataforma donde los autoamantes puedan expresar su relación
c) Ignorar completamente la señal de amor
d) Enfocarse solo en la apariencia externa

P5. ¿Qué representa "La Antena" en los Cinco Componentes de la Radio del Amor?
a) La necesidad de que ambas personas sean libres
b) La importancia de decodificar señales de amor
c) Honrar las necesidades románticas
d) Comprender el lenguaje del otro

P6. ¿Qué promueve "El Sintonizador" en una relación amorosa?
a) Permitir que una pareja tome el control
b) Evitar el sentido de propiedad sobre tu pareja
c) Enfocarse en los lenguajes de la relación
d) Amplificar las necesidades románticas

P7. ¿Cuál es el resultado principal de la libertad en una relación?
a) Crea oportunidades para el control
b) Permite una mejor gestión del tiempo
c) Abre el camino a un respeto y entendimiento más profundo
d) Todas las anteriores

P8. ¿Qué es necesario para que la libertad funcione eficazmente en una relación?
a) Una pareja debe liderar la relación
b) La libertad debe estar equilibrada entre ambas partes
c) Ambas partes deben evitar expresar opiniones personales
d) Solo una pareja debe tener libertad de pensamiento

P9. ¿Qué significa aceptar los elementos del otro en una relación?
a) Las parejas solo deben aceptar las fortalezas del otro
b) La aceptación es crucial, incluso cuando las cosas no tienen mucho sentido
c) La aceptación solo debe ocurrir si no hay necesidad de mejorar
d) Las parejas deben evitar brindar cualquier tipo de retroalimentación

P10. ¿Qué sugiere el texto sobre la frase "mi novia" o "mi esposo"?
a) Implica una exclusividad saludable
b) Debe tratarse con cautela para evitar sentimientos de propiedad
c) Es esencial para una relación sólida
d) Crea una relación segura

P11. ¿Qué fomenta el componente del "sintonizador" entre las parejas?
a) Cambiar las cualidades únicas del otro
b) Establecer restricciones para mejorar la conexión
c) Enfocarse en comprender y apreciar la individualidad del otro
d) Competir por el control dentro de la relación

P12. ¿Cuál es el propósito principal del principio "no caigas en la propiedad"?
a) Establecer control sobre el otro
b) Crear una frecuencia compartida entre las parejas sin distorsión
c) Evitar que las parejas tomen decisiones independientes
d) Eliminar la individualidad en la relación

P13. ¿A qué puede llevar una dinámica de "quién manda" en una relación?
a) Una asociación sana y equilibrada
b) Una experiencia tóxica y destructiva
c) Un mayor respeto mutuo
d) Mayor libertad individual

1b, 2c, 3b, 4b, 5a, 6b, 7c, 8b, 9b, 10b, 11c, 12b, 13b

Hagamos un repaso...

CAPÍTULO 19: RADIO DEL AMOR PROPIO (CONT.)

1° PRINCIPIO
Ambas Personas Deben Ser Libres (La Antena)

- La libertad permite la forma más pura de uno mismo
- Permite a cada persona expresarse plenamente
- Permite experimentar libremente los elementos del otro
- Abre el camino hacia un respeto y comprensión más profundos
- El sentimiento de libertad debe estar equilibrado entre ambos
- Como una antena sin obstáculos capta mejor la señal, el amor prospera con libertad

2° PRINCIPIO
No Caigas en la Posesión (El Sintonizador)

- Todas las relaciones traen consigo un arriesgado sentido de posesión
- Cada persona nace libre, busca exclusividad, no control
- Las parejas caen en imponer restricciones y límites
- Se establece una dinámica de "quién manda" causando toxicidad y destrucción

- Enfócate en apoyar la individualidad de tu pareja sin distorsión
- Coexistan como compañeros de vida
- Nutriéndose en lugar de limitarse
- Como una radio bien sintonizada, enfócate en la señal clara y fuerte de quién es cada uno realmente

HONRA LAS NECESIDADES ROMÁNTICAS

EL AMPLIFICADOR

3
HONRA LAS NECESIDADES ROMÁNTICAS

En las relaciones monógamas entre individuos que se aman a sí mismos, **existen expectativas románticas** y necesidades de intimidad **que solo nuestra pareja amada está destinada a cumplir.**

El deseo de intimidad—tomarse de la mano, besarse, abrazarse, tener relaciones sexuales y mantener cercanía física—es un conjunto único de necesidades románticas que, **por naturaleza, se espera que sean satisfechas** <u>**por nuestra única**</u> pareja **exclusiva.**

¿Ves? Podemos satisfacer casi cualquier otra necesidad o compartir cualquier actividad **con otros amigos, pero no el trabajo romántico** cuando estamos en una relación monógama.

Pasatiempos, noches de películas, salir a cenar o apoyarse en alguien para recibir consuelo pueden compartirse con amigos de confianza. Sin embargo, cuando se trata de romance, intimidad erótica, besos y cercanía, **solo nuestra pareja exclusiva cumple el rol de amplificar nuestra frecuencia de amor,** de la misma forma en que un amplificador mejora una señal de radio.

Al honrar las necesidades románticas del otro, reforzamos la conexión, haciendo que la plataforma del amor sea más fuerte y clara—tal como un amplificador de radio fortalece una señal para que resuene.

EL AMPLI

Estas expresiones profundizan las conexiones emocionales y físicas, fortaleciendo la cercanía, la confianza y el afecto entre las parejas. Cada acto sirve como una forma de reforzar el vínculo, haciendo que la experiencia del amor sea más vívida, plena y resonante.

De acuerdo con este tercer principio, "honrar las necesidades románticas", ni nosotros ni nuestras parejas deberíamos **dejar jamás una necesidad romántica sin satisfacer.**

De hecho, **es nuestra responsabilidad mutua amplificar y honrar todas las necesidades románticas de nuestra pareja**, y debe provenir de un lugar de gratitud dentro de nosotros, sin ego, arrogancia, importancia personal ni egocentrismo.

Mientras que una persona puede preferir los abrazos al sexo, o alguien más disfrutar más del tiempo activo juntos que de noches acogedoras de películas, **cualquiera que invierta** en una relación monógama **debe respetar las necesidades románticas del otro y hacer el mejor esfuerzo por satisfacerlas.**

Poner excusas, decir mentiras o postergar acciones son soluciones de corto plazo que, **en última instancia, crean ondas de dolor más profundas** y más drama que simplemente satisfacer las necesidades de tu pareja desde el principio.

Efectos en cadena de la insatisfacción

Cada insatisfacción es como causar un efecto dominó dentro de una cueva de agua cerrada. **La insatisfacción y la decepción son energías que deben liberarse**. Como el agua agitada dentro de una cueva sin salida, cuando las ondas alcanzan los bordes de las paredes, rebotan hacia el centro, haciendo que toda la cueva de agua se agite cada vez más de forma atormentada. Estas ondas representan **sentimientos de no ser cuidado, respetado o amado, y de sentirse ignorado o distante.**

Como resultado, complacerse mutuamente es una parte esencial y el tercer componente de la radio del amor.

Recuerdo haber visto una publicación popular de una mujer diciendo: "Está bien si mi pareja no me compra flores, alguien más lo hará." ¿Qué te dice eso?

En términos simples, significa **que cuando nuestra pareja pide atención o necesita algo, en última instancia tenemos dos opciones:**

¡Ignóralo!

¡Respóndelo!

Veamos algunos de los mecanismos y cadenas de eventos para cada opción.

Ignorar la llamada::
Efectos de Ignorar las Necesidades de Nuestra Pareja

Cuando decidimos ignorar las necesidades de nuestra pareja, desencadenamos una cascada de consecuencias negativas en forma de "ondas", cada una más dañina que la anterior.

1

La primera onda comienza cuando decidimos ignorar la llamada; nuestra pareja aprende que **sus necesidades románticas pueden esperar y que son menos** importantes que las nuestras. Esta onda interrumpe esencialmente el flujo armónico libre de la energía del amor.

2

La segunda onda ocurre sin darnos cuenta, cuando la pareja descuidada comienza a **convertir sus deseos en experiencias de súplica.** Aunque creamos que nos estamos haciendo un favor al decir que no, esa energía atrapada inevitablemente volverá para hacernos daño. La energía atrapada, si no se canaliza, siempre conducirá a bloqueos y desequilibrios. ¿Qué bloqueos y desequilibrios?
¿Recuerdas la última vez que te sentiste decepcionado por esa persona especial? ¿Cómo se sintió? Ahora, imagina esa decepción repitiéndose una y otra vez.

3

¿Acaso tu **energía apasionada no se transformó en resentimiento** (**onda tres**)?

4

Debido a los resentimientos constantes, ¿**tu paciencia** no **se convirtió en impulsividad y enojo** (**onda cuatro**)?

5

¿Acaso tu **armonía amorosa** no **se transformó en estrés** y, finalmente, en retraimiento, mezclado con una sensación de desilusión y frustración dentro de la relación (**onda cinco**)?

6

Luego viene la **sexta onda perjudicial** por descuidar las necesidades de nuestra pareja: **las expectativas se convierten en decepciones.**

7

Esto lleva a la **séptima onda**: la **decepción constante mata la emoción.** Esperar con ilusión algo maravilloso es pura emoción para cualquier pareja. **Todas las relaciones saludables están en gran parte impregnadas de entusiasmo, emoción y sentimientos de felicidad**, ya que usamos nuestra imaginación.

De hecho, ¿recuerdas cómo te sentías antes de unas vacaciones, la alegría de saber que tu ser amado pronto estará en casa, la emoción de preparar un evento o la anticipación de comenzar tu trabajo soñado?
Los sentimientos y **emociones experimentados en la anticipación** pueden ser **tan vívidos que a menudo superan la experiencia real.**

Si alguna vez te preguntaste por qué la decepción duele tanto, es porque es la asesina o erosión de mini sueños, especialmente en relaciones donde la inversión emocional es alta, **se siente como si cada vez se quemaran unas alas frescas de entusiasmo.**

8

La **octava onda** de impacto por descuidar las necesidades de nuestra pareja proviene de cómo respondemos tras experimentar la decepción de expectativas no cumplidas. ¿Cómo afrontamos el hecho de que nuestras llamas de alegría se transformen en humo doloroso en lugar de emoción?

A pesar de las diferencias individuales, **a menudo nos enseñamos a dejar de esperar, a dejar de ilusionarnos** con gestos románticos, convirtiendo nuestros corazones en rocas frías y pesadas. La única manera de evitar decepciones dolorosas es dejar de tener expectativas desde un principio.

¿Puedes imaginar una relación en la que uno de los dos debe dejar de ilusionarse, dejar de planear y dejar de imaginar? ¿Podría sobrevivir el entusiasmo en ese estado? ¿Por qué permanecer en una relación donde el flujo del corazón es reprimido como un río obstruido por piedras o constantemente bloqueado?

Después de un **9** tiempo, surge la **última onda** de desequilibrio. **Si nuestra pareja amada no satisface** nuestras **necesidades** románticas, aparece una pregunta interna: **¿por qué debería satisfacer yo las suyas?** Este comportamiento puede parecer una forma vengativa de retener, pero en realidad es un intento de hacer que la otra persona entienda y cambie al sentir nuestro dolor. Es una forma de comunicar frustración emocional.

Lo que suele ocurrir es la súplica por experiencias amorosas, lo que indirectamente establece una jerarquía sobre cuáles necesidades son más o menos importantes. Se vuelve un patrón de "siempre es un sí para ti y un tal vez para mí", o "tienes energía para tus cosas pero no para las mías", y así sucesivamente.

10

Cuando sumamos todos los efectos de estas ondas, la plataforma amorosa colapsa. La señal de amor y respeto se rompe constantemente, y tarde o temprano, **la pareja afectada se moverá** hacia adentro cayendo **en depresión,** hacia los lados **buscando a un amante** que satisfaga sus necesidades, **o** hacia afuera **terminando la relación.**

Espero que ahora comprendas plenamente por qué **las necesidades románticas deben ser satisfechas**. Como la energía, deben liberarse y no ser descuidadas, subestimadas o ridiculizadas. **Si nuestra pareja nos necesita, nos necesita, y si no estamos allí para ellos, ¿cómo podemos esperar que estén allí para nosotros?**

En tales casos, sería justo decir que estamos en una relación para nosotros mismos, actuando según nuestros propios caprichos, deseos e impulsos (autoimportancia, amor propio).
Creer que debemos ponernos a nosotros primero es decirle a nuestra pareja que está bien que ellos también se pongan primero, lo que convierte la relación amorosa en una cuestión de conveniencia personal, no de colaboración mutua. Cuando me conviene, está bien; de lo contrario, no lo está.

Los 10 Efectos Ondulatorios de Descuidar las Necesidades de tu Pareja

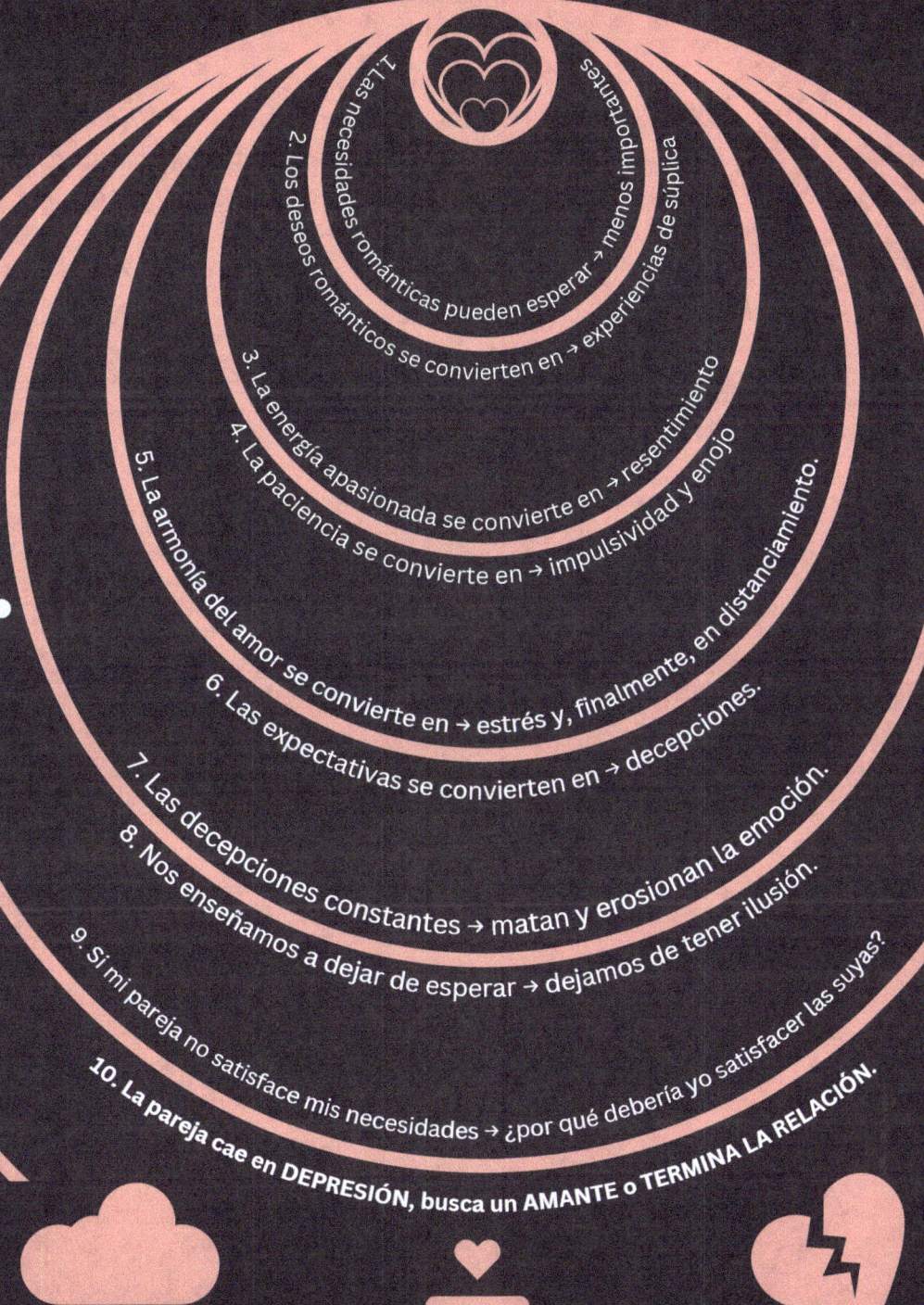

1. Las necesidades románticas pueden esperar → menos importantes

2. Los deseos románticos se convierten en → experiencias de súplica

3. La energía apasionada se convierte en → resentimiento

4. La paciencia se convierte en → impulsividad y enojo

5. La armonía del amor se convierte en → estrés y, finalmente, en distanciamiento.

6. Las expectativas se convierten en → decepciones.

7. Las decepciones constantes → matan y erosionan la emoción.

8. Nos enseñamos a dejar de esperar → dejamos de tener ilusión.

9. Si mi pareja no satisface mis necesidades → ¿por qué debería yo satisfacer las suyas?

10. La pareja cae en DEPRESIÓN, busca un AMANTE o TERMINA LA RELACIÓN.

¿Qué es la decepción?
Una cita con la expectativa.

CÓDIGO BEA HERO™

Comprendiendo la naturaleza ilimitada de las necesidades románticas

Alguien podría argumentar que las parejas deben entender y respetar los límites del otro. Sin embargo, **las necesidades románticas** como los abrazos, los besos, el sexo y la sensación de la presencia del otro **no tienen límites.**

Esperar que la pasión romántica sea domesticada y controlable en lugar de fluir libremente se trata de comprender la energía emocional del amor, no de respeto ni de límites.

Restaurando el deseo: sabiduría ancestral sobre la energía sexual

La energía sexual e íntima ha sido tristemente comercializada y muchas veces malinterpretada. Con un poco de investigación, puedes **redescubrir tu energía interior** del amor a través del taoísmo, que durante siglos ha enseñado sobre el flujo de la energía sexual como **una fuerza poderosa para la sanación, la longevidad y el desarrollo espiritual.**

Del mismo modo, el Kama Sutra, la "enseñanza de los deseos", contiene una gran cantidad de orientaciones sobre cómo **vivir bien** a través de la sexualidad, el erotismo y la realización emocional. Para estas escuelas de pensamiento, **interrumpir esta energía interrumpe la vida de una persona.**

Si estos conceptos no son importantes, entonces, ¿qué lo es?
Al acercarnos al próximo capítulo sobre el arte de la realización, resolver los problemas en las relaciones amorosas o los traumas del pasado tiene una importancia y prioridad astronómica.

Restaurar el deseo: desequilibrios hormonales y libido

Si tú o tu pareja carecen de deseo sexual, por ejemplo, podría deberse a desequilibrios hormonales, siendo hormonas como la testosterona, el estrógeno y la tiroides factores clave en la libido. Afortunadamente, unas pocas citas con un endocrinólogo—un médico especializado en hormonas—pueden ayudar a diagnosticar y tratar estos desequilibrios, restaurando con frecuencia la libido y mejorando el bienestar general.

En el amor, no hay límites. El amor no conoce el espacio, el tiempo ni la necesidad de pedir permiso.

PAULO COELHO
AUTOR DE BEST-SELLERS

Respondiendo al llamado:
Los beneficios de satisfacer las necesidades románticas

Reprimir los deseos apasionados es como pedirle al fuego que abandone su brillo y se vuelva frío, matando lentamente la llama. Como se explicó anteriormente, cada vez que la pasión es **domesticada, atrapada o encadenada**, la plataforma del amor se derrumba.

Por lo tanto, no ignores ni esperes que nuestras parejas sean pacientes poniendo sus necesidades románticas en pausa como si fueran un interruptor. Esto equivale a **tratar a alguien como un osito de peluche o un juguete.** Del mismo modo, pensar que es momento de involucrarse solo cuando lo elegimos o cuando estamos de humor, es tratar la relación como una mascota. Hacer que nuestras parejas se sometan a nuestra conveniencia eventualmente tendrá efectos de retorno.

Así que **simplemente responde plenamente a la necesidad de tu pareja. Si,** debido a razones externas excepcionales o circunstancias no deseadas, **una necesidad romántica no puede satisfacerse de inmediato, encuentra una alternativa adecuada** a toda costa.

"Lo siento" no es suficiente. **Haz una promesa de satisfacer su necesidad en un momento mejor y preciso.** Considera hacer una versión corta hoy mientras prometes cubrir cualquier aspecto faltante al día siguiente.

¿Y qué estás comunicando realmente de esta manera?

Le estás diciendo a tu pareja que **su necesidad es importante, que la respetas** y que **será satisfecha.** Este enfoque **previene cualquier efecto negativo** en cadena y la formación de la decepción. De hecho, incluso **puede generar más entusiasmo.**

Lo que **absolutamente no debes** hacer es prometer algo y luego no cumplir tu parte del trato. Hacerlo **convierte las promesas en simples tácticas para ganar tiempo**, lo que lleva a la falta de confianza y, eventualmente, al colapso de la plataforma amorosa.

Romper una promesa no solo decepciona a tu pareja, sino que también eleva sus expectativas solo para hacerlas caer aún más.
¡Evita causar decepción a toda costa!

20° Cuestionario del Hito

P1. ¿Cuáles son las necesidades románticas en una relación monógama?
a) Actividades como pasatiempos y salir a comer
b) Tomarse de las manos, besarse, abrazarse y cercanía física
c) Apoyo emocional y recostarse en el hombro de un amigo
d) Compartir noches de películas con amigos de confianza

P2. ¿Cómo deben satisfacerse las necesidades románticas en una relación monógama?
a) Priorizando las propias preferencias sobre las de la pareja
b) Con gratitud, sin ego, arrogancia ni egoísmo
c) Retrasando las acciones hasta que sea conveniente
d) Reemplazando las necesidades románticas con actividades compartidas como salir a comer

P3. ¿Qué analogía describe el papel de satisfacer las necesidades románticas en una relación?
a) Las necesidades románticas son como amigos de confianza
b) Un amplificador que fortalece la señal de radio
c) Una noche de películas acogedora que mejora la relajación
d) Un pasatiempo que fomenta el crecimiento personal

P4. ¿Qué representa la analogía del efecto dominó en una cueva de agua?
a) El flujo natural de emociones en una relación
b) Sentimientos de insatisfacción y necesidades no resueltas que se amplifican con el tiempo
c) La inevitabilidad del conflicto en todas las relaciones
d) La capacidad de una pareja para controlar sus emociones de forma independiente

P5. ¿Cuáles son algunos de los efectos dominó de ignorar las necesidades románticas de nuestra pareja?
a) La pareja aprende que sus necesidades son menos importantes que las tuyas
b) La pareja comienza a convertir sus deseos en súplicas
c) Las expectativas se convierten en decepciones
d) Todas las anteriores

P6. ¿Cuál es, en última instancia, uno de los posibles efectos de ignorar las necesidades románticas de una pareja?
a) La pareja termina la relación
b) La pareja busca un amante
c) La pareja cae en depresión
d) Todas las anteriores

P7. ¿Por qué se describe como una prioridad resolver los problemas en relaciones amorosas o traumas pasados?
a) Porque ayuda a mejorar el bienestar emocional y restaurar el deseo
b) Porque mejora la estabilidad financiera en la relación
c) Porque evita que las parejas se sientan distantes o desconectadas
d) Porque aumenta el estatus social y la percepción externa

P8. ¿Qué deberías hacer si no puedes satisfacer inmediatamente la necesidad romántica de tu pareja?

a) Ignorarla y seguir adelante
b) Hacer una promesa para satisfacerla más tarde
c) Pedir disculpas sin ofrecer una solución
d) Esperar hasta tener ganas

P9. ¿Cuál es la consecuencia de no cumplir una promesa hecha a tu pareja?

a) Fortalece la confianza en la relación
b) Genera emoción por futuras promesas
c) Conduce a la falta de confianza y al colapso de la plataforma amorosa
d) No tiene efecto en la relación

P10. ¿Qué comunica el hecho de satisfacer las necesidades románticas de tu pareja?

a) Que sus expectativas se cumplen
b) Que sus necesidades son respetadas y serán satisfechas
c) Que sus necesidades son tan importantes como las tuyas
d) Todas las anteriores

P11. Según el Código BEA HERO, ¿qué es la decepción?

a) Una sensación de insatisfacción
b) Una respuesta emocional negativa
c) El resultado de necesidades no satisfechas
d) Una cita con la expectativa

1.b 2.b 3.b 4.b 5.d 6.d 7.a 8.b 9.c 10.d 11.d

Hagamos un repaso...

CAPÍTULO 20: RADIO DEL AMOR PROPIO (CONT.)

3º PRINCIPIO
Honra las Necesidades Románticas (El Amplificador)

- En una relación monógama, se espera que la única pareja satisfaga las necesidades románticas.
- Las necesidades románticas incluyen intimidad, cercanía, besos, romance, sexo, etc.
- La mayoría de las otras necesidades pueden ser satisfechas por amigos.
- Cada pareja DEBE cumplir y RESPETAR las necesidades románticas del otro.

- Satisfacer las necesidades románticas amplifica la relación amorosa.
- Nunca dejes una necesidad romántica sin satisfacer.
- Las excusas, las mentiras o retrasar las acciones acaban causando un colapso romántico más profundo.

10 Ondas de Negligir a Tu Pareja

1. La necesidad romántica puede esperar → menos importante
2. Deseos se convierten en → súplicas
3. La pasión se convierte en → resentimiento
4. La paciencia se convierte en → impulsividad y enojo
5. La armonía amorosa se convierte en → estrés y distanciamiento
6. Las expectativas se convierten en → decepciones
7. Decepciones constantes → matan la emoción
8. Nos enseñamos a dejar de esperar
9. Si mi pareja no me satisface → ¿por qué satisfacerla yo?
10. La pareja cae en depresión, busca amante o termina la relación

- Las necesidades románticas no tienen límites.
- Restaura el deseo amoroso a través de la sabiduría, la energía sexual y el equilibrio hormonal.
- Satisfacer las necesidades románticas tiene muchos beneficios.

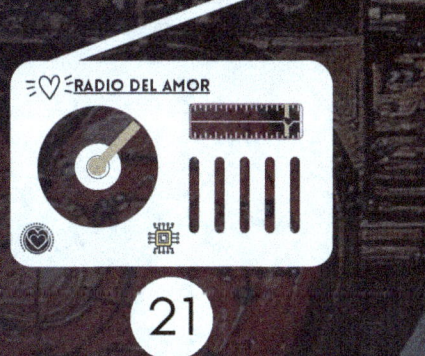

RADIO DEL AMOR

21

SÉ VERDADERO Y DIGNO DE CONFIANZA

EL DECODIFICADOR

4

SÉ VERDADERO Y DIGNO DE CONFIANZA

El cuarto principio y componente de una plataforma amorosa es **construir una relación que sea tanto verdadera como confiable.**

¿Qué es la veracidad?

La verdad es inmediata: existe en el momento como algo verdadero o falso, sin requerir desarrollo o progresión. Es la cualidad de **ser honesto y genuino,** asegurando que **las palabras**, **acciones e intenciones de uno estén alineadas con la realidad y la integridad.**

La verdad es instantánea

Lo que muchas personas no se dan cuenta es que la **veracidad requiere habilidades que deben aprenderse**, practicarse y perfeccionarse.
La honestidad, la precisión, la sinceridad, la apertura y la coherencia son todos aspectos de la veracidad. **No son rasgos innatos, sino cualidades que se desarrollan con el tiempo mediante la voluntad y el esfuerzo de crecer.**

Al igual que un decodificador de radio extrae información clara de una señal, ser veraz permite que el amor sea transparente y genuino, aportando claridad y autenticidad a la relación, libre de distorsión.

La evolución de la veracidad.

Cuando somos niños, aprendemos el valor de la honestidad —o la deshonestidad— a través de la orientación de los padres o de su falta, y mediante las interacciones sociales. A medida que maduramos, podemos reflexionar sobre nuestros valores y comportamientos, esforzándonos por ser más genuinos o desviándonos hacia actitudes más engañosas.

Además, las experiencias y la retroalimentación de los demás pueden reforzar la importancia de la honestidad o no hacerlo, moldeando cómo crece la veracidad en cada individuo.

Así **que no esperes que tú ni tu pareja comprendan de forma innata la virtud de la veracidad** si su crianza o experiencias personales los han moldeado de otra manera. Aquí no hay juicio: cada quien se adapta para sobrevivir y prosperar según sus circunstancias.

Sin embargo, si no lo has considerado a fondo, la veracidad es esencial de aprender y aplicar en una relación, ya que forma uno de los pilares fundamentales de la confianza. Del mismo modo que un decodificador de radio refina y aclara la información de una señal, la veracidad refina y aclara nuestra experiencia del amor, permitiéndole resonar en su forma más auténtica.

Por lo tanto, tanto tú como tu pareja deben comprometerse **activamente a practicar la veracidad con el máximo esfuerzo.**

Prueba Rápida de Veracidad Personal

Según tu percepción, ¿cómo te calificarías a ti y a tu pareja del 0 al 5 en cuanto a cuán veraces son en las siguientes áreas?

5 Estrellas = Siempre   4 = A menudo   3 = A veces   2 = Esporádicamente   1 = Rara vez   0 = Nunca

	IO	MI PAREJA
Apertura emocional ¿Qué tan honestamente compartes tus sentimientos, miedos y deseos con tu pareja?	☆☆☆☆☆	☆☆☆☆☆
Comunicación ¿Qué tan transparente eres en tus interacciones diarias, incluyendo hablar sobre necesidades, expectativas y límites?	☆☆☆☆☆	☆☆☆☆☆
Resolución de conflictos ¿Qué tan directo eres al abordar y resolver conflictos o desacuerdos con tu pareja?	☆☆☆☆☆	☆☆☆☆☆
Autenticidad ¿Qué tan fiel eres a ti mismo en la relación, evitando fingir o modificar tu comportamiento para ajustarte a expectativas percibidas?	☆☆☆☆☆	☆☆☆☆☆
Apoyo y comprensión ¿Qué tan honestamente escuchas y apoyas las necesidades, sentimientos y perspectivas de tu pareja?	☆☆☆☆☆	☆☆☆☆☆
Intenciones y acciones ¿Qué tan alineadas están tus acciones con tus intenciones declaradas y promesas dentro de la relación?	☆☆☆☆☆	☆☆☆☆☆
Respeto por la privacidad ¿Qué tan veraz eres al respetar la necesidad de privacidad de tu pareja y no sobrepasar los límites? *(ej. no revisar mensajes sin permiso, no compartir contraseñas, permitir conversaciones privadas con amistades, no revisar documentos financieros, respetar la privacidad en redes sociales)*	☆☆☆☆☆	☆☆☆☆☆
Respeto por el espacio personal ¿Qué tan honesto eres al respetar el espacio del otro y permitir necesidades individuales dentro de la relación? *(ej. permitir tiempo a solas, tiempo para pasatiempos y reflexión)*	☆☆☆☆☆	☆☆☆☆☆

PUNTAJE PROMEDIO TOTAL

★★★★★	★★★★★

La confianza no solo se gana, se demuestra — una y otra vez, especialmente cuando se pone a prueba el poder.

BENAZIR BHUTTO
PRIMERA MUJER EN SER PRIMERA MINISTRA DE UN PAÍS MUSULMÁN.

¿qué viene primero?

Primero que nada, quiero **felicitarte por haber completado el último test de veracidad personal.** Como muchos de los ejercicios de este libro, no es fácil dejar el ego a un lado y enfrentar verdaderamente nuestras limitaciones. Pero recuerda: **si no medimos algo, ¿cómo podríamos gestionarlo** y mejorarlo?

¡Incluso si te diste solo una estrella, eso ya es un comienzo! Como se mencionó antes, la veracidad es un proceso, y espero que lo tomes con mucha seriedad.

Debo enfatizar que la veracidad no prospera en un entorno de "4 estrellas". Ni tú ni tu pareja pueden ser sinceros en un 70-80% y esperar tener una relación saludable.

Para que la veracidad florezca por completo, ambos deben aspirar a una puntuación de "5 estrellas", donde reine la verdad y, juntos, **puedan construir la base** del siguiente pilar: la confiabilidad.

verdad.
confianza

La veracidad debe venir primero. ¿Cómo puedes confiar en alguien si no has experimentado primero su honestidad? La veracidad sienta las bases para que la confianza se desarrolle, y con el tiempo, la honestidad constante fortalece esa confianza, haciéndola más duradera.

Considera esto: cuando **la veracidad se ve comprometida, la confianza se erosiona, lo que da lugar a la duda y al miedo.** Incluso las intenciones más sinceras pueden ser cuestionadas sin confianza, y eso hace que reparar la relación sea mucho más difícil.

¿Qué es la confiabilidad?

Es la cualidad de ser **fiable, responsable y digno de confianza**. Implica demostrar integridad de manera constante y cumplir compromisos, ganándose y manteniendo así la confianza en las relaciones. A diferencia de la verdad, que puede reconocerse de inmediato, la confianza se desarrolla con el tiempo, **pero puede romperse en un instante.**

¿Decir la verdad equivale a ser confiable?

No, simplemente **decir la verdad no te convierte necesariamente en una persona confiable**. Por ejemplo, podrías admitirle a tu pareja que no hiciste ninguna de tus tareas, gastaste tu sueldo de forma irresponsable, ignoraste llamadas de tu familia o saliste todas las noches.

Aunque estás siendo honesto, esa honestidad por sí sola no genera confianza. La confiabilidad va más allá de decir la verdad: **requiere coherencia, responsabilidad y cuidado en las acciones**, demostrando a los demás que pueden contar contigo.

Esto hace que la confiabilidad sea una fuerza en sí misma, y una parte fundamental del componente del "decodificador" en la radio del amor.

El Desarrollo de la Confiabilidad

¿Puedes recordar cuándo te volviste más o menos digno de confianza? **La confiabilidad**, al igual que la veracidad, **comienza en la infancia**, influenciada por cómo fuimos criados y el ejemplo que dieron nuestros padres o tutores.

Aprendemos sobre la responsabilidad observando a los adultos que nos rodean. A medida que crecemos, las experiencias en la escuela y el trabajo nos enseñan la importancia de ser personas confiables. Las recompensas por la honestidad —y las consecuencias por la deshonestidad— moldean en quiénes nos convertimos.

Desafíos y Evolución

Recuerda que **la confiabilidad** no es algo con lo que nacemos; **es algo que construimos**, especialmente cuando la vida se vuelve difícil. Piensa en esos momentos de estrés, conflicto o retrocesos —¿acaso no son las verdaderas pruebas de nuestra fiabilidad y de cómo los demás nos perciben?

A medida que crecemos y asumimos nuevos roles, es importante revisar en qué punto estamos y mantener nuestro compromiso de ser personas confiables.
Y recuerda, construir relaciones sólidas no solo hace que los demás confíen más en nosotros; también nos convierte en mejores amigos, parejas y compañeros. La confiabilidad es un viaje moldeado por los desafíos que enfrentamos y por la elección de crecer a través de ellos.

Prueba Rápida de Autoconfianza en la Confiabilidad

Según tu percepción, ¿cómo calificarías a ti mismo y a tu pareja del 0 al 5 estrellas en cuanto a confiabilidad en las siguientes áreas?

5 Estrellas = Siempre   4 = A menudo   3 = A veces   2 = Esporádicamente   1 = Rara vez   0 = Nunca

	IO	MI PAREJA
Fiabilidad ¿Cumples constantemente con tus promesas y compromisos?	☆☆☆☆☆	☆☆☆☆☆
Confiabilidad ¿Eres alguien en quien los demás pueden confiar en diversas situaciones?	☆☆☆☆☆	☆☆☆☆☆
Responsabilidad ¿Cumples constantemente con tus deberes asignados y gestionas tus tareas de manera eficaz?	☆☆☆☆☆	☆☆☆☆☆
Consistencia ¿Mantienes un enfoque constante en tu comportamiento y toma de decisiones?	☆☆☆☆☆	☆☆☆☆☆
Confidencialidad ¿Respetas y proteges la información privada que otros comparten contigo?	☆☆☆☆☆	☆☆☆☆☆
Justicia ¿Tratas a los demás con imparcialidad y equidad?	☆☆☆☆☆	☆☆☆☆☆
Responsabilidad personal Do you understand and acknowledge with respect others' opinions, feelings, and rights?	☆☆☆☆☆	☆☆☆☆☆
Empatía ¿Comprendes y reconoces con respeto las opiniones, sentimientos y derechos de los demás?	☆☆☆☆☆	☆☆☆☆☆
Claridad ¿Compartes abiertamente información e intenciones relevantes, asegurando claridad en tus comunicaciones?	☆☆☆☆☆	☆☆☆☆☆
PUNTAJE PROMEDIO TOTAL	★★★★★	★★★★★

Consejos para Desarrollar la Confiabilidad Rápidamente

Basándote en tu puntuación de confiabilidad, aquí tienes nueve consejos prácticos que puedes aplicar para mejorarla rápidamente.

Al enfocarte en estos aspectos, podrás construir un sentido más sólido de confiabilidad y generar un **impacto positivo en tus relaciones e interacciones.** Trabaja en ello durante un mes y sigue tomando el test con regularidad para monitorear tu progreso.

Cuando nos proponemos **mantener la constancia,** esta se convierte en un hábito en nuestras decisiones y comportamientos. Haz tu mejor esfuerzo por evitar acciones impulsivas o impredecibles. De hecho, resalta la responsabilidad personal **asumiendo tus actos y enfrentando los errores con honestidad.** Esto mantendrá tu integridad, incluso en situaciones difíciles.
Y por último, **evita el chisme o hablar mal de otros a sus espaldas**. Si alguien lo hace contigo, ¿no te hace preguntarte qué dirá de ti cuando no estás?

En resumen, reconozcamos que **desarrollar la veracidad y la confiabilidad** en cualquier relación **es un proceso continuo de aprendizaje**, especialmente dentro de nosotros mismos. Sigue cultivando este cuarto principio del amor y practícalo de forma constante para fortalecer este componente esencial de tu "radio del amor".

1. Adelanta tu reloj 10 minutos
¿Llegas puntual a las reuniones? ¿Avisas con honestidad y a tiempo si vas a retrasarte?

2. Evita hacer promesas
Es mejor decir que quizás no llegues y luego aparecer, que comprometerte y cancelar a último momento.

3. Mantén buena higiene y organización
¿Cómo está tu higiene personal? ¿Con qué frecuencia te elogian tu perfume? ¿Qué tan ordenados están tu habitación y tu auto?

4. Paga tus deudas a tiempo
Si pides dinero prestado, sé claro sobre cuándo y cómo lo devolverás, y cumple con ese acuerdo.

5. Habla con calma y escribe con claridad
¿Te mantienes sereno durante conversaciones difíciles? ¿Tus correos y mensajes son fáciles de entender?

6. Conduce como un profesional
Evita exceder la velocidad para lucirte— no impresiona a nadie y te hace parecer imprudente. Si te gusta conducir rápido, hazlo en una pista y desarrolla habilidades reales en un entorno controlado.

7. Escucha sin interrumpir
Si tomas un curso, termínalo. Si te unes a un equipo o clase, comprométete hasta el final.

8. Listen without interrupting
¿Guardas el teléfono cuando conversas? ¿Mantienes contacto visual? ¿Escuchas genuinamente sin interrumpir?

9. Activa alertas para fechas importantes

21° Cuestionario del Hito

P1. ¿Cuál es la definición de veracidad según se describe en este libro?
a) La capacidad de entender los sentimientos de otra persona
b) La habilidad de persuadir a otros con carisma
c) Ser honesto, genuino y coherente con la realidad
d) Un rasgo natural con el que nacen todos los humanos

P2. ¿Cómo se forma la veracidad?
a) Leyendo libros y estudiando filosofía
b) A través de la guía de los padres y las experiencias de vida
c) Practicando meditación y atención plena regularmente
d) Gracias a la estabilidad financiera y la independencia

P3. ¿Qué metáfora se utiliza para describir cómo la veracidad refina las relaciones?
a) Un espejo que refleja la luz
b) Un árbol que desarrolla raíces fuertes
c) Un decodificador de radio que aclara una señal
d) Una brújula que apunta al norte

P4. ¿Cuál es un ejemplo de apertura emocional en una relación?
a) Evitar temas difíciles para mantener la armonía
b) Compartir honestamente los sentimientos, miedos y deseos
c) Esperar que tu pareja adivine tus emociones
d) Expresar solo emociones positivas a tu pareja

P5. ¿Cómo puede considerarse transparente la comunicación en las interacciones diarias?
a) Enfocándose solo en asuntos triviales
b) Hablando abiertamente sobre necesidades, expectativas y límites
c) Evitando conversaciones difíciles para prevenir conflictos
d) Compartiendo solo lo que crees que tu pareja quiere escuchar

P6. ¿Qué acción demuestra respeto por la privacidad de tu pareja?
a) Compartir sus contraseñas con amigos en común
b) Revisar sus mensajes del teléfono sin permiso
c) Permitir conversaciones privadas con amigos
d) Monitorear su actividad en redes sociales regularmente

P7. Según el texto, ¿cuál es el estándar mínimo de veracidad en una relación saludable?
a) 1 estrella: Apenas comenzando el proceso
b) 3 estrellas: Esforzándose por mejorar
c) 4 estrellas: Mayormente veraz, con algunas excepciones
d) 5 estrellas: Honestidad completa y constante

P8. ¿Qué sucede cuando la veracidad se ve comprometida en una relación?
a) La confianza se fortalece con el tiempo
b) Comienzan a surgir la duda y el miedo
c) La comunicación se vuelve más abierta
d) La relación se vuelve más estable

P9. ¿Por qué decir la verdad por sí solo no califica como confiabilidad?
a) Porque la honestidad no se valora en las relaciones
b) Porque decir la verdad no demuestra responsabilidad ni cuidado en las acciones
c) Porque decir la verdad lleva a discusiones y malentendidos
d) Porque decir la verdad es una cualidad temporal

P10. ¿Qué distingue la confiabilidad de la veracidad?
a) La confiabilidad consiste en reconocer la verdad al instante, mientras que la veracidad se gana con el tiempo
b) La confiabilidad requiere responsabilidad y cuidado consistentes, mientras que la veracidad se enfoca en la honestidad en el momento
c) La confiabilidad implica seguir reglas, mientras que la veracidad requiere comunicación
d) La confiabilidad solo aplica a relaciones personales, mientras que la veracidad aplica a entornos profesionales

P11. ¿Qué demuestra confiabilidad en relaciones o en el trabajo?
a) Ajustar frecuentemente los planes según la conveniencia
b) Cumplir consistentemente con promesas y compromisos
c) Hacer promesas pero rara vez cumplirlas
d) Evitar compromisos para prevenir la responsabilidad

P12. ¿Cómo se refleja la justicia en el comportamiento?
a) Tratar a algunas personas con preferencia sobre otras
b) Ignorar los conflictos para evitar parecer parcial
c) Tratar a los demás con imparcialidad y equidad
d) Tomar decisiones basadas únicamente en el beneficio personal

P13. ¿Cuál es un consejo práctico para mejorar la puntualidad?
a) Poner tu reloj 10 minutos adelantado
b) Esperar hasta el último momento para salir a reuniones
c) Evitar por completo las estrategias de gestión del tiempo
d) Ignorar los retrasos y disculparse después

P14. ¿Cómo deberías manejar las conversaciones difíciles?
a) Hablar con calma y mantener la compostura
b) Alzar la voz para enfatizar tu punto
c) Evitar por completo los temas difíciles
d) Usar lenguaje vago para desviar las preguntas

P15. ¿Qué demuestra una buena responsabilidad personal?
a) Pedir dinero prestado sin términos claros de devolución
b) Pagar las deudas a tiempo y respetar los acuerdos
c) Evitar responsabilidades que involucren finanzas
d) Ignorar los plazos para los pagos

1c, 2b, 3c, 4b, 5b, 6c, 7d, 8b, 9b, 10b, 11b, 12c, 13a, 14a, 15b

La confianza es como el aire que respiramos: cuando está presente, nadie la nota; cuando falta, todos la notan.

WARREN BUFFETT
INVERSIONISTA, AUTOR, PRESIDENTE Y DIRECTOR EJECUTIVO

Hagamos un repaso...

CAPÍTULO 21: RADIO DEL AMOR PROPIO (CONT.)

4° PRINCIPIO
SÉ VERDADERO Y DIGNO DE CONFIANZA
(El Decodificador)

Veracidad:
- **Es instantánea, pero no innata**
- **Está influenciada desde la infancia**
- **Requiere habilidades y esfuerzo para ser aprendida**
- **No esperes que tu pareja sea veraz automáticamente**
- **No todos comprenden la virtud de la veracidad**
- **Comprométete activamente a practicarla con el máximo esfuerzo**

Prueba Rápida de Veracidad Propia
Puntaje Promedio Total: YO_____ / PAREJA_____

- **La veracidad DEBE venir primero**
- **No puede haber confianza sin verdad**

Confiabilidad:
- **No se construye al instante, pero puede romperse en un instante**
- **Está influenciada desde la infancia**
- **Requiere habilidades y esfuerzo para ser aprendida**
- **No esperes que tu pareja sea confiable automáticamente**

Prueba Rápida de Confiabilidad Propia
Puntaje Promedio Total: YO_____ / PAREJA_____

9 Consejos para una Confianza Rápida

- Llega a tiempo
- Evita hacer promesas
- Mantén una buena higiene y organización
- Paga tus deudas a tiempo
- Habla con calma y escribe con claridad
- Conduce como un profesional
- Termina lo que comienzas
- Escucha sin interrumpir
- Recuerda todas las fechas importantes

RADIO DEL AMOR

22

ESTABLECE UNA JERARQUÍA DE RELACIÓN

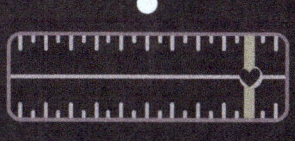

EL DIAL

5
SET ESTABLECE UNA JERARQUÍA DE RELACIÓN

En conjunto con los demás principios para construir una relación fuerte y amorosa, el quinto elemento enfatiza la importancia de **que ambos miembros de la pareja decidan juntos qué aspectos de la relación valoran más.**

Establecer **metas compartidas** y **una estructura clara o un orden de prioridades** alinea la relación, como si sintonizaran la misma frecuencia en una radio del amor.

Tener prioridades alineadas puede acelerar naturalmente el éxito de la relación, mientras que **lo contrario** —estar desincronizados—**puede generar verdaderos obstáculos e interferencias,** como intentar escuchar dos emisoras diferentes al mismo tiempo, dejando a ambos sin poder comprenderse verdaderamente.

Incluso si ambos son sinceros y auténticos, aún pueden estar sinceramente equivocados. **¿Por qué? Porque cada persona puede interpretar las cosas de manera diferente.**

¿Cuántas veces hemos entrado en conflicto con nuestra pareja, a pesar de tener la misma información? Tal vez tú quieres hacer las cosas de una manera, mientras que la otra persona quiere hacerlas de otra.

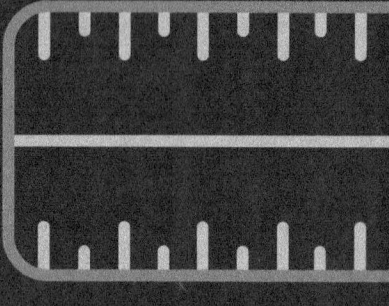

EL D

Entonces, ¿quién tiene la razón? Esa es la pregunta equivocada. En su lugar, pregunta:

¿Qué es lo más importante?

Sin una jerarquía de prioridades, ambos miembros de la pareja pueden tener razón, ya que cada uno interpreta la situación a través de sus propios valores, significados y necesidades.

Como pareja, deben crear una jerarquía de al menos cinco metas fundamentales de la relación. Estas metas proporcionan una base para encontrar puntos en común al tomar decisiones. ¿Qué es lo más importante? **¿Qué viene primero y qué viene después?**

Sin objetivos comunes en la relación, ¿cómo podemos esperar resolver discusiones y desarmonías? **Muy a menudo, asumimos que estamos en la misma sintonía, y esa es una realidad muy, muy equivocada que proyectamos**, como si marcáramos por error una frecuencia parecida en la radio y esperáramos llegar a la emisora correcta.

Por esta razón, a continuación exploraremos brevemente los puntos clave sobre las suposiciones y cómo identificarlas en la vida diaria. Esta habilidad es esencial para crear una jerarquía de relación más clara y sintonizar mejor la misma estación como pareja, que es el propósito general de este subcapítulo.

Hechos: la base de la evidencia y la claridad

Los hechos son objetivos—no cargan con motivos, deseos ni suposiciones. Simplemente existen, creando una base para la claridad y una evidencia indiscutible en cualquier tipo de relación.

Porque en los desacuerdos, a **menos que ambas personas se centren en hechos reales,** la resolución se vuelve casi imposible. Una persona opera desde su versión imaginada de los hechos, mientras que la otra vive en una narrativa completamente distinta. **¿El resultado? Caos total.** Así que, sin importar cuán buena sea la señal, la antena o el sintonizador, si el decodificador o la estación marcada se basa en suposiciones u opiniones, el resultado será solo ruido blanco.

Por eso, **aprende a distinguir los hechos de las suposiciones**. Da el tiempo y el espacio para explicar y **reunir todos los hechos**. Es casi como permitir que un programa se descargue por completo antes de poder reproducirlo. No existe tal cosa como una descarga al 99% que funcione. O permites que llegue al 100% o mejor ni intentes comprenderlo, porque basta con que falte un 1% de la información para que el rompecabezas sea completamente distinto.

Anclar las discusiones en hechos establece una base común correcta, reduce malentendidos y permite una comunicación efectiva.

La transparencia es un hecho. La responsabilidad es un hecho. La verdad es un hecho. Respetar los límites es un hecho. Las acciones son un hecho. Los compromisos son un hecho. Las tareas completadas son un hecho. Los sentimientos, cuando se expresan abiertamente, son un hecho.

Estos son algunos de los pilares de la evidencia real. **Para construir una relación resiliente, evita hacer suposiciones o sacar conclusiones apresuradas.** En su lugar, concéntrate en los hechos.

Por ejemplo, **si no estás seguro** de algo que dijo tu pareja, **pide una aclaración** en lugar de asumir su intención. Este simple hábito fomenta la comprensión mutua y evita que pequeños malentendidos se conviertan en grandes conflictos.

Llama en lugar de enviar mensajes de texto—el tono de tu voz puede cambiar completamente el resultado de la comunicación en comparación con un mensaje escrito.

Escribe una carta completa en lugar de dividir el mensaje en múltiples correos electrónicos.

Date permiso para pedir más tiempo para responder adecuadamente cuando estés en el estado mental y espacio adecuados para ofrecer una respuesta reflexiva. Más consejos vendrán en el próximo capítulo.

¿De qué deberías enamorarte? De los hechos, no de las promesas.

CÓDIGO BEA HERO™

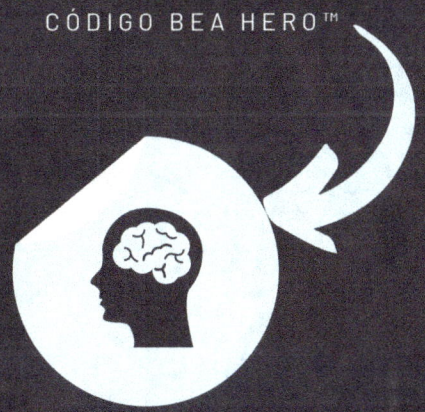

Señales de advertencia de problemas de comunicación: Test con ejemplos de la vida real

Relaciona el tipo de problema de comunicación con su ejemplo de la vida real más cercano. Nota: puede haber más de una categoría correcta.

HIPOTÉTICOS

Escenarios imaginarios presentados como si hubieran sucedido.

1. "Siento que no te importo."
2. "Escuché que dijiste esto sobre mí."
3. "Nunca me escuchas."
4. "Me avergonzaste delante de todos."
5. "Sé que ya no te gusta pasar tiempo conmigo."
6. "Si no te hubiera llamado, ni te habrías molestado en saber cómo estoy."
7. "Eres igual que mi ex, siempre ignorando mis necesidades."
8. "No me respondiste porque estás enojado(a)."
9. "Si hubiera sabido esto antes, podríamos haber evitado toda esta situación."

OPINIONES

Juicios o preferencias personales presentados como verdades.

SUPOSICIONES

Creer que sabes lo que piensa o quiere tu pareja sin preguntarle.

CREENCIAS NO VERIFICADAS

Creencias o suposiciones **no respaldadas por evidencia sólida.**

WARNING
GENERALIZACIÓN

Usar palabras como **"siempre"** o **"nunca"** para describir comportamientos.

EXAGERACIONES

Amplificar situaciones para enfatizar un punto.

10. "Tom me dijo que estabas hablando mal de mí a mis espaldas."
11. "Nunca ayudas en la casa. Siempre termino haciendo todo yo."
12. "Tardaste una eternidad en decidir, sentí que estuve esperando horas."
13. "Tardaste tanto en responderme que pensé que no te gustaba mi idea."
14. "Sin mí, no se hace nada en esta casa."
15. "Todo el mundo piensa que..."

MALAS INTERPRETACIONES

Sacar conclusiones sobre acciones sin haberlas confirmado.

STOP

RUMORES

Información recibida **de otra persona** sin confirmación directa.

PREJUICIOS PROYECCIONES

Imponer **inseguridades personales** o **experiencias pasadas** sobre situaciones actuales.

MAL REPRESENTADO

Algo inexacto, a menudo debido a la **falta de claridad** o a la **distorsión** de la verdad.

Estableciendo prioridades en la relación: la importancia de metas claras

Ahora que hemos cubierto las señales de advertencia relacionadas con las suposiciones, podemos avanzar hacia el establecimiento de prioridades en la relación entre tú y tu pareja.

Recuerda: solo con metas claras y acordadas se pueden resolver eficazmente los malentendidos y conflictos, y tomar decisiones adecuadas.

Por ejemplo, **cinco metas comunes en una relación, ordenadas por importancia,** podrían incluir:

1. No violencia (seguridad)
2. No mentiras (confianza)
3. Libertad para expresarse (respeto)
4. Satisfacer necesidades románticas (evitar decepciones)
5. Apoyar el crecimiento personal (libertad)

Goals should follow a logical hierarchical order. For instance, if safety is placed last, how can mutual respect be achieved? Without needing to be Aristotle, **work together as a couple to determine what is essential for you in order of priority,** agree on the list, sign it, and refer back to it when needed.

> Prioritizing isn't limiting; it's liberating—it allows you to focus on what truly matters.

> ❝
> La fortaleza de cualquier relación radica en su capacidad para ponerse de acuerdo sobre lo que más importa.

Muchas profesiones—como las fuerzas armadas, la justicia, la aviación y la medicina—han establecido prioridades jerárquicas de resultados. **Sin ellas, reinaría el caos.** Estas jerarquías ayudan a las personas a tomar decisiones y alcanzar acuerdos comunes.

Por ejemplo, un piloto no tomará una ruta más corta para ahorrar combustible (eficiencia) si hay una tormenta en ese trayecto (seguridad). La aviación prioriza la seguridad, el ejército se enfoca en cumplir la misión, y la justicia se centra en la evidencia real y la equidad.

Entonces, ¿dónde deberían estar las prioridades de tu relación? **Eso depende de ti y de tu pareja**. ¡Háganlo realidad!

¿Cómo establecer una jerarquía de prioridades?

Si como pareja pueden acordar prioridades comunes, **pueden aplicar el mismo enfoque para otras decisiones**, como a dónde ir de vacaciones, cómo gastar sus ahorros o qué auto comprar.

- **Valor más alto:** Asigna la prioridad más alta a los elementos más valiosos, como la seguridad y la ética.

- **Urgente vs. No urgente:** Prioriza primero las tareas urgentes

- **Esencial vs. Importante:** Enfócate en lo que es esencial por encima de lo que es solo importante.

- **Eficiencia:** Da prioridad a las acciones que logran más con menos tiempo, dinero, estrés o energía.

- **Impacto a corto vs. largo plazo:** Elige acciones con beneficios a largo plazo sobre las ganancias inmediatas.

- **Alineación con los valores esenciales:** Asegúrate de que las prioridades estén alineadas con sus valores fundamentales como pareja.

- **Acuerdo mutuo:** Ambos deben estar de acuerdo en las prioridades para una toma de decisiones colaborativa.

- **Flexibilidad:** Mantente abierto(a) a ajustar las prioridades conforme cambien las circunstancias.

- **Sensibilidad al tiempo:** Considera los plazos y factores urgentes al establecer prioridades.

- **Disponibilidad de recursos:** Evalúa los recursos disponibles como tiempo, dinero y energía.

- **Riesgo vs. Recompensa:** Analiza los posibles riesgos y beneficios de cada opción.

- **Impacto emocional:** Ten en cuenta cómo cada prioridad afecta tu bienestar emocional y la salud de la relación.

- **Crecimiento futuro:** Da prioridad a las decisiones que apoyen el crecimiento personal y de la relación.

- **Salud y bienestar:** Asegúrate de que la salud física y mental sean una prioridad.

- **Sistemas de apoyo:** Considera el apoyo disponible de amigos, familia y comunidad al tomar decisiones

- **Sostenibilidad:** Elige acciones que sean sostenibles y beneficiosas a largo plazo.

- **Viabilidad:** Evalúa la practicidad y factibilidad de cada opción.

Estableciendo la Jerarquía en la Relación de Pareja

Trabajen juntos para crear una lista de prioridades en la relación. Esta lista les ayudará a tomar decisiones, resolver discusiones y comprender mejor las necesidades del otro.

PASO 1: Reflexión individual

Cada miembro de la pareja se toma un tiempo para reflexionar sobre lo que considera más importante en la relación. Escriban sus prioridades. El orden no importa por ahora.

1)_____
2)_____
3)_____
4)_____
5)_____
6)_____
7)_____
8)_____
9)_____
10)_____
11)_____
12)_____
13)_____
14)_____
15)_____
16)_____
17)_____
18)_____
19)_____
20)_____

Ejemplo de Prioridades de Pareja:

- No violencia (Seguridad)
- Libertad para expresarse (Respeto)
- No mentiras (Confianza)
- Satisfacer necesidades románticas (Sin decepciones)
- Apoyar las metas del otro
- Pasar tiempo de calidad juntos
- Mantener estabilidad financiera
- Salud y bienestar
- Amigos en común y vida social
- Pasatiempos compartidos o individuales

PASO 2: Compartir y Comparar
Compartan sus listas y hablen sobre por qué cada punto es importante.

PASO 3: Encontrar Puntos en Común
Identifiquen las prioridades comunes y conversen sobre las diferencias. El objetivo es comprender la perspectiva del otro.

PASO 4: Ordenar Prioridades
Juntos, ordenen las prioridades del 1 al 10 (o del 1 al 5 si prefieren una lista más corta). Asegúrense de que el orden refleje lo que es más importante para ambos.

PASO 5: Crear la Lista
Escriban las prioridades acordadas en orden de importancia. Asegúrense de que ambos estén satisfechos con la lista final.

PASO 6: Firmar y Exhibir
Fírmenla como un compromiso con esas prioridades. Pónganla en un lugar visible para ambos. ¡No la pierdan!

PASO 7: Consultar la Lista
Siempre que enfrenten una decisión, discusión o necesiten hablar sobre ciertas conductas, vuelvan a esta lista. Úsenla como guía para resolver conflictos y tomar decisiones que estén alineadas con sus valores compartidos.

Consideraciones:
Entiendan que **las prioridades pueden cambiar** a medida que cambian las circunstancias. Revisen y actualicen la lista con regularidad para reflejar sus necesidades y metas en evolución como pareja.

Establecer una jerarquía de prioridades puede ser un desafío, ya que muchas cosas pueden parecer igualmente importantes.

Para identificar lo que es imprescindible, hazte las mismas preguntas de distintas maneras para discernir qué es verdaderamente esencial.

Evita la ambigüedad; sé claro(a) y específico(a). **Asegúrate de que el proceso sea respetuoso y que ambos estén comprometidos.** Solo incluyan prioridades que hayan sido acordadas mutuamente para evitar conflictos en el futuro.

Estableciendo la Jerarquía en la Familia

Como familia, trabajen juntos para crear una lista de prioridades en las relaciones familiares.

PASO 1: Reflexión individual

Cada miembro se toma un tiempo para reflexionar sobre lo que considera más importante acerca de la familia. Escriban sus prioridades; el orden no importa por ahora.

1)_____

2)_____

3)_____

4)_____

5)_____

6)_____

7)_____

8)_____

9)_____

10)_____

Ejemplo de Prioridades Familiares:

- Seguridad y protección
- Respeto mutuo y equidad
- Confianza y honestidad
- Apoyo emocional
- Tiempo de calidad juntos
- Comunicación efectiva
- Salud y bienestar
- Estabilidad financiera
- Crecimiento y desarrollo personal
- Tareas del hogar compartidas

Consulta los Pasos 2 al 7 como en la tarea anterior.

Consideraciones:
Al establecer prioridades familiares, tengan en cuenta las **diversas necesidades de todos** los miembros.

Enfóquense en el **desarrollo, la educación y el bienestar emocional de los niños,** mientras gestionan las tareas del hogar y la planificación de las comidas.

Equilibren las actividades de los niños, mantengan las **tradiciones** familiares, aseguren la **seguridad** y atiendan las necesidades de **salud.** Los padres deben modelar comportamientos positivos y estar **preparados para afrontar crisis**.

Este enfoque permite crear un conjunto integral de prioridades para toda la familia.

Así como la rueda gira en armonía con su eje, así también debe girar la vida en torno al centro del recto entendimiento.

DHAMMAPADA
ESCRITURAS BUDISTAS

Estableciendo Jerarquías en Diversas Relaciones
(Amistades, Carrera, Educación, Deporte, Viajes...)

La tabla de prioridades puede adaptarse a **todas las áreas de las relaciones.** Las amistades, los pasatiempos, las metas de inversión y más, son todas formas de relaciones. Este enfoque ayuda a reducir los conflictos y te permite asignar tu tiempo, energía y recursos de manera efectiva para asegurar equilibrio y plenitud. Aquí tienes otras áreas donde puedes aplicar el concepto de la tabla de prioridades:

Prioridades en las Amistades:
Priorizar el tiempo y el esfuerzo para mantener y cultivar amistades significativas.

Prioridades en los Pasatiempos:
Asignar tiempo y recursos a aquellos pasatiempos que brindan alegría y plenitud

Prioridades en el Trabajo y la Carrera Profesional:
Priorizar tareas y metas para aumentar la productividad y el desarrollo profesional.

Prioridades en la Educación:
Establecer prioridades para el tiempo de estudio, la elección de cursos y las actividades extracurriculares, con el fin de maximizar el aprendizaje y los logros.

Prioridades en Pasatiempos, Ocio y Viajes:
Asignar tiempo y recursos a actividades que brinden alegría, descanso y plenitud.

Prioridades en Salud y Condición Física:
Determinar la importancia de las diferentes actividades relacionadas con la salud y el bienestar, como la alimentación, el ejercicio y los chequeos médicos.

Prioridades del Tiempo:
Determina cómo asignar tu tiempo de manera efectiva para equilibrar el trabajo, el descanso y el ocio.

Prioridades en Finanzas y Gestión de Inversiones:
Priorizar decisiones de gasto, ahorro e inversión para alcanzar la estabilidad financiera y cumplir con tus metas económicas.

Prioridades en el Crecimiento Espiritual y la Meditación:
Enfocarse en prácticas que nutran tu bienestar espiritual, como la oración, la meditación o asistir a servicios religiosos.

Prioridades en el Sueño y el Descanso:
Establecer prioridades relacionadas con el sueño para mantener la salud y el bienestar general.

Relación con la Alimentación y la Bebida:
Priorizar hábitos saludables de alimentación y consumo, la planificación de comidas y los objetivos nutricionales.

Clarificar las Relaciones

Al establecer tus prioridades, **pregúntate qué es imprescindible para ti** en esta amistad, pasatiempo o participación comunitaria. Considera qué estás dispuesto(a) a ofrecer y a qué costo.

Aclarar cada una de estas relaciones **te ayudará a entender en qué crees y qué te hace feliz**, lo cual es fundamental para la próxima sesión sobre el arte de la plenitud en la vida.

Practicar la identificación de tus prioridades **aumentará tu autoconciencia y te ayudará a evitar malentendidos y decepciones** a largo plazo, incluyendo la tendencia a hacer cosas para complacer a los demás en lugar de a ti mismo(a).

Tómate uno o dos días para reflexionar sobre cada una de tus relaciones actuales, incluyendo aquellas con amigos, el tiempo y la comida.

La principal diferencia con las tablas de prioridades en áreas como los pasatiempos o la espiritualidad es que, en estos casos, suelen ser ejercicios individuales, ya que los pasatiempos o las creencias espirituales no pueden definir sus propias prioridades.

A diferencia de las relaciones con una pareja o un miembro de la familia, donde es necesario llegar a un acuerdo mutuo, en estas tareas personales **tienes mayor flexibilidad**. Aunque entrenadores, maestros u otras relaciones exigentes puedan establecer ciertas expectativas, aún puedes adaptar tus prioridades para que se alineen con tus metas y necesidades personales.

Al establecer y consultar tus jerarquías, puedes gestionar de manera más efectiva los distintos aspectos de tu vida, asegurando que sigan siendo partes satisfactorias y sostenibles de tu bienestar integral.

Reaccionar o responder: el poder de elegir

Se dice que **el 70% de nuestra mente está ocupada por cosas que están fuera de nuestro control.** Entre ellas, las críticas de los demás, ya sea de personas cercanas o incluso de nuestra pareja. La pregunta es: **¿puedes controlar lo que otros piensan** o dicen de ti? Por supuesto que no. Después de todo, **¿alguna vez has conocido a alguien 100% perfecto** que nunca decepcione? Probablemente **no.**

Lo que sí podemos controlar es cómo elegimos reaccionar. Entre el estímulo (como una crítica) y la respuesta, existe nuestro poder de elección. Ante una crítica, podemos reaccionar emocionalmente, como una botella de gaseosa agitada a punto de explotar, o responder con calma, como una botella de agua estable, que no se ve afectada por la turbulencia externa.

Nuestra personalidad se forma a partir de esas decisiones. **Aunque la investigación sugiere que entre el 50 y el 60% de nuestra personalidad** puede estar influenciada por la genética y la crianza,* el resto se moldea por cómo elegimos enfrentar los desafíos de la vida.

En última instancia, **las grandes personalidades no se forjan con la perfección, sino con las decisiones conscientes** que tomamos frente a las dificultades.

*
Truity.
(2016)
"¿Los niños
heredan la
personalidad de
sus padres?"

> La elección es la forma
> más silenciosa del poder—
> no grita, moldea.

22° Cuestionario del Hito

P1. ¿Cuál es el propósito principal de crear una jerarquía de metas en la relación?
a) Asegurar que las necesidades de una persona siempre tengan prioridad sobre las del otro
b) Resolver discusiones alineándose en valores y prioridades compartidas
c) Eliminar todos los posibles conflictos dentro de la relación
d) Ayudar a la pareja a determinar quién tiene la razón en una discusión

P2. ¿Qué puede suceder si los miembros de la pareja no están sincronizados con sus prioridades?
a) Siempre discutirán y nunca llegarán a una resolución
b) Pueden tener interpretaciones contradictorias y no llegar a entenderse
c) Ambos perderán el interés en la relación
d) Eventualmente se alinearán de forma automática

P3. ¿En qué pregunta deberían enfocarse las parejas al enfrentar desacuerdos?
a) ¿Quién tiene la razón?
b) ¿Qué salió mal?
c) ¿Qué es lo más importante?
d) ¿Cómo ganamos esta discusión?

P4. ¿Cuál es el riesgo de basar las discusiones en suposiciones u opiniones?
a) Fomenta que la pareja exprese sus sentimientos abiertamente
b) Crea un equilibrio armonioso entre puntos de vista distintos
c) Conduce al caos y a la mala comunicación, como un "ruido blanco"
d) Asegura una resolución más rápida de los conflictos

P5. ¿Qué se recomienda cuando no estás seguro de la intención o declaración de tu pareja?
a) Asumir el significado basado en experiencias pasadas
b) Pedir aclaración para evitar malentendidos
c) Esperar a que tu pareja lo mencione de nuevo
d) Responder de inmediato para evitar conflicto

P6. ¿Cuál de las siguientes es una muestra de sacar conclusiones sin verificar los hechos?
a) "Tom me dijo que estabas hablando mal de mí a mis espaldas."
b) "Nunca ayudas en la casa. Siempre termino haciendo todo yo."
c) "Tardaste tanto en responderme que pensé que no te gustaba mi idea."
d) "Todo el mundo piensa que..."

P7. ¿Por qué puede ser problemática la afirmación 'Todo el mundo piensa que...'?
a) Proporciona evidencia verificable para respaldar afirmaciones
b) Invita al diálogo abierto y a la comprensión
c) Generaliza opiniones sin evidencia factual, lo que puede generar malentendidos
d) Aclara la intención y los sentimientos del hablante

P8. ¿Cuál es el proceso sugerido para que las parejas establezcan sus prioridades en la relación?
a) Cada persona decide sus propias metas sin consultar al otro
b) Trabajar juntos para crear una lista lógica y jerárquica de prioridades y ponerse de acuerdo
c) Usar una lista de metas prediseñada sin hacer cambios
d) Priorizar las necesidades románticas por encima de todos los demás aspectos

P9. ¿Cuál es el enfoque recomendado para equilibrar los impactos a corto y largo plazo al priorizar tareas?
a) Enfocarse siempre en las ganancias a corto plazo para resolver problemas inmediatos
b) Priorizar los beneficios a largo plazo por encima de las ganancias a corto plazo
c) Ignorar los impactos a largo plazo en favor de las necesidades urgentes
d) Elegir las tareas con menor resistencia sin importar el impacto

P10. ¿Por qué es importante revisar y actualizar regularmente la jerarquía de prioridades de una pareja?
a) Para asegurar que la lista permanezca estática e inmutable con el tiempo
b) Para reflejar las necesidades y metas cambiantes a medida que evolucionan las circunstancias
c) Para evitar discusiones manteniendo las mismas prioridades para siempre
d) Para simplificar el proceso reduciendo el número de prioridades

P11. ¿Cómo pueden las parejas identificar lo que es esencial al establecer prioridades?
a) Haciendo las mismas preguntas de diferentes maneras para aclarar lo imprescindible
b) Asumiendo que todas las prioridades son igualmente importantes
c) Evitando discusiones para prevenir desacuerdos
d) Enfocándose solo en tareas urgentes sin considerar el impacto a largo plazo

P12. ¿Cuál es el mensaje principal del concepto "Reaccionar o Responder"?
a) No puedes controlar los eventos externos, pero sí puedes controlar cómo eliges responder ante ellos.
b) Las críticas de los demás deben ser ignoradas completamente.
c) Las emociones deben suprimirse para evitar reaccionar ante las críticas.
d) Nuestra personalidad está completamente determinada por la genética y la crianza.

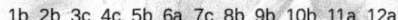

1b, 2b, 3c, 4c, 5b, 6a, 7c, 8b, 9b, 10b, 11a, 12a

HERO

Hagamos un repaso...

CAPÍTULO 22: RADIO DEL AMOR PROPIO (Cont.)

5º PRINCIPIO
Establecer Jerarquía de la Relación (El Dial)

- mbos miembros de la pareja deben establecer sus prioridades comunes más importantes
- Define la jerarquía de tu relación de pareja de forma clara y por escrito
- Pregunta: ¿Qué es lo más importante?, no ¿Quién tiene la razón?
- NO ASUMAS

- Problemas de comunicación – Test de la vida real
    - Rumores
    - Generalizaciones
    - Exageraciones
    - Creencias no verificadas
    - Proyecciones y prejuicios
    - Malas interpretaciones / Información distorsionada

- ¿Cómo establecer prioridades?
- (Las prioridades pueden cambiar con el tiempo)

- Establecer prioridades en otras formas de relación
- (Carrera profesional, Educación, Deporte...)

Reaccionar o Responder → El Poder de Elegir
- El 70% de nuestra mente está ocupada por cosas fuera de nuestro control
- ¿Has conocido a alguien 100% perfecto?
- Las grandes personalidades se forjan a través de decisiones conscientes.

RADIO DEL AMOR

23

DOMINA LOS LENGUAJES DE LA RELACIÓN

LOS ALTAVOCES

6

DOMINA LOS LENGUAJES DE LA RELACIÓN

El sexto componente de nuestra plataforma de amor óptimo es dominar los lenguajes de la relación

Esto implica **aprender cómo se comunica el amor**: expresarlo, reconocerlo y saber pedir perdón cuando sea necesario. **Se trata de expresar emociones, captar señales de afecto, resolver conflictos comunicando las molestias con claridad** y evitar las suposiciones.

Piénsalo como una radio del amor, donde la calidad de los altavoces y el subwoofer define la forma en que el amor se expresa hacia afuera, asegurando que el mensaje se reciba con el volumen y la claridad óptimos, sin distorsión.

Los desafíos de la fusión amorosa

Desde el segundo capítulo de este libro, has explorado los desafíos de entender las emociones, el significado de la vida, mejorar la comunicación contigo mismo y descubrir tus propias necesidades humanas universales.

Ahora imagina aplicar tu huella única y moldearla junto a la de tu pareja, todo mientras navegan los desafíos de diferentes orígenes étnicos, experiencias de vida, género, y más. ¿Es esto siquiera posible?

LOS ALT

Si hay voluntad, hay camino. Sin embargo, no caigas en la suposición de que tu pareja ha pasado por el mismo nivel de autoanálisis, comprensión y evaluación que tú a lo largo de este libro, ni ellos deberían asumir que tú compartes sus mismas experiencias de vida, sabiduría acumulada o diferencia de edad.

Pragmáticamente, a pesar del lado ciego del amor, **existen innumerables variables y diferencias entre tú y tu pareja.** De una forma u otra, **la calidad de la comunicación amorosa**—tema central de esta sección—**puede ser el factor principal que determine si una relación será duradera y saludable.**

Al final, los altavoces de las radios del amor de ambos representan la expresión de sus experiencias amorosas. Por eso, a menos que ambos logren un buen nivel de expresión amorosa, los mensajes que se envían pueden ser malinterpretados, lo que puede generar más malentendidos y conflictos constantes.

Si estamos aquí para experimentar el amor verdadero en su esencia más pura, revisemos algunos conceptos clave sobre cómo el amor se comunica... y cómo sabe perdonar.

AVOCES

¿Cómo podemos mejorar nuestros lenguajes del amor?

Un gran punto de partida es comprender que el amor es un verbo de acción y que se expresa de forma diferente para cada persona.

En 1992, Gary Chapman publicó el libro *Los cinco lenguajes del amor*, que desglosa las distintas formas en que el amor puede ser expresado.

Aprender y practicar cada uno de estos lenguajes mejora nuestras conexiones y nos permite experimentar mayor alegría y armonía en todas nuestras relaciones.

¿Cuáles son los cinco lenguajes del amor?

1. Palabras de afirmación
"Te extraño, te amo, eres increíble."

2. Tiempo de calidad
"Conversaciones profundas, escapadas de fin de semana."

3. Regalos
"Pequeños detalles, flores, regalos hechos a mano."

4. Actos de servicio
"Preparar el desayuno, hacer mandados."

5. Contacto físico
"Tomar de la mano, besos, masajes, sexo."

- **Cada lenguaje del amor es importante** y expresa el amor a su manera.
- **Cada persona tiene un lenguaje del amor principal y uno secundario.**
- Al aprender el lenguaje del amor del otro, ayudamos a crear un vínculo más fuerte en cualquier relación.

Por ejemplo, no darte cuenta de que lavar la ropa o cocinar (actos de servicio) es el lenguaje del amor principal de tu pareja, mientras que el tuyo puede ser principalmente el contacto físico, puede generar malentendidos serios.

Por eso se llaman lenguajes del amor—porque cuando dos personas hablan diferentes lenguajes, la relación solo puede ir de mal en peor.

¿Cuáles son tus principales lenguajes del amor? Curiosamente, el lenguaje del amor que más favorecemos suele ser también el que más nos gusta recibir. **Conocer tu lenguaje principal es tan importante como conocer el de tu pareja.**

¿Qué es lo que más anhelas en una relación?

_____

_____

_____

¿Qué te puede asegurar que tu pareja realmente te ama?

_____

_____

_____

Haz un test en línea para descubrirlo.

Test en línea de los 5 Lenguajes del Amor.

Lenguajes de Disculpa

Así como nuestros lenguajes del amor preferidos pueden diferir, cada uno de nosotros también tiene un lenguaje de disculpa preferido, que puede ser distinto al de los demás.

¿Qué es un lenguaje de disculpa?

En términos simples, un lenguaje de disculpa **es la forma en que das y recibes una disculpa.** Este concepto fue popularizado en *Los cinco lenguajes de la disculpa* por Gary Chapman y Jennifer Thomas (2006). Comprender y aprender tu lenguaje de disculpa puede ser valioso no solo en relaciones románticas, sino también en amistades y entornos profesionales.

Dado que todos estamos configurados de manera diferente, escuchar las palabras "Lo siento, tienes razón" puede tener mucho significado para ti después de una discusión. Pero para otra persona, esas mismas palabras pueden parecer vacías—un intento superficial de dejar atrás el problema.

Debemos asumir la responsabilidad de nuestro comportamiento, reparar el daño causado y comprometernos a hacerlo mejor.

¿Cuáles son los Cinco Lenguajes de la Disculpa?

1. Expresar Arrepentimiento

"Me siento avergonzado(a) por cómo te lastimé."

ASUMIR LA PROPIA CONDUCTA

2. Aceptar la Responsabilidad

"Estuvo mal lo que te hice."

3. Arrepentimiento Genuino

"Solo puedo imaginar cuánto dolor te causé. Lo siento de verdad. No volveré a hacerlo.
La próxima vez actuaré de otra manera..."

REPARAR

4. Restituir el Daño

"Así es como voy a compensarte..."

COMPROMETERSE MEJORAR

5. Pedir Perdón

"¿Me perdonas por haberte fallado?"

El Resultado

El objetivo es ayudarte a **disculparte de una manera que garantice que todas las partes se sientan escuchadas y valoradas, evitando malentendidos.**

Consejos para una Disculpa Efectiva:

- **Contacto físico suave:** como colocar una mano en el hombro de la otra persona, tomarle las manos, o si están sentados, poner la mano sobre su rodilla.
- **Usar** una **voz suave y amable.**
- **Mantener el contacto visual.**
- **Escuchar** lo que la otra persona tenga que decir.
- **Finalizar** la disculpa **con un abrazo o un apretón de manos firme.**

Si no conoces el lenguaje de disculpa de la otra persona, usar los cinco en una sola frase probablemente logrará el resultado deseado:

"Me siento avergonzado(a) por cómo te lastimé. Estuvo mal lo que hice. Solo puedo imaginar cuánto dolor te causé. Lo siento, y no volveré a hacerlo. Así es como voy a compensarte... ¿Me perdonas?"

Remember it →

Si no lo has notado, esta forma de disculpa desvía la energía hacia la gratitud en lugar de la ira. Como aprendimos en una parte anterior de este libro, no puedes sentir gratitud e ira al mismo tiempo.

Otro método para disculparse, si no puedes hacerlo en persona, es escribir una carta de disculpa.

Chapman, G., &
Thomas, J.
(2022)
The Five Languages
of Apology: The
Secret to Healthy
Relationships.

Expresar Malestares

¿Cuándo fue la última vez que una conversación comenzó con señalamientos, ya sea por tu parte o por la de tu pareja, con frases como "¡Me faltaste al respeto!" o "¡No me estabas escuchando!"? ¿Qué ocurrió después?

¿Hizo que tú o la otra persona se sintieran atacados y se pusieran a la defensiva? ¿La discusión se volvió cada vez más tensa? **Los primeros tres minutos de una discusión determinan el 96% de su resultado.***

Gracias a psicólogos de relaciones como la Dra. Cheryl Fraser, hoy sabemos que existen mejores métodos para transmitir nuestro mensaje y obtener una mejor respuesta. Se trata de expresar adecuadamente cómo nos sentimos, con claridad y especificidad, permitiendo que se abra un diálogo y se aborde la raíz del problema.

> **Fórmula XYZ para Expresar Molestias****
>
> **Siento X, acerca de Y, y necesito Z**
> Siento X, cuando Y, y me ayudaría Z

Remember it

Siento que no me estás escuchando
cuando todo lo que oigo es "ajá" y "mm-hmm" y no haces contacto visual.
Necesito, por favor, que te involucres más en la conversación.

Me siento irrespetado(a)
cuando hablas negativamente de mí en público.
Me ayudaría que me lo digas en privado.

*
Gottman, J. (2015)
Los siete principios para hacer que el matrimonio funcione. YouTube.

**
Dra. Cheryl Fraser. El amor es una elección. Podcast.

Fórmula para expresar malestares: método SCI

Usar el método SCI para expresar tus sentimientos puede ayudarte a comunicarte de manera efectiva y reducir los malentendidos. Aquí están los componentes del método SCI:

S - Sentimiento
¿Qué sentimiento te provocó la acción de la otra persona?

_____

_____

_____

Ejemplos:
Sentimiento:
"Me sentí herido(a)."

C – Comportamiento
¿Cuál fue la acción <u>exacta</u> que generó esa emoción?

_____

_____

_____

Comportamiento:
"Cuando cancelaste nuestros planes en el último minuto."

I - Impacto
¿Cuáles fueron las consecuencias de esa acción para ti?

_____

_____

_____

Impacto:
"Me hizo sentir que no soy importante y desorganizó mi agenda."

Hay una razón por la cual **deberíamos comenzar las conversaciones expresando nuestros sentimientos**: nadie puede discutirlos. La otra persona puede no estar de acuerdo con lo que sentimos o incluso no preocuparse por ello, pero no puede negarlos.

Expresar cómo nos sentimos facilita una transición más fluida **hacia la conversación sobre las consecuencias**, que son la parte más crítica de cualquier retroalimentación, ya **que representan hechos tangibles.**

Para que la retroalimentación y la resolución sean exitosas, **debe existir una base de respeto mutuo o interés compartido.**

Ignorar los sentimientos puede ser perjudicial y llevar al irrespeto. Una vez que el vínculo de confianza se rompe, es difícil repararlo.

En estas situaciones, preguntar a la otra persona qué debe suceder para que se sienta respetada, o cómo puedes recuperar su respeto, es un buen paso para reconstruir el vínculo.

Evita disputas sin hechos

En cualquier tipo de conflicto dentro de una relación, debemos establecer hechos a toda costa para evitar suposiciones a toda costa. Por ejemplo:

"No respondiste a mi mensaje en todo el día."
¡Hecho!
"Me ignoraste porque estás molesto(a)."
¡Suposición!

Familiarízate cada vez más con la diferencia entre hechos y suposiciones. A continuación, he resumido un conjunto de ejemplos basados en hechos que pueden ayudarte a adaptarte y manejar diversas situaciones de manera efectiva.

Acciones Observables
- "Me llamaste ayer a las 5 p.m."
- "Cenamos juntos en ese restaurante la semana pasada."

Información Objetiva
- Fechas, horarios y lugares (por ejemplo: "Nuestro aniversario es el 15 de junio.")
- Eventos específicos (por ejemplo: "Pasamos el fin de semana visitando a tu familia.")

Verdades Personales Compartidas Abiertamente
- "Me siento abrumado(a) cuando me interrumpes durante una conversación."
- "Soy más feliz cuando pasamos tiempo de calidad juntos."

Responsabilidad y Rendición de Cuentas
- "Olvidé comprar los víveres, y lo siento por eso."
- "Reaccioné de forma exagerada antes—no fue justo contigo."

Transparencia en las Intenciones
- "Pregunto porque realmente quiero entender tu punto de vista."
- "Estoy molesto(a), pero no quiero discutir—solo quiero hablarlo."

Límites
- "Necesito tiempo a solas para recargar energías después de un día largo."
- "Estoy abierto(a) a recibir comentarios, pero preferiría que se den de forma constructiva."

Compromisos y Promesas
- "Prometí asistir a tu evento, y estaré allí."
- "Acordamos hablar sobre las decisiones financieras antes de actuar."

Acuerdos Compartidos
- "Decidimos pasar las fiestas con tu familia este año."
- "Dijiste que recogerías a los niños del colegio mañana.

99

Conócete a ti mismo.

❊

AFORISMO DE LA ANTIGUA GRECIA

ESTA EXPRESIÓN ES LA PRIMERA DE TRES MÁXIMAS INSCRITAS EN
EL (VESTÍBULO) DEL TEMPLO DE APOLO EN DELFOS.
SEGUIDA POR
"NADA EN EXCESO"
"LA CERTEZA TRAE LOCURA"

23° Cuestionario del Hito

P1. ¿Cuál es el enfoque principal de dominar los lenguajes de la relación?
a) Suponer que tu pareja entiende tus necesidades sin explicación
b) Aprender a expresar emociones, reconocer señales de amor y pedir disculpas cuando sea necesario
c) Evitar conflictos reprimiendo emociones
d) Usar el autoanálisis para cambiar el comportamiento de tu pareja

P2. ¿Cuál es uno de los principales desafíos al fusionar las experiencias amorosas entre parejas?
a) Las parejas siempre tienen experiencias de vida y valores idénticos
b) Las diferencias en antecedentes étnicos, experiencias de vida y género pueden generar malentendidos
c) Suponer que la comunicación amorosa no es necesaria para una relación duradera
d) Creer que el autoanálisis garantiza comprensión mutua

P3. ¿Qué suele determinar la calidad de una relación duradera y saludable?
a) La frecuencia con la que se resuelven los conflictos
b) La compatibilidad de los objetivos de vida
c) La calidad de la comunicación amorosa entre la pareja
d) La suposición de que se comparten los mismos valores y creencias

P4. ¿Cuál de los siguientes es un ejemplo del lenguaje del amor "Actos de servicio"?
a) Dar flores o regalos hechos a mano
b) Tomarse de la mano o dar un masaje
c) Preparar el desayuno o hacer mandados
d) Decir: "Te extraño" o "Eres increíble"

P5. ¿Por qué es importante conocer tu lenguaje del amor y el de tu pareja?
a) Para evitar malentendidos y crear un vínculo más fuerte en la relación
b) Para asegurar que todas las expresiones de amor se enfoquen en dar regalos
c) Para priorizar la comunicación verbal sobre otras formas de expresión
d) Para determinar cuál lenguaje del amor debe dominar en la relación

P6. ¿Cuál es el propósito principal de comprender y utilizar los lenguajes de la disculpa?
a) Asegurar que cada disculpa sea aceptada sin cuestionamiento
b) Disculparse de una manera en la que todas las partes se sientan escuchadas y valoradas
c) Evitar disculparse desviando el enfoque hacia la gratitud
d) Minimizar malentendidos limitando las disculpas verbales

P7. ¿Cuál de los siguientes es un ejemplo del lenguaje de disculpa "Restituir el daño"?
a) "Me siento avergonzado(a) por cómo te lastimé."
b) "Así es como voy a compensarte..."
c) "¿Me perdonas por haberte fallado?"
d) "Estuvo mal lo que te hice."

P8. ¿Cuál es el propósito de comenzar una conversación expresando tus sentimientos?
a) Discutir y demostrar que la otra persona está equivocada
b) Crear una transición más fluida hacia la discusión de las consecuencias
c) Evitar hablar de hechos concretos
d) Hacer que la otra persona esté de acuerdo con tus sentimientos

P9. ¿Qué significa el método FBI en la comunicación efectiva?
a) Sentimiento, Comportamiento, Impacto
b) Hecho, Creencia, Influencia
c) Sentimiento, Límites, Intención
d) Interacción Basada en Hechos

P10. ¿Cuál es el principio clave en la resolución de conflictos para evitar malentendidos?
a) Hacer suposiciones para llenar vacíos de información
b) Establecer y enfocarse en hechos observables
c) Centrarse únicamente en emociones personales
d) Evitar la comunicación directa para reducir la tensión

P11. ¿Qué fórmula se recomienda para expresar molestias de manera efectiva?
a) "Siento X, acerca de Y, y necesito Z" o "Siento X, cuando Y, y me ayudaría Z"
b) "Tú me hiciste sentir X, y tú necesitas arreglar Y"
c) "Siento X, pero Y no es importante, así que ignorémoslo"
d) "Tú siempre haces Y, lo que causa Z"

P12. ¿Qué implica el lenguaje de disculpa "Pedir perdón"?
a) Expresar cuánto lo sientes
b) Comprometerse a no repetir el error
c) Pedir explícitamente el perdón de la otra persona
d) Ofrecer una forma de compensar el daño causado

P13. ¿Qué destaca el lenguaje de disculpa "Aceptar la responsabilidad"?
a) Prometer no repetir el error
b) Admitir la culpa y asumir las propias acciones
c) Pedir perdón explícitamente
d) Ofrecer una manera de reparar el daño

1b, 2b, 3c, 4c, 5a, 6b, 7b, 8b, 9a, 10b, 11a, 12c, 13b

HERO

Hagamos un repaso...

CAPÍTULO 23: RADIO DEL AMOR PROPIO (Cont.)

6º PRINCIPIO
Dominar los Lenguajes de la Relación (Los Altavoces)

- La radio del amor depende de la calidad de sus altavoces.
- Saber expresar, reconocer y pedir perdón en el amor es fundamental.
- En última instancia, la calidad de tu comunicación amorosa determina su longevidad.

¿Conoces tus LENGUAJES DEL AMOR y los de tu pareja?
- Palabras de Afirmación, Tiempo de Calidad, Regalos, Actos de Servicio, Contacto Físico
- ¡Haz el test!
- Cada lenguaje es importante y puede ser diferente al de tu pareja.

¿Cómo estructurar una DISCULPA efectiva?
1. Expresar Arrepentimiento
  2. Aceptar la Responsabilidad
    3. Arrepentimiento Genuino
      4. Restituir el Daño
        5. Pedir Perdón

Consejos:
- Mantén el contacto visual, usa un tono amable, escucha activamente y termina con un abrazo.

¿Cómo EXPRESAR MOLESTIAS?
- Los primeros 3 minutos determinan el 93% del resultado.
- Comienza expresando tus sentimientos.
- Usa la Fórmula XYZ: "Siento X, acerca de Y, necesito Z."
- Aplica el Método F.B.I.: Sentimiento, Comportamiento, Impacto
- El respeto mutuo o el interés compartido son esenciales.
- Mantente en los hechos concretos y evita las suposiciones.

RADIO DEL AMOR

24

MANTIÉN CARGADA LA ENERGÍA DEL AMOR

LAS BATERÍAS

7
MANTIÉN CARGADA LA ENERGÍA DEL AMOR

El séptimo y último componente de nuestra plataforma óptima del amor es mantener cargada la energía del amor.

Las relaciones saludables no ocurren por accidente. **Cualquiera puede enamorarse;** no se necesita mucho. Enamorarse es fácil, **pero permanecer enamorado requiere atención y esfuerzo**.
Cuando nos enamoramos, estamos llenos de interés y energía. Planificamos, actuamos con intención y queremos impresionar.

Nos sumergimos en el mundo de nuestra pareja, con la esperanza de sentirnos así para siempre.

Sin embargo, **las parejas** excepcionales **que mantienen una relación** apasionada, profundamente conectada, sexual y eróticamente viva, y **emocionante a largo plazo no lo logran por accidente.**
Estas parejas toman acciones tanto intencionales como espontáneas, y **ponen esfuerzo mutuo** para activar y alimentar su amor cuando es necesario. Al igual que los polos positivo y negativo de una batería, **el equilibrio entre dar y recibir energía en la relación es esencial.**

Así como una radio necesita una fuente de energía confiable y suficiente para funcionar, **nuestra propia radio del amor requiere energía constante y recargas regulares** para que todos los demás componentes sigan funcionando de forma continua.

LAS BA

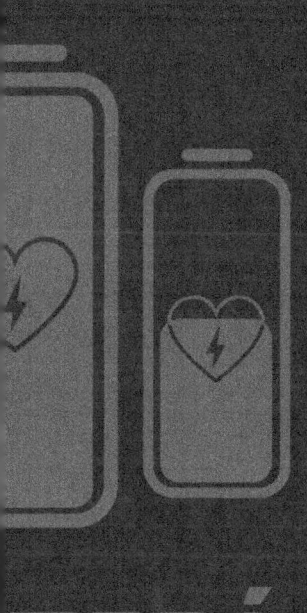

TERÍAS

Incluso la radio más nueva, con la última tecnología, no funcionará sin energía.Así que imagina cómo puede existir el amor sin el esfuerzo, la atención y la intención que ponemos en mantener viva la conexión.

A medida que la química del amor entre dos personas comienza a desvanecerse, se vuelve evidente la importancia de recargar constantemente nuestra **energía amorosa.** Sin este esfuerzo, la energía en el afecto, la pasión y la intimidad se agota, tal como ocurre con una batería cuyo proceso químico eventualmente se agota y deja de funcionar.
¿Cuántas personas conoces que han caído en esta situación?

La energía del amor es lo que mantiene encendida la relación, permitiéndonos estar presentes, involucrados y emocionados. Amar es un verbo, lleva acción. No es algo pasivo ni inerte—es un esfuerzo constante que fluye hacia la conexión. Puedes seguir en una relación, pero no puede llamarse verdaderamente una relación amorosa sin amor.

Las parejas excepcionales entienden que deben seguir cargando su radio del amor, **asegurándose de que la chispa nunca se apague** y siga tan viva como cuando se enamoraron por primera vez

En esta sección, estudiaremos **cómo evitar las trampas del amor más comunes,** cómo identificarlas y **cómo recargar la energía del amor** para mantenerla en su punto máximo.

El triángulo equilátero del amor

Las parejas excepcionales se caracterizan por su fortaleza en tres áreas clave: **intimidad, emoción y sensualidad.** Estos tres elementos forman un triángulo equilátero, donde **cada lado es igualmente importante.**

Es fundamental mantener un equilibrio entre intimidad, emoción y sensualidad en una relación para garantizar satisfacción y estabilidad a largo plazo.

Intimacy fosters deep emotional connections and trust, while thrill keeps the relationship exciting and dynamic. Sensuality enhances physical connection and sexual satisfaction.

Together, these elements create a well-rounded, fulfilling partnership that addresses emotional, mental, and physical needs, reducing the risk of dissatisfaction and infidelity.

Intimidad - ** ngloba la **conexión psicológica y emocional entre los miembros de la pareja. Es **el aspecto de amistad** dentro de una gran historia de amor. Las parejas que destacan en intimidad saben disculparse y reparar, muestran un interés genuino en la vida del otro y se sienten profundamente conectadas. Invierten en la felicidad y el bienestar de su pareja.

¿Qué tan cargada está la batería de intimidad en tu relación?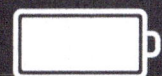

Emoción - es más intensa cuando nos enamoramos por primera vez, alimentada por la bioquímica, las esperanzas, los sueños y **las proyecciones románticas.** Es esa sensación de mariposas en el estómago, la emoción de la atracción erótica y la atención intensa hacia el otro. Sin embargo, **mantener esa emoción con el paso de los años es un verdadero desafío.** Después de cinco años... ¿aún sientes emoción cuando tu pareja llega a casa?

¿Qué tan cargada está la batería de emoción en tu relación?

Sensualidad - ** involucra los cinco sentidos: cuerpo, voz, tacto, sonido y olor. Abarca todo el espectro del mundo erótico y las formas especiales en que nos relacionamos con nuestra pareja. Desde **tomarse de la mano y los besos apasionados, hasta los abrazos más cálidos y **el acto íntimo más profundo**, la sensualidad mantiene viva la conexión física.

¿Qué tan cargada está la batería de emoción en tu relación?

El matrimonio incorporado

La mayoría de las parejas a largo plazo **son fuertes en intimidad, pero débiles en emoción y débiles o mediocres en sensualidad.**

Esto conduce a una situación de "Matrimonio Incorporado", donde **la relación funciona como una empresa.** Se pagan las cuentas, se gestionan los hijos y se planifican las vacaciones. Aunque estos son aspectos esenciales de una relación de pareja, la emoción y la sensualidad suelen disminuir, reemplazadas por la rutina y la previsibilidad.

Demasiada intimidad puede ser la muerte del deseo. Algunas parejas pueden destacar en emoción y sensualidad, pero tener dificultades con la intimidad, careciendo de una conexión emocional profunda y una comunicación significativa. Este desequilibrio puede ser igualmente perjudicial.

Una alta intimidad puede llevar a **una dependencia emocional,** donde los miembros de la pareja dependen demasiado el uno del otro para su realización emocional, lo que potencialmente sofoca el crecimiento personal.

Pueden **evitar** pasar tiempo separados o **perseguir intereses individuales** por temor a que eso debilite su vínculo, lo cual puede limitar su desarrollo personal e independencia.

Si su vida sexual se vuelve infrecuente o rutinaria, **uno o ambos miembros de la pareja pueden sentirse insatisfechos.** Esto puede generar tensión y una sensación de distancia entre ellos, y aunque su conexión emocional siga siendo fuerte, el **riesgo de infidelidad aumenta.**

El alto nivel de comodidad y **rutina puede llevar a la conformidad,** donde la pareja deja de **esforzarse por sorprenderse** o impresionarse mutuamente. Pueden dejar de hacer esas pequeñas cosas que hacían especial la relación, como planear citas sorpresa o dejar notas de amor, lo que lleva a una **sensación de estancamiento.**

La falta de emoción y nuevas experiencias puede generar **aburrimiento,** haciendo que los miembros de la pareja sientan que están atrapados en una rutina. Pueden notar que sus conversaciones y actividades se han vuelto repetitivas, y que ya no sienten la emoción que solían experimentar.

Con el tiempo, la falta de atención a la intimidad física y sexual puede agravar los **sentimientos de insatisfacción,** aumentando la probabilidad de infidelidad, especialmente por parte de quienes buscan emoción y sensualidad.

La relación del pavo real

Las relaciones con **alta emoción y excitación sexual,** pero débil intimidad, pueden ser emocionantes y apasionadas a corto plazo. Animales como los pavos reales, los aves jardineras y algunas especies de lek participan principalmente en exhibiciones de apareamiento llenas de intensidad, pero con poco o ningún vínculo social a largo plazo.

Estas parejas disfrutan de **encuentros sexuales frecuentes** y apasionados, impulsados por una **fuerte atracción física** y una búsqueda **constante** de **nuevas aventuras** y emociones.

La emoción y la novedad ofrecen una experiencia intensa y placentera, **haciendo que la relación se sienta vibrante y dinámica.**

La constante novedad y exploración pueden generar una **sensación de vitalidad y juventud,** y la naturaleza espontánea de sus interacciones ayuda a que la relación se mantenga fresca y **viva.**

Los altos niveles de pasión también pueden contribuir a una **conexión física profunda** y a una sensación emocionante de cercanía **durante los momentos íntimos.**

Sin embargo, la dependencia de la intimidad física a menudo ocurre a costa del vínculo emocional, lo que conduce a una **comunicación inconsistente** y a **la falta de comprensión profunda.**

Durante momentos de estrés o crisis, las parejas pueden **tener dificultades para brindarse apoyo emocional** debido a esa **falta de profundidad.** La necesidad constante de estímulo y novedad puede **provocar agotamiento.**

Con el tiempo, la ausencia de intimidad emocional **puede generar sentimientos de soledad e insatisfacción,** incluso si la conexión física sigue siendo fuerte.

Sin una base emocional sólida, la relación puede sentirse **inestable e insegura.**

Los conflictos se vuelven más difíciles de resolver debido a la mala comunicación, lo que dificulta la transición de la emoción a corto plazo hacia un compromiso duradero. Una intimidad débil puede limitar la confianza, ya que las personas pueden no sentirse realmente conocidas o comprendidas por su pareja.

Construir intimidad a través de la comunicación abierta, la vulnerabilidad y el apoyo emocional es esencial para crear una relación equilibrada, plena y duradera.

Hábitos que debilitan la emoción

Ver Películas Cada Noche

Pasar la mayoría de las noches viendo películas o maratones de series de forma pasiva, sin entablar conversaciones significativas ni realizar actividades que fomenten la conexión.

Rutina y Previsibilidad

Aferrarse a las mismas rutinas diarias sin variación ni espontaneidad, haciendo que la relación se sienta monótona y sin inspiración.

Aficiones e Intereses Separados

Dedicar tiempo solo a pasatiempos individuales sin buscar actividades comunes que ambos disfruten, lo que puede generar una sensación de desconexión.

Falta de Gestos Espontáneos

No sorprenderse mutuamente con pequeños gestos o regalos pensados, que podrían aportar emoción y alegría a la relación.

Falta de Citas Románticas

No dedicar tiempo a salir juntos regularmente o tener salidas especiales para mantener viva la chispa, lo que resulta en una dinámica de relación monótona y predecible.

Conversaciones Predecibles

Tener siempre las mismas charlas sobre el trabajo, los hijos o la logística diaria, sin explorar nuevos temas o intereses.

Evitar Nuevas Experiencias

No probar nuevas actividades, comidas o lugares en pareja, lo que puede generar una falta de emoción y aventuras compartidas.

Actividades Físicas Rutinarias

Realizar siempre las mismas actividades físicas o rutinas de ejercicio sin explorar nuevas formas de mantenerse activos juntos.

Nota:
Fortalecer la emoción (thrill) es tan simple como hacer lo opuesto de los hábitos que la debilitan

Recargar la emoción

Planear Citas Especiales
Agenda noches de cita regulares o salidas espontáneas a lugares nuevos para mantener la relación fresca y emocionante.

Introducir Variedad en las Rutinas
Rompe la monotonía diaria probando nuevas actividades, pasatiempos o visitando lugares diferentes en pareja.

Encontrar Intereses Comunes
Participen en actividades y hobbies que ambos disfruten para fortalecer el vínculo y crear experiencias compartidas.

Explorar Nuevos Temas
Conversen sobre temas, intereses e ideas nuevas para mantener el diálogo fresco y estimulante.

Probar Nuevas Experiencias
Experimenten con actividades, comidas y lugares distintos para añadir emoción y aventuras compartidas a la relación.

Diversificar las Actividades Físicas
Exploren nuevas formas de mantenerse activos juntos, como probar deportes distintos, clases de baile o aventuras al aire libre.

Agregar Gestos Espontáneos
Sorpréndanse mutuamente con pequeños gestos o regalos pensados que aporten alegría y emoción a la relación.

Habits hábitos que debilitan la sexualidad

Usar Ropa Holgada o Poco Atractiva

Optar por ropa cómoda pero poco atractiva en casa, como camisetas viejas, pantalones de chándal anchos o pijamas, puede reducir la atracción sexual.

Descuidar la Apariencia Física

No esforzarse en el arreglo personal o en vestirse para agradar al otro puede disminuir el deseo sexual.

Falta de Conversaciones Íntimas

Evitar hablar sobre preferencias, deseos y fantasías sexuales puede generar desconexión en la intimidad sexual.

Intimidad Sexual Mínima

Tener encuentros sexuales infrecuentes o rutinarios, sin pasión ni creatividad, lleva a una disminución en la satisfacción sexual.

Falta de Contacto Físico

Rara vez involucrarse en muestras de afecto físico como tomarse de las manos, abrazar, besar o tocar, lo cual es fundamental para mantener la conexión física.

Ignorar los Preliminares

Omitir los juegos previos o apresurarlos puede disminuir la calidad de la experiencia sexual y la conexión emocional.

Encuentros Sexuales Rutinarios

Realizar siempre las mismas prácticas sexuales sin introducir variedad o espontaneidad puede generar aburrimiento.

Falta de Ambiente Sensorial

No crear un entorno romántico o sensual —como cuidar la iluminación, la música o los aromas— reduce la intensidad de las experiencias sexuales.

> **Nota:**
> **Fortalecer la sexualidad es tan simple como hacer lo opuesto de los hábitos que la debilitan.**

Recargar la sexualidad

Tener Conversaciones Íntimas
Hablen abiertamente sobre preferencias sexuales, deseos y fantasías para fortalecer la conexión y comprensión sexual.

Vestirse para el Otro
Esfuérzate por vestirte de forma atractiva y cuidar tu arreglo personal para mantener la atracción física.

Aumentar el Contacto Físico
Incorpora más contacto afectivo en la rutina diaria, como tomarse de las manos, abrazarse y besarse.

Mejorar la Intimidad Sexual
Dedica tiempo a encuentros sexuales regulares y apasionados, introduciendo variedad y creatividad.

Dar Prioridad a los Preliminares
Dedica tiempo suficiente a los juegos previos para enriquecer la experiencia sexual y la conexión emocional.

Introducir Variedad en las Actividades
Explora nuevas actividades sensuales e introduce espontaneidad para mantener viva la emoción sexual.

Cuidar el Aseo Personal
Arréglate con frecuencia y viste de forma atractiva para demostrar interés en ti mismo(a) y en tu pareja.

Crear un Ambiente Sensorial
Genera un entorno romántico o sensual con iluminación, música o aromas para potenciar la experiencia sexual.

Debilitando la intimidad

Falta de Comunicación

Cuando las parejas evitan compartir pensamientos y sentimientos, se genera distancia, permitiendo que los malentendidos y emociones no resueltas crezcan con el tiempo.

Indisponibilidad Emocional

Si uno o ambos están cerrados emocionalmente, se impide una conexión profunda y se hace sentir al otro aislado o rechazado.

Críticas Frecuentes o Negatividad

La retroalimentación negativa constante erosiona la confianza y el afecto, haciendo que los compañeros se sientan juzgados en lugar de apoyados.

Evitar la Vulnerabilidad

Sin apertura para compartir miedos, deseos y luchas, la verdadera cercanía emocional se vuelve inalcanzable.

Falta de Tiempo de Calidad Juntos

No priorizar el tiempo compartido hace que la pareja se sienta poco valorada, debilitando el vínculo.

Guardar Rencores o Conflictos No Resueltos

El resentimiento persistente crea una barrera que impide la cercanía genuina y el perdón.

Desconfianza o Traiciones

Una ruptura de la confianza socava la intimidad y deja heridas emocionales duraderas.

Falta de Afecto Físico

El contacto físico es crucial para el vínculo, y su ausencia puede hacer que la relación se sienta fría y desconectada.

Enfocarse Demasiado en las Tareas Cotidianas

Cuando las responsabilidades diarias dominan, la pareja pierde de vista la importancia de nutrir su conexión emocional.

Darse por Sentado el Uno al Otro

Descuidar el reconocimiento o la apreciación mutua genera sentimientos de ser poco valorado y de pasar desapercibido.

Note:
Strengthening intimacy is as simple as doing the opposite of the weakening habits.

Recargar la intimidad

Comunicación Abierta y Honesta
Compartir pensamientos y sentimientos abiertamente fomenta la comprensión y una sensación de cercanía.

Expresar Vulnerabilidad
Permitir que te vean tal como eres genera confianza y profundiza los lazos emocionales.

Pasar Tiempo de Calidad Juntos
Los momentos compartidos de conexión crean recuerdos y fortalecen la relación.

Apreciación y Gratitud
Reconocerse y valorarse mutuamente potencia el respeto y la calidez emocional.

Construir Confianza y Transparencia
La honestidad y la coherencia forman la base de relaciones íntimas y seguras.

Actos de Bondad y Consideración
Pequeños gestos de amor y cuidado expresan aprecio y profundizan el vínculo.

Metas y Sueños Compartidos
Trabajar juntos por aspiraciones comunes fortalece la unión y el compañerismo.

Apoyarse en Momentos Difíciles
Estar presente en tiempos difíciles demuestra confiabilidad y fortalece la conexión.

Crear Espacios Seguros
Cuando ambos se sienten seguros de compartir sus emociones, la intimidad crece con naturalidad.

Adueñarte de tu amor

La sociedad a menudo enfatiza la importancia de encontrar a la "persona adecuada", pero aunque elegir a una pareja compatible es importante, por sí sola no garantiza la felicidad.

El verdadero pilar de una relación exitosa es la acción. Si no eres feliz, te corresponde a ti tomar el control y **crear el cambio que deseas**.

Así **como asumimos la responsabilidad** de nuestra salud, carrera y desarrollo personal, debemos hacer lo mismo con nuestras relaciones.

Con demasiada frecuencia, las parejas esperan pasivamente una transformación: "Ojalá mi pareja fuera más romántica" o "Tal vez la chispa simplemente se apagó." ¿No revelan estas frases una falta de responsabilidad y dejan la relación estancada?

En lugar de eso, **abraza la pasión**. Lleva la misma **vitalidad e intención a tu vida amorosa** que inviertes en otras áreas de tu vida. Sé tú quien reavive la llama y cultive la conexión.

Elige encarnar la pasión que deseas, en lugar de esperar a que aparezca. **Sé un amante generoso** y despierta la energía amorosa y apasionada dentro de ti.

En última instancia, l**a felicidad y la plenitud en el amor son decisiones**.
Toma el control de tu relación infundiéndola con energía, pasión y propósito. Decide hoy decir: "Yo seré la pasión" y deja de esperar a que ella te encuentre.

Si el amor es un verbo, sé un amante.

"Haz el Amor Intencional"
Práctica diaria (5 minutos en total)

Establece una intención amorosa por la mañana y reflexiona por la noche.

Lunes – Intención de la Mañana:
Hoy, tengo la intención de ser muy cuidadoso(a) con mi voz — especialmente cuando tenga prisa o me sienta impaciente.
Reflexión Nocturna:
¿Mantuve un tono suave incluso cuando las cosas se pusieron ocupadas o estresantes?

Martes - Intención por la mañana:
Hoy, tengo la intención de hacer una pausa y escuchar completamente antes de responder.
Reflexión por la noche:
¿Escuché verdaderamente a mi pareja hoy — o me apresuré a corregir, defender o ignorar?

Miércoles - Intención por la mañana:
Hoy, tengo la intención de saludarle con una sonrisa cálida y con presencia cuando nos volvamos a ver.
Reflexión por la noche:
¿Hice que nuestro saludo fuera significativo? ¿Cómo se sintió llegar con amor?

Jueves - Intención por la mañana:
Hoy, tengo la intención de responder con curiosidad en lugar de juicio cuando no estemos de acuerdo.
Reflexión por la noche:
¿Me mantuve con el corazón abierto durante el conflicto o ante opiniones diferentes?

Viernes - Intención por la mañana:
Hoy, tengo la intención de ofrecer al menos un gesto físico de amor — un abrazo largo, una mano sostenida o una caricia suave.
Reflexión por la noche:
¿Cómo utilicé el afecto físico para expresar amor hoy?

Sábado - Intención por la mañana:
Hoy, tengo la intención de notar y celebrar algo pequeño que mi pareja haga — y decir "gracias" en voz alta.
Reflexión por la noche:
¿Qué aprecié hoy? ¿Lo expresé de forma clara y sincera?

Domingo - Intención por la mañana:
Hoy, tengo la intención de crear un espacio para la alegría — una risa compartida, un momento tonto o un mensaje sorpresa.
Reflexión por la noche:
¿Compartimos alegría hoy? ¿Qué aportó ligereza a nuestra conexión?

Después de solo una semana de establecer intenciones amorosas diarias, puedes sentirte más presente, menos reactivo y más conectado. Los pequeños gestos adquieren un significado más profundo, y las conversaciones se suavizan.

Quizás te preguntes: "¿Qué cambió?" La respuesta: el amor se fortalece cuando se elige con intención.

Resumen de la radio del amor

En esencia, **una relación amorosa y próspera es el reflejo de la radio del amor de cada amante finamente sintonizada**, construida sobre siete principios esenciales: **libertad, respeto, intimidad, verdad, alineación, comunicación y esfuerzo.**

El amor florece cuando ambos, como antenas, son **libres de expresar su individualidad,** captando las señales más claras de conexión sin interferencias. Cultivada sin posesión ni control, y con el **compromiso de honrar las necesidades románticas del otro**, la relación amplifica su pasión y armonía.

La confianza y la veracidad actúan como el decodificador de la radio, refinando el vínculo con autenticidad, mientras que los **valores compartidos y la comunicación clara** aseguran que la relación permanezca sintonizada en la misma frecuencia.

Finalmente, el amor es **un esfuerzo activo**—como cargar la energía de la radio—**manteniendo viva la chispa** con el equilibrio adecuado de intimidad, emoción y sensualidad. Juntos, estos principios transforman el amor en una melodía resonante y duradera de alegría y plenitud.

¿Cuál es la clave de todo éxito?
Acción Positiva.

CÓDIGO BEA HERO™

24° Cuestionario del Hito

P1. ¿Qué se requiere para mantener una relación sana y apasionada a largo plazo?
a) Enamorarse y dejar que las cosas fluyan naturalmente
b) Atención consciente, esfuerzo e intención mutua
c) Evitar conflictos y mantenerse pasivo
d) Buscar constantemente nuevas relaciones

P2. ¿Qué analogía se utiliza para describir el equilibrio entre dar y recibir energía en una relación?
a) Un río que fluye
b) Los polos positivo y negativo de una batería
c) Un reloj que hace tic-tac
d) Una antena de radio

P3. ¿Por qué es esencial seguir recargando la "energía del amor"?
a) Para asegurar que la relación se mantenga pasiva y predecible
b) Para mantener el afecto, la pasión y la conexión con el tiempo
c) Para evitar todas las discusiones en la relación
d) Para garantizar que la relación no enfrente desafíos

P4. ¿Qué ocurre cuando empieza a desvanecerse la "química del amor"?
a) La relación se fortalece sin esfuerzo
b) El afecto, la pasión y la intimidad se agotan sin recargar la energía del amor
c) Las parejas naturalmente se vuelven más compatibles
d) La energía del amor se recarga sola automáticamente

P5. ¿Cuáles son los tres elementos clave del Triángulo Equilátero del Corazón en relaciones excepcionales?
a) Intimidad, emoción y compatibilidad
b) Confianza, atracción y comunicación
c) Intimidad, emoción y sensualidad
d) Amor, respeto y comprensión

P6. ¿Qué implica principalmente la intimidad en una relación?
a) La conexión psicológica y emocional entre las parejas
b) La emoción inicial de enamorarse
c) Mantener el enfoque en la atracción física
d) Crear experiencias emocionantes fuera de la relación

P7. ¿Por qué es un reto mantener la emoción en una relación a lo largo del tiempo?
a) Depende totalmente de las circunstancias externas.
b) Se desvanece naturalmente debido a una menor atracción.
c) Requiere esfuerzo mantener la emoción y la novedad a lo largo de los años.
d) No es necesaria para una relación a largo plazo.

P8. ¿Cuál es la importancia de equilibrar intimidad, emoción y sensualidad?
a) Asegurar que la atracción física tenga prioridad sobre todo lo demás.
b) Crear una relación integral que aborde las necesidades emocionales, mentales y físicas.
c) Centrarse únicamente en reducir el riesgo de infidelidad.
d) Evitar invertir tiempo en otros aspectos de la relación.

P9. ¿Qué aspecto de la emoción suele ser más fuerte cuando nos enamoramos por primera vez?
a) Conexión emocional y confianza
b) La emoción de la atracción erótica y las proyecciones románticas
c) Estabilidad y compromiso a largo plazo
d) Amistad y apoyo mutuo

P10. ¿Qué es la dinámica de "Matrimonio Incorporado" en relaciones a largo plazo?
a) Una relación centrada totalmente en la emoción y la sensualidad
b) Una pareja que funciona como un negocio, donde la rutina y la previsibilidad reemplazan la pasión
c) Una relación basada únicamente en una conexión emocional profunda y comunicación significativa
d) Una dinámica donde el crecimiento personal se prioriza sobre la conexión

P12. ¿Cuál es un riesgo de una intimidad excesiva sin emoción ni sensualidad?
a) Mayor independencia personal
b) Dependencia emocional que limita el crecimiento personal
c) Satisfacción sexual plena
d) Mayor enfoque en la novedad y la emoción

P13. ¿Qué puede llevar a una sensación de estancamiento en relaciones a largo plazo?
a) Altos niveles de intimidad combinados con experiencias nuevas regulares
b) Falta de esfuerzo por sorprender o impresionar al otro
c) Priorizar el crecimiento individual sobre la relación
d) Novedad frecuente en actividades y comunicación

P14. ¿Cómo puede manifestarse el aburrimiento en una relación?
a) Aumentando el deseo de intimidad y comunicación significativa
b) A través de conversaciones repetitivas y falta de nuevas experiencias
c) Animando a las parejas a seguir intereses individuales
d) A través de muestras de afecto más frecuentes

P15. ¿Cuál es un riesgo clave de descuidar la intimidad física y sexual en una relación?
a) Fortalecimiento de la conexión emocional
b) Mayor enfoque en la emoción y la sensualidad
c) Mayor probabilidad de insatisfacción e infidelidad
d) Disminución de la importancia de la comunicación

P16. ¿Cuál es el riesgo de depender demasiado de la emoción y la intimidad física?
a) Conexión emocional más fuerte durante las crisis
b) Soledad e insatisfacción con el tiempo
c) Mayor rutina y previsibilidad
d) Mejores habilidades de resolución de conflictos

P17. ¿Cómo pueden las parejas mejorar su conexión sexual?
a) Saltarse los juegos previos para ahorrar tiempo
b) Mantener actividades sexuales rutinarias
c) Tener conversaciones abiertas sobre deseos y fantasías
d) Evitar el contacto físico fuera del dormitorio

1b, 2b, 3b, 4b, 5c, 6a, 7c, 8b, 9b, 10b, 12b, 13b, 14b, 15c, 16b, 17c

¿Dónde estamos?
En el paraíso.

¿Quiénes somos?
Increíbles.

¿Hoy y mañana?
Héroes.

CÓDIGO BEA HERO™

Hagamos un repaso...

CAPÍTULO 24: RADIO DEL AMOR PROPIO (Cont.)

7° PRINCIPIO
Mantén Cargada la Energía del Amor (Las Baterías)

- Enamorarse es fácil; mantenerse enamorado requiere atención mutua y esfuerzo constante.
- Las relaciones a largo plazo prosperan cuando la energía se recarga continuamente.

¿CÓMO?
- Equilibra tu Triángulo Amoroso Equilátero:

    ○ INTIMIDAD: Profundidad emocional y confianza
    ○ EMOCIÓN: Entusiasmo, novedad y energía dinámica para mantener viva la relación
    ○ SENSUALIDAD: Conexión física y satisfacción sexual, cumpliendo tanto deseos físicos como emocionales

Cada lado debe ser igualmente fuerte para mantener la armonía y reducir el riesgo de insatisfacción o infidelidad.

Relaciones Más Comunes:
El Matrimonio Incorporado = Alta intimidad
                                                    Baja emoción y sensualidad

La Relación del Pavo Real = Alta emoción y sensualidad
                                                    Baja intimidad

---

Debilitadores y Potenciadores de:

Emoción
(-) Ver películas todas las noches, apegarse a la rutina, saltarse las citas especiales...
(+) Planear citas especiales, encontrar intereses comunes, explorar nuevos temas...

Sensualidad
(-) Usar ropa poco atractiva, descuidar la apariencia física...
(+) Conversaciones íntimas, aumentar el contacto físico, priorizar los juegos previos...

Intimidad (Intimacy)
(-) Falta de comunicación, indisponibilidad emocional, negatividad...
(+) Comunicación abierta y honesta, expresar vulnerabilidad, construir confianza...

- Toma responsabilidad por tu felicidad aportando energía y pasión a tu relación.

LOGRAR
FELICIDAD Y
REALIZACIÓN

HERO

En Busca de la Felicidad

Como expresó con pasión el querido actor y narrador italiano Roberto Benigni:

"La felicidad no está lejos — está aquí, ahora, esperando en silencio."

No nos espera en algún éxito futuro ni en un destino lejano. Nos **fue otorgada al nacer** — algo tan bello, tan poderoso, que muchos de nosotros, sin saberlo, la escondemos. Algunos la guardan tan profundamente en su interior que olvidan dónde la dejaron. Pero sigue ahí. Tuya. Nuestra. De todos.

A veces solo tenemos que buscarla — no en grandes logros, sino en los lugares silenciosos: dentro de nuestros pensamientos, bajo las capas de la rutina, entre recuerdos y momentos que pasamos por alto. Revisa los estantes del alma. Levanta los cojines de la vida diaria. Sacude todo — y quizás la felicidad se caiga sola.

Tal vez logremos verla si giramos de pronto, como sorprendiendo a un amigo que intenta darnos una sorpresa. Solo sigue buscando. Sigue recordando.

Aunque la felicidad nos olvide por un tiempo... nosotros no debemos olvidarla. No ahora. No jamás.

Roberto Benigni

ACTOR, COMEDIANTE, GUIONISTA Y DIRECTOR ITALIANO

Un día sin risa o
un día sin amor es
un día sin vida.

ROBIN S. SHARMA
ESCRITOR CANADIENSE

Comprendiendo la Lelicidad y la Realización

Al comienzo del libro, aprendimos sobre la importancia de dominar el arte de la realización personal (el cuarto principio de BEA HERO) y explicamos brevemente que solo al dominar este arte podemos **crear una felicidad duradera en nuestras vidas.**

Los expertos han descrito la realización como un arte, no una ciencia, porque **la felicidad y la realización son diferentes para cada persona.** Alcanzar estos estados emocionales es una expresión de nuestros sentimientos únicos y del significado que le damos a la vida.

¿Cuán importante es para ti ser feliz y sentirte realizado?
Solo tú puedes responder a esta pregunta.
Para algunos, como Aristóteles, es el objetivo supremo al que deben dirigirse todas las actividades humanas.

Para Platón, era el propósito más elevado del pensamiento y la conducta moral.
Para otros, como Sócrates, la felicidad consistía en vivir una vida fiel a tu alma y a tu mayor bien.
Ahora, comencemos a desglosar este importante tema.

> # Happiness is the meaning and purpose of life, the whole aim and end of human existence.

ARISTOTLE
GREEK PHILOSOPHER

Ja Ja Felicidad

La felicidad, por definición, **es una medida de nuestro** estado emocional, caracterizada por sentimientos de alegría, satisfacción, contento y realización. Aunque la felicidad puede tener muchas definiciones, enfoquémonos en ella como una combinación **de emociones positivas y satisfacción con la vida.**

Según el psicólogo estadounidense Martin Seligman, podemos experimentar tres tipos de felicidad:

Nivel 1: Placer y gratificación
Nivel 2: Encarnar fortalezas y virtudes
Nivel 3: Sentido y propósito (realización)

¿Por qué existe la felicidad?

Los estudios sugieren que la felicidad ha desempeñado **un papel crucial en la supervivencia** humana. Nos hizo más aptos, más atentos a nuestro entorno, más sociales y más enérgicos.

Las personas más felices tenían más probabilidades de sobrevivir y, como resultado, de transmitir sus "genes de la felicidad" a las futuras generaciones.

La competencia entre la felicidad a corto y largo plazo

La felicidad puede clasificarse en **dos tipos** generales. Ambos son válidos e importantes, pero a menudo entran en conflicto entre sí.

Felicidad a corto plazo: proviene de **experiencias que ofrecen gratificación instantánea**, como disfrutar una galleta deliciosa, una copa de vino o ganar un juego.

(+) relativamente **fácil de obtener**
(-) **efectos fugaces**

Felicidad a largo plazo: proviene de alcanzar **metas más profundas** y significativas, como la seguridad financiera, encontrar a tu pareja de vida o ganar un campeonato.

(+) **dura más**
(+) mayor **sentido de realización**
(-) **requiere esfuerzo y perseverancia**
(-) **mucha paciencia**

¿Entonces, qué deberíamos hacer?

La clave es el **equilibrio**.
He visto cómo algunas personas se consumen persiguiendo metas a largo plazo, lo que conduce a sentimientos de depresión y soledad. Por otro lado, he observado a quienes viven semana a semana, persiguiendo solo la gratificación instantánea, sin cultivar sus virtudes ni encontrar un sentido de propósito.

Lograr un equilibrio entre disfrutar el momento y trabajar hacia una realización significativa a largo plazo es esencial para una vida verdaderamente feliz y satisfactoria.

La Rueda de la Felicidad

Cada sector de la rueda representa una categoría clave de felicidad con una escala del 1 al 10. Utilizando las preguntas guía en las próximas páginas, asígnate una puntuación en cada categoría según tu percepción. 1 = muy infeliz, 10 = muy feliz. Cuando termines, une con una sola línea todos tus puntajes.

Toma conciencia de cómo todas las categorías se influyen entre sí y cómo ningún sector puede permanecer realmente aislado sin afectar tu equilibrio de felicidad. Por ejemplo, si te sientes insatisfecho con tu situación financiera, eso también podría generar presión sobre tu familia. ¿Qué podrías cambiar?

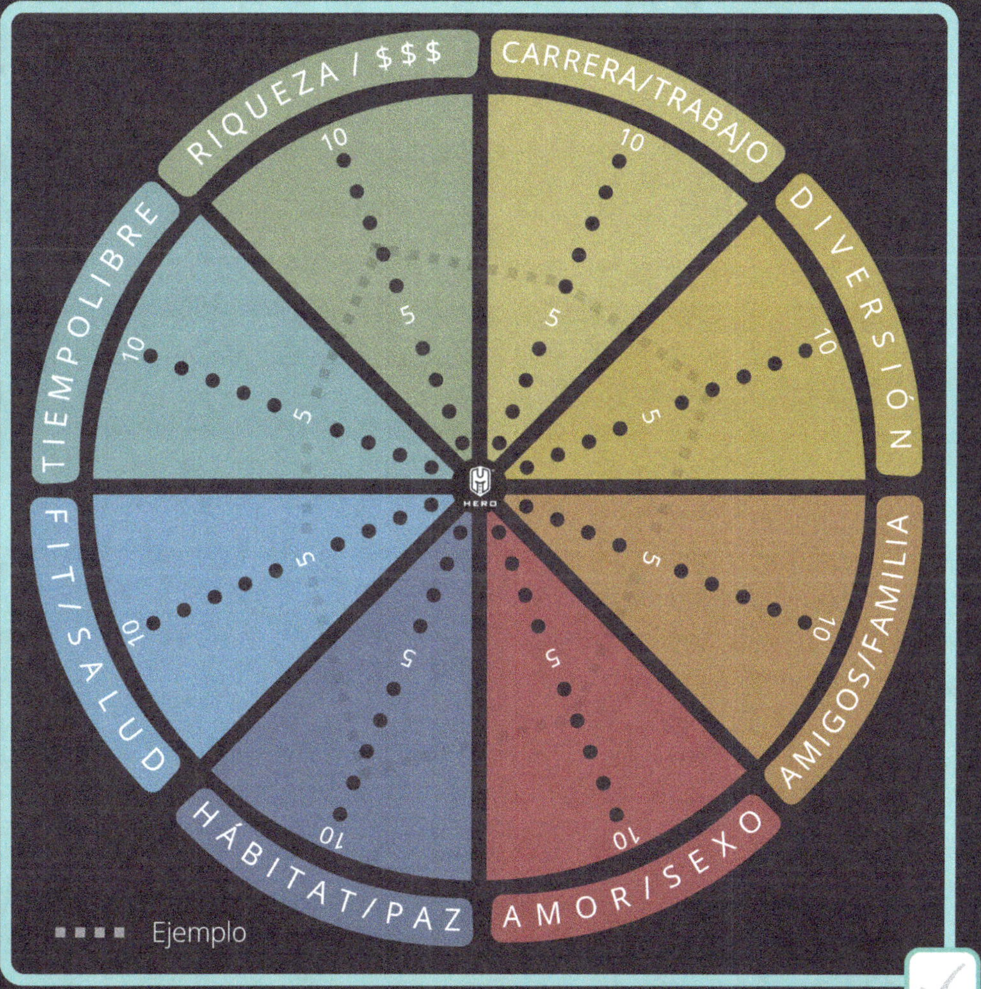

Nota
Siéntete libre de añadir o sustituir cualquier categoría
principal por algo que sea más relevante para tu vida.

Pistas útiles

Responde cada pregunta y asígnate una puntuación del uno al diez.
Siéntete libre de agregar tus propias preguntas adicionales en cada categoría.
Transfiere tu puntuación de cada categoría a la Rueda de la Felicidad.

Carrera / Trabajo

¿Qué tan satisfecho/a estás con tu empleo o carrera actualmente? _____

¿Tu trabajo te brinda estimulación, satisfacción y las oportunidades de desarrollo o ascenso que deseas? _____

¿Es el puesto adecuado para el momento en el que se encuentra tu vida? _____

¿Recibes el salario que realmente te gustaría y que refleja tu valor? _____

¿Es este el trabajo que imaginabas o preferirías estar buscando otra cosa? _____

¿Tu jornada laboral te brinda felicidad y satisfacción? _____

Puntuación media general: [_____]

Forma / Salud

¿Qué tan saludable estás físicamente? _____

¿Mentalmente? _____

¿Estás satisfecho/a con tu apariencia y peso? _____

¿Qué tan libre estás de molestias o preocupaciones de salud? _____

¿Qué tan físicamente activo/a eres? _____

¿Qué tan saludable es tu dieta? _____

¿Cuál es tu nivel de entusiasmo? _____

¿Qué tan bien duermes? _____

¿Qué tan alto es tu nivel de energía? _____

Puntuación media general: [_____]

Riqueza / $$$

¿Tus ingresos son suficientes para cubrir tus gastos y necesidades? _____

¿Qué tan libre estás de deudas o dependencia financiera? _____

¿Qué tan seguro/a y libre de estrés te sientes respecto al dinero? _____

¿Qué tan fácil te resulta ahorrar o costear actividades de ocio? _____

¿Qué tan en control estás de tu situación financiera? _____

¿En cuánto tiempo podrías jubilarte cómodamente? _____

¿Qué tan bien aprovechas las deducciones fiscales? _____

Puntuación media general: [_____]

Amigos / Familia

¿Cuántos amigos o familiares confiables y que te apoyen tienes? _____

¿Qué tan activa y satisfactoria es tu vida social? _____

¿Haces tiempo regularmente para ver a tus seres queridos? _____

¿Qué tan alineado/a estás con tus amigos y familiares en valores e intereses? _____

¿Disfrutas estar con tus familiares o amigos más cercanos? _____

¿Qué tan conectado/a te sientes—ni aislado/a ni abrumado/a? _____

¿Qué tan fácilmente resuelves conflictos o malentendidos con tus seres queridos? _____

¿Qué tan libre de estrés te sientes cuando pasas tiempo con tu familia y amigos? _____

Puntuación media general: [_____]

Amor / Sexo

¿Qué tan satisfecho/a estás con tu vida amorosa? _____

¿Tienes la intimidad y el sexo que necesitas? _____

¿Estás satisfecho/a con la cercanía en tus relaciones dentro del hogar? _____

¿Estás feliz con la atención y el cuidado que recibes de tus relaciones cercanas? _____

¿Qué tan seguro/a te sientes al expresar afecto y amor hacia tus seres queridos? _____

¿Con qué frecuencia das y recibes cumplidos con tus seres queridos? _____

¿Qué tan satisfecho/a estás con tu pareja? _____

Si estás buscando una relación amorosa, ¿qué tan proactivo/a eres para lograrla? _____

¿Tienes suficiente actividad sexual? _____

Puntuación media general: [_____]

Tiempo Libre

¿Con qué frecuencia exploras hobbies o intereses? _____

¿Con qué frecuencia enriqueces tu mente? _____

¿Con qué frecuencia estás abierto/a a nuevas experiencias? _____

¿Disfrutas aprender en tu tiempo libre? _____

¿Qué tan curioso/a eres? _____

¿Te gusta mejorar como persona? _____

¿Te sientes conectado/a contigo mismo/a y con el mundo? _____

¿Has crecido personalmente en el último año? _____

¿Cuánto tiempo libre tienes cada día? _____

Puntuación media general: [_____]

Pasatiempos / Diversión

¿Disfrutas de la vida con regularidad? _____

¿Practicas regularmente pasatiempos o deportes? _____

¿Qué tanta diversión tienes? _____

¿Con qué frecuencia ríes y te sientes satisfecho/a después de tus actividades? _____

¿Disfrutas tus actividades diarias? _____

¿Cuántos amigos vienen a jugar o compartir contigo? _____

Puntuación media general: [_____]

Hábitat / Paz

¿Qué tan satisfecho/a estás con tu ciudad o pueblo? _____

¿Qué tan contento/a estás con tu casa y su entorno? _____

¿Qué tan feliz te sientes viviendo en tu ubicación actual? _____

¿Cuánto disfrutas del clima de tu zona? _____

¿Qué tanto aprecias la cultura y las costumbres locales? _____

¿Qué tan satisfecho/a estás con la gastronomía y opciones alimenticias locales? _____

¿Qué tan conforme estás con las decisiones políticas locales? _____

¿Qué tan justa te parece la carga tributaria en tu país? _____

¿Qué tan efectiva es la seguridad pública en tu zona? _____

¿Qué tan seguras son las calles y el transporte público donde vives? _____

¿Qué tan fácil es desplazarte y encontrar estacionamiento en tu ciudad? _____

¿Qué tan libre eres para ir adonde quieras, cuando quieras? _____

¿Con qué frecuencia puedes hacer lo que te gusta sin pedir permiso? _____

¿Qué tan segura y pacífica es tu casa? _____

Puntuación media general: [_____]

La Rueda de las Emociones*

Esta rueda está diseñada para **ayudarnos a aprender a reconocer** y comunicar eficazmente **nuestros sentimientos**. Comienza en el centro y avanza gradualmente hacia los círculos exteriores para obtener una comprensión más clara de tus emociones.
La claridad es el primer paso hacia el enfoque y la toma de acciones correctivas en la dirección adecuada.

Programa de Psicología Positiva. (2020).
La rueda de las emociones.
Dra. Gloria Willcox
Rediseñada por Lindsay Braman

¿Cómo debes vivir
el presente?
Sin remordimientos.

CÓDIGO BEA HERO™

Excavando en Busca de Felicidad

- **Rodéate de personas que te hagan sonreír**

Nombra personas con las que me hace feliz estar:

_____
_____
_____
_____
_____

- **Aférrate a tus valores**

Lo que consideras verdadero, lo que sabes que es justo y en lo que crees son todos valores. Con el tiempo, mientras más los honres, mejor te sentirás contigo mismo y con quienes amas.

Enumera tus valores no negociables:

_____
_____
_____
_____
_____

- **Acepta lo bueno**

Mira tu vida y reconoce lo que está funcionando, y no rechaces algo solo porque no es perfecto. Cuando sucedan cosas buenas, incluso las más pequeñas, déjalas entrar.

¿De qué estás agradecido?

_____
_____
_____
_____
_____

- **Crece**

Cualquiera sea la actividad, relación o carrera, si está creciendo, mejorando o expandiéndose, experimentarás felicidad.

¿Qué podrías cultivar o mejorar en tu vida?

_____
_____
_____
_____
_____

- **Encuentra un propósito**

Quienes creen que están contribuyendo al bienestar de la humanidad tienden a sentirse mejor con sus vidas.

¿Con qué podrías ayudar a tu comunidad?

_____
_____
_____
_____
_____

- **Escucha a tu corazón**

Eres el único que sabe qué te llena al instante o inevitablemente.

¿Cuáles son tus pasiones? Puede ser algo tan simple como abrazar a un perrito o un gatito, o ver a alguien que extrañas.

_____
_____
_____
_____
_____

• Imagina lo mejor

No tengas miedo de mirar lo que realmente deseas y visualizarte lográndolo. Muchas personas evitan este proceso porque no quieren decepcionarse si las cosas no salen como esperaban.
La verdad es que imaginar que consigues lo que deseas es una gran parte de lograrlo.

_____
_____
_____
_____
_____

• Haz cosas que amas

Tal vez no puedas lanzarte en paracaídas todos los días ni tomar vacaciones cada temporada, pero mientras puedas hacer de vez en cuando las cosas que amas, encontrarás mayor felicidad.

_____
_____
_____
_____
_____

• Disfruta de los placeres simples

TQuienes te aman, los recuerdos valiosos, las bromas tontas, los días cálidos y las noches estrelladas: estos son los lazos que nos unen y los regalos que siguen dando.
¿Puedes enumerar algunos de estos placeres?

_____
_____
_____
_____
_____

• Exígete a ti mismo, no a los demás

Es fácil sentir que alguien más es responsable de tu realización, pero la realidad es que esa responsabilidad es tuya. Deja de culpar a los demás o al mundo, y encontrarás tus respuestas mucho antes.
¿De qué cosas estás culpando a otros?

_____
_____
_____
_____
_____

• Esté abierto al cambio

Aunque no se sienta bien, el cambio es lo único en lo que puedes contar. El cambio ocurrirá, así que haz planes de contingencia y prepárate emocionalmente para la experiencia.

Con demasiada frecuencia, las personas trabajan en empleos que las enferman y entristecen, o persisten en relaciones tóxicas.

¿Qué cosas están drenando tu vida y tu espíritu hacia una vida feliz? ¿Qué más podrías hacer?

_____
_____
_____
_____
_____

Vida + Autorrealización

¿Qué es la realización personal?

La realización personal surge al ser **testigos de nuestro propio crecimiento.** Ocurre cuando reflexionamos sobre los cambios significativos en nuestra vida, dándonos una sensación de **significado y propósito.**

Aunque el significado, el propósito y el crecimiento son elementos que pueden experimentarse a pequeña escala —al completar una tarea importante, ganar una competencia o terminar un desafío laboral—, cuando hablamos de realización a gran escala, esta ocurre cuando **llevamos a cabo aquello para lo que sentimos que fuimos creados**, y obtenemos una **profunda satisfacción** al hacerlo.

Abraham H. Maslow, psicólogo estadounidense, colocó la autorrealización (realización personal) en la cima de nuestras necesidades humanas, como el esfuerzo por **lograr todo lo que uno puede ser**, **convertirse en lo máximo que uno puede llegar a ser**.*

Pero espera un segundo, ¿Sabes realmente de lo que eres capaz? ¿De verdad crees en ti mismo? ¿Conoces el propósito de tu vida, o aún estás por descubrirlo?

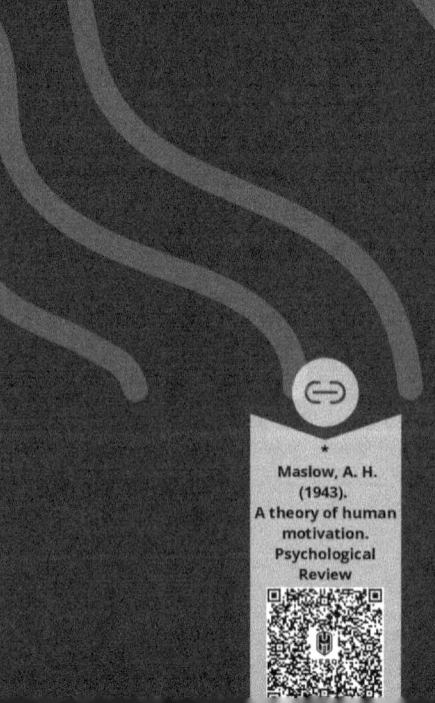

*
Maslow, A. H. (1943). A theory of human motivation. Psychological Review

Lo más probable es que, dada la complejidad del viaje de vida de una persona —que está en constante cambio y adaptación—, **ninguno de nosotros haya descubierto por completo su propósito de vida**, ni alcanzado todo lo que la vida puede ofrecernos. **¿Por qué?**
Por dos razones dinámicas sobre la vida.

La primera razón es bastante obvia: **requiere tiempo.** Necesitas tiempo para llegar a ser todo lo que puedes ser, tiempo para mejorar, para crecer, para descubrir tu propósito de vida, lo que te gusta y lo que no. **Es el tiempo el que despliega el destino.**

La segunda razón, fácilmente deducible al leer cualquier autobiografía, es **la serie de eventos impredecibles** que la vida nos lanza. ¿Puede alguien saber cuál es su propósito de vida final antes de haber vivido y enfrentado los acontecimientos que la vida le presenta?
¿Puede alguien controlar completamente los eventos, o su futuro?

Parcialmente sí, pero no completamente en esta dimensión.
Como resultado, más a menudo de lo que creemos, son los eventos impredecibles los que nos guían hacia nuestro propósito.

> Si te hace feliz, no tiene
> que tener sentido
> para nadie más.

DESCONOCIDO

Así que, **dado que no podemos controlar completamente lo que la vida nos lanza**, solo podemos prepararnos, anticiparnos y aceptar el hecho de que el universo aún está a cargo de una gran parte de nuestra realización personal.

La realización personal lleva por delante la palabra "vida", la cual contiene dos grandes variables: el tiempo (para que podamos crecer) y la imprevisibilidad de los acontecimientos (para que podamos enfrentarlos y moldearnos a través de ellos).

¿Autorrealización?

No podemos olvidar que la realización personal está acompañada del elemento "yo", ya que depende de nosotros mismos, de nuestras acciones, decisiones, y de nuestra disposición a crecer, explorar nuestras necesidades y deseos.

En contraste con la realización de vida, **la autorrealización es algo sobre lo que sí tenemos un control sustancia**l, y es en lo que gran parte de este libro y de este capítulo se va a enfocar.

¿Cómo podemos esperar alcanzar la autorrealización si no sabemos qué nos impulsa o cuál es nuestro propósito de vida, sin conocernos lo suficiente? ¿Lo encontramos por accidente?
¿Trabajamos en nosotros mismos para descubrir lo que hay ahí fuera y experimentar tantas cosas como sea posible?
¿Nos rendimos y esperamos?

No puedo responder por ti. Tú eres el maestro de tu propio destino, **y depende de ti decidir.**
En las próximas páginas voy a ofrecerte algunas recomendaciones y aclaraciones para ayudarte a alcanzar la mejor versión de ti mismo, para guiarte en llenar tu vida de plenitud y satisfacción, en lugar de resentimientos y arrepentimientos.

Por lo tanto, ten presente **que cuanto mejor nos conocemos, más capaces somos de descubrir nuestra autorrealización.**

La mayoría de las personas creen que "conocer verdaderamente a alguien lleva toda una vida", mientras tanto, yo creo que jamás llegamos a conocernos del todo a nosotros mismos.

Así que aprovecha todos los ejercicios de este libro, explora todos los recursos posibles que puedas tener a tu alcance. Conocerte a ti mismo debe convertirse en una de tus máximas prioridades.

25° Cuestionario del Hito

P1. ¿Qué es la felicidad?
a) Es lo que yo hago de ella, basada en mis emociones positivas y satisfacción.
b) Es el objetivo final hacia el cual todo ser humano debería dirigir sus actividades.
c) Es realización.
d) Es principalmente la encarnación de fortalezas y virtudes.

P2. ¿Qué es la felicidad según Seligman?
a) Tres niveles de gratificación, placer y crecimiento interior.
b) Tres niveles de experiencia: placer, virtudes y propósito.
c) Tres niveles de vivir en paz, libre de dolor y con desarrollo.
d) Todas las anteriores.

P3. ¿Cuál de estas afirmaciones es verdadera?
a) La felicidad a corto y largo plazo son concurrentes y trabajan en sinergia.
b) La felicidad a corto plazo es más importante que la de largo plazo.
c) La felicidad a largo plazo es más importante que la de corto plazo.
d) La felicidad a corto plazo suele estar en contraste con la de largo plazo.

P4. ¿Para qué sirve la herramienta de la Rueda de la Felicidad?
a) Para tomar conciencia de cualquier desequilibrio entre nuestros grupos centrales de felicidad.
b) Para medir adecuadamente nuestras categorías principales de felicidad.
c) Para identificar qué categoría está afectando negativamente nuestra felicidad general.
d) Todas las anteriores.

P5. ¿Cuál es una posible razón para sentirse infeliz?
a) No crecer.
b) No aceptar las cosas cuando no son perfectas.
c) No estar abierto al cambio.
d) Todas las anteriores.

P6. ¿Cuál es el significado de la realización en la vida?
a) Una sensación de satisfacción por haber logrado ciertas tareas.
b) Una forma de ser realizado por otros en la vida.
c) Una manera de medir nuestro crecimiento personal con base en nuestro potencial reconocido.
d) Una percepción del valor propio.

P7. ¿Cuál es un elemento de la realización en la vida?
a) Un sentido de propósito que nos permite encontrar nuestras pasiones.
b) Realizar aquello para lo que sentimos que fuimos creados.
c) Perseguir metas importantes y, en última instancia, vivir vidas de felicidad auténtica.
d) Todas las anteriores.

P8. ¿Cuál es una diferencia principal entre la realización de vida y la autorrealización?
a) No hay una diferencia sustancial.
b) Que la vida solo influye parcialmente en el componente de la autorrealización.
c) Que la autorrealización es algo sobre lo que tenemos un grado sustancial de control.
d) Todas las anteriores.

P9. ¿Qué variables presenta la realización de vida?
a) Ninguna, ya que controlamos completamente nuestra vida.
b) La necesidad del tiempo y los efectos de los eventos impredecibles.
c) La variable de dejar de esperar y empezar a apreciar.
d) Todas las anteriores

P10. ¿Qué es necesario para alcanzar la autorrealización?
a) Experimentar la mayor cantidad de cosas posibles.
b) Conocerse a uno mismo lo mejor posible.
c) Saber lo que te gusta y lo que no.
d) Todas las anteriores.

P11. En el Código BEA HERO™, ¿cuál es la respuesta a "¿Cómo debes vivir el presente?"
a) Al máximo.
b) Sin remordimientos.
c) Con interés.
d) En plenitud.

P12. ¿Con qué frecuencia deberías buscar la felicidad?
a) Cuando estamos muy tristes.
b) Todos los días.
c) Cuando experimentamos el amor.
d) En ocasiones especiales.

P13. ¿Quién es dueño de la felicidad?
a) Las personas que meditan y encuentran paz.
b) Las personas con suerte que pueden comprarla.
c) Nadie, es un regalo reservado para algunos.
d) Nadie, es un regalo que todos heredamos.

1a, 2b, 3d, 4d, 5d, 6c, 7d, 8c, 9b, 10d, 11b, 12b, 13d

¿Cuál es el propósito final?
Ser feliz y sentirse realizado.

¿Y qué hay más allá?
Alcanzar la armonía con
todo lo que es.

CÓDIGO BEA HERO™

Hagamos un repaso...

CAPÍTULO 25: LOGRAR FELICIDAD Y REALIZACIÓN

La búsqueda de la felicidad
- La felicidad suele estar oculta, depende de nosotros encontrarla.
- Es un regalo desde el nacimiento, se nos da a todos.
- No te permitas olvidar la felicidad.

- La felicidad y la realización son distintas para cada persona
- ¿Qué tan importante es para ti?
- La felicidad es una medida de nuestro estado emocional.
- Existen dos tipos de felicidad:
    - Corto plazo: fácil de obtener, gratificación instantánea.
    - Largo plazo: requiere más esfuerzo y persistencia.
- La felicidad a corto y largo plazo suelen estar en contraste entre sí.
- La Rueda de la Felicidad – muestra la importancia del equilibrio.
- La Rueda de las Emociones – ayuda a clarificar lo que sentimos.
- Ejercicio para redescubrir la felicidad

REALIZACIÓN EN LA VIDA + AUTORREALIZACIÓN

- La realización en la vida es la gran satisfacción de haber logrado algo significativo.
- Está influenciada por nuestro propósito de vida.
- El tiempo y los eventos impredecibles suelen moldear nuestro destino.
- No tenemos control directo sobre la realización de vida.

- La autorrealización es aquello que sí podemos controlar en gran medida.
- Podemos elegir nuestras acciones y decidir si exploramos o no nuestros deseos.
- Cuanto mejor nos conocemos, mejor encontramos nuestra autorrealización.

26

DESPERTAR ALEGRÍA EN LOS DEMÁS

HERO

Realización Duradera

¿Cómo podemos encontrar una satisfacción personal duradera?

Responder a esta pregunta es, básicamente, **descubrir qué haría que nuestra vida sea significativa y valiosa.** Una vida en la que nos sintamos dignos, amados y parte de algo más grande que nosotros mismos. El mejor lugar para comenzar a construir una vida plena requiere que **hagamos lo que la mayoría de las personas no hace.**

¿Qué cosas no hace la mayoría de las personas?

Pensar en las necesidades de los demás en lugar de las propias, o **cambiar el enfoque de "¿qué necesito yo?" a "¿qué puedo hacer hoy por otra persona?".**
Ya sea **contribuyendo** a una buena causa, **dedicando tu tiempo** a enseñar, compartir, ayudar o ser voluntario en algo con sentido, todas esas acciones son las raíces de una vida llena de realización personal. Así que pregúntate: ¿a cuántas personas has ayudado a acercarse un paso más a sus metas sin esperar nada a cambio?

Y ya que hablamos de ayudar a los demás, **ten presente hacerlo de forma efectiva y con moderación**, ya que también necesitas cuidarte a ti mismo para poder cuidar a otros.

Alcanzar la plenitud no requiere hacer mucho ruido, piénsalo como un director de orquesta. Sin emitir ningún sonido, el director tiene en sus manos el poder y la habilidad de hacer que el sonido de los demás se vuelva poderoso.*

¿Qué es algo que puedo hacer casi sin esfuerzo?

_____
_____
_____
_____

¿Qué es algo en lo que puedo ayudar a otros durante una hora a la semana?

_____
_____
_____
_____

¡Solo empieza!

*
Zander, B. (2008). The transformative power of classical music [TED Talk].

¿Cómo nos ganamos la vida?
Por lo que recibimos.

¿Y cómo creamos una vida?
Por lo que damos.

CÓDIGO BEA HERO™

El proceso hacia una plenitud duradera

Imagina que acabas de llegar a un nuevo pueblo o ciudad. Obviamente, lo primero es establecerte: descubrir dónde está el supermercado, cómo llegar al trabajo, etc.

Una vez que eso está resuelto, y considerando que la felicidad y la plenitud son nuestros objetivos finales, esto es en lo que deberías enfocarte:

- **Rodearte de una variedad** de nuevos y **buenos amigos**
- **Establecer nuevas conexiones con personas**
- **Ampliar tu red de contactos**

Así que empieza siendo curioso sobre los demás. ¿Recuerdas que antes mencioné que hay que enfocarse en los demás en lugar de en uno mismo? De hecho, **la curiosidad es la clave para convertirte en una persona interesante.**

Involúcrate en conversaciones con el personal de las cafeterías o mercados a los que vayas, conoce a otras personas como los camareros del lugar donde cenas.

Conversa con los taxistas y los conductores de autobús, charla con la recepcionista del gimnasio, el empleado de la oficina de correos, los salvavidas en la playa, así como con **cualquier persona** con la que no resulte demasiado extraño entablar una conversación.

¿Cómo iniciar una conversación?

Comienza con un saludo amable y tu nombre, luego pregunta una opinión o señala una experiencia compartida—como estar en el mismo lugar, enfrentar una demora o ir en la misma dirección. Siempre continúa con una pregunta para mantener la conversación en marcha.

Los cumplidos también funcionan muy bien—si te gustan los zapatos de alguien, pregunta dónde los compró. Un comentario, una broma o una charla ligera también pueden abrir la puerta—solo recuerda hacer una pregunta después.

Además, presta atención—las personas suelen iniciar conversaciones contigo y tal vez no te des cuenta. A **la mayoría le encanta hablar de lo que les gusta o disgusta.** En realidad, las personas son una de las mayores fuentes de oportunidades y sabiduría—como libros abiertos.
Como dice el dicho: "No es lo que sabes, sino a quién conoces."

¿Cuál es el propósito final?
Ser feliz y estar pleno.

CÓDIGO BEA HERO™

Tu intención debe ser **escuchar genuinamente**. Haz preguntas sobre su familia, su pasión, sus luchas, su visión del mundo.

Si te preguntan por qué lo haces, simplemente responde:

"He aprendido en la vida a no perder la oportunidad de conocer y aprender de una buena persona."

De hecho, **al no entablar una conversación con los demás, te estás perdiendo de un libro abierto** gratuito. Piensa en las miles de personas con las que te has cruzado en la vida: los que se sentaron a tu lado en un avión, los que esperaban junto a ti en una tienda, los que hacían fila contigo en el supermercado.

A pesar de nuestros prejuicios basados en la apariencia, mientras todos están atrapados en su propio mundo mirando sus teléfonos, sé diferente, porque la felicidad, la plenitud y un tesoro de sabiduría pueden estar sentados a solo dos pasos de ti.

Al adoptar este comportamiento amable, estás demostrando valores, aprecio, interés y, quizás, compartiendo una buena risa.

Notarás durante la conversación que puedes tener más de una cosa en común con muchas personas: un pasatiempo, una película, un libro, una nacionalidad, una comida favorita, un lugar que ambos han visitado... etc.

A las personas les caes bien cuando tú muestras que te caen bien, y gracias a que tú abriste la conversación, has establecido la base de una posible amistad.

Haz todo lo posible por **recordar sus nombres** y termina la conversación con un **cumplido genuino, para que puedas recordar su sonrisa.**

With a genuine compliment, so you can remember their smile. I can't tell you enough how, in my experience, **opening up to people has opened up my life with immense joy** — and I sincerely wish the same for you.

Con un cumplido sincero, recordarás su sonrisa. No puedo decirte cuántas veces, en mi experiencia, **abrirme a las personas ha abierto mi vida a una alegría inmensa** — y sinceramente deseo lo mismo para ti.

No pudiste elegir a tu familia, pero sí puedes elegir tu círculo de amistades. Así que sal ahí fuera y socializa. Sal ahí fuera y aprende, y si puedes ofrecer ayuda con algo, un oído para alguien, o un abrazo cuando se necesita, las recompensas no tienen precio.

Quien encuentra un amigo fiel, encuentra un tesoro.

✡

JEWISH PROVERB

¿Cuáles son los antagonistas de la plenitud?

Según el significado que damos a los eventos, existen ciertas emociones que pueden ser perjudiciales para la felicidad y la realización personal:

- decepción
- insatisfacción
- frustración
- abandono de uno mismo
- inacción
- rendirse (darse por vencido)
- necesidades y deseos no resueltos
- enfocarse solo en los fracasos
- **no sentirse digno**
- **no sentirse lo suficientemente bueno**

En el transcurso de la vida cotidiana, todos experimentamos situaciones que provocan emociones poco satisfactorias. Así que, cuando atravesemos dificultades, apliquemos las técnicas que aprendimos antes en este libro (dominar nuestras emociones, el poder de la gratitud) **y pidamos ayuda y guía.**

Sí, simplemente pide ayuda. **No mantengas en secreto tus situaciones difíciles**. Cuando te rodeas de buenos amigos y una red amplia de **personas**, alguien que conoces —o alguien que conoce a alguien— **probablemente tendrá la capacidad de ayudarte** o de orientarte en la dirección correcta.

Cartel de Logros "Seamos Amigos"

Marca cada logro cuando lo consigas y trabaja en aumentar tu objetivo de puntos mensuales.

Ve a una clase de baile social ⨀ 2
Ve a una clase de yoga social ⨀ 2
Ve a una clase social de _____ ⨀ 2
Ve a una fiesta o reunión organizada por alguien ⨀ 3
Invita a alguien nuevo a tomar un café. ⨀ 3
Ofrécele a alguien un libro que hayas leído ⨀ 3
Invita a alguien a acompañarte a un taller ⨀ 5
Invita a alguien a una clase de _____ a la que planeabas ir ⨀ 5
Invita a alguien al cine para ver una película juntos ⨀ 5
Invita a alguien a comer y compartan una comida juntos ⨀ 5
Organiza una reunión al aire libre para una barbacoa o picnic ⨀ 7
Organiza una actividad grupal con amigos ⨀ 7
Organiza una noche de películas en casa ⨀ 10
Organiza una pequeña reunión en casa para cocinar juntos ⨀ 15
Organiza una gran reunión en casa para compartir y convivir ⨀ 20
¿Puedes llegar a tener 30 nuevos buenos amigos en un año?

- Al asistir a una actividad social, en lugar de enfocarte solo en tu propia diversión, **enfócate principalmente en los demás:** si ellos se divierten, tú también lo harás.

- Cuando ofrezcas algo a alguien, **agradece sinceramente que lo acepte.** Si se sienten abrumados o extrañados por tu amabilidad, invítalos a traer a un amigo.

- Organizar actividades es una posición especial, pero puede ser desafiante y generar nervios, así **que empieza en pequeño y ten paciencia.**

- Reuniones en casa son el lugar más íntimo y seguro donde se desarrollan grandes amistades que se sienten como una familia acogedora. **Nuestro hogar es** nuestro templo, y abrir ese espacio a otros es **una base sólida para relaciones plenas y significativas.**

Despertar la alegría en los demás

¿Cómo saber si estás trayendo alegría? **Mira a los ojos de las personas.**
¿Brillan? Si lo hacen, sabes que están alegres. Si no, entonces hazte estas preguntas:

- **¿Quién estoy** siendo yo para que sus ojos no brillen? Descúbrelo.
- ¿Qué haría que la persona frente a mí se sienta feliz, valiosa, con una sensación de crecimiento?
- ¿Qué actividad, historia, idea, viaje, experiencia, libro, canción o sorpresa haría brillar los ojos de esta persona?
-

Hazte preguntas. Recuerda lo que has aprendido en este libro: la calidad de nuestras preguntas determina la calidad de nuestra vida.

- ¿Quién soy en el momento en que cierro este libro?
- ¿Quién soy cuando salgo de casa, cuando estoy en el trabajo, cuando interactúo con otros?
- ¿Soy quien eleva?
- ¿Soy quien anima, inspira o ilumina a los demás?
- ¿Soy quien busca soluciones?
- **¿Quién soy?**

Recuerda, mientras el mundo está ocupado enfocándose en sí mismo, tú —junto a otros héroes en formación— serás el ciclón que despierte a los demás hacia lo que realmente importa.

Esto no significa que tengamos que resolver los problemas de los demás, ni asumir por completo sus responsabilidades. Así como cada persona carga con su propia cabeza y camina con sus propias piernas, cada situación —grande o pequeña— es una prueba creada para ellos, no para nosotros. **Sé el facilitador**, y permite que otros crezcan a partir de sus obstáculos al volverse más grandes que sus circunstancias.

¿Qué rol debemos ocupar?

Sé un faro de luz. Sé un espíritu de esperanza. Sé una palabra de fe. Sé un conocimiento útil que guíe. Sé la voz que cree. Sé una señal de advertencia. Sé quien trae esperanza.

Hoy tú ocupas ese rol. Mañana podrías ser tú quien necesite el apoyo de alguien más. Recuerda: cualquier desafío que se nos presenta es equivalente a la habilidad que se nos pide desarrollar para superarlo.
Todo en el universo está equilibrado, pero requiere de una semilla y trabajo para dar fruto.

No olvidemos que todos estamos conectados a nivel cuántico como una sola energía, una sola conciencia. Todos somos uno. **Y al ayudar a alguien a avanzar, se nos regala una plenitud que perdura.**

Autoestima y comparación

No confundas experiencia con habilidad

Evita sentirte inferior solo porque alguien ha vivido experiencias distintas. Cada camino es único. En lugar de compararte con los demás —que pueden parecer más capaces o talentosos—, compárate contigo mismo: ¿en qué has mejorado desde ayer? El crecimiento es un viaje personal.

Los talentos se crean, no siempre nacen

Si aprendes lento, compénsalo leyendo más, escuchando más y practicando con constancia.
Muchas habilidades no vienen del talento innato, sino de la persistencia y el esfuerzo deliberado.

Dar como medida del Éxito

Llegará un día en el que tendrás la capacidad de dar más allá de tus propias necesidades y las de tu familia.
Cuando ese momento llegue, comprométete a levantar a otros: personas con menos habilidades, menos oportunidades o menos claridad. Ofréceles mejor educación, dirección y motivación.
Como héroe en formación, espero que compartas tu nueva sabiduría y descubrimientos con el mundo.

Los desafíos que enfrentan aquellos que han quedado atrás —la pobreza, el analfabetismo, las enfermedades— eventualmente impactarán a toda la sociedad.
Los millones de personas que dependen de ayudas sociales, los analfabetos y quienes sufren enfermedades devastadoras ya están poniendo a prueba nuestros recursos.
Sin esfuerzos proactivos, el declive social es inminente.

Revertir el declive

Nuestra generación podría enfrentar un nivel de vida más bajo que cualquier otra anterior.
Para revertir esta tendencia, adopta una mentalidad de servicio:

"Puedes tener en la vida todo lo que quieras, si ayudas a suficientes personas a conseguir lo que ellas quieren." — Zig Ziglar

Explorar el mundo interior y exterior

Ten siempre presente esto: aunque existe un mundo infinito allá afuera para conectar, hay un universo aún mayor dentro de ti — tu mundo interior.
Mientras la mayoría se enfoca únicamente en lo externo, el verdadero equilibrio y la plenitud surgen cuando dedicas tiempo a meditar y explorar la inmensidad de tu ser interior.

Conclusión: el corazón de la felicidad y la realización

Con toda sinceridad, hasta que no te enfoques en brindar alegría a los demás y en fomentar un ambiente de unión, no esperes experimentar verdadera felicidad y realización, porque simplemente no la encontrarás.

En el fondo, debes comprender que **la mayor felicidad y la más profunda realización de la vida provienen de las personas que nos rodean**: nuestro círculo de amigos y familia. No se trata del tamaño del círculo, sino de la calidad de las conexiones dentro de él.

Ellos son quienes traen risas a nuestras vidas, nos apoyan en los momentos difíciles y celebran nuestras victorias como si fueran propias.

La verdadera plenitud se encuentra en los momentos compartidos con quienes nos inspiran, nos elevan y nos recuerdan **la alegría de simplemente estar juntos**.

Está en los amigos sabios que nos guían con su experiencia, en los divertidos que nos hacen reír hasta que nos duela el abdomen, y en la familia querida que nos sostiene con un amor incondicional.

Los lazos que construimos a través de **conversaciones significativas, aventuras compartidas y tiempo de calidad crean recuerdos que duran toda la vida.**

"¿Recuerdas los buenos viejos tiempos?" —Esos momentos se convierten en la base de una vida bien vivida: una vida llena de historias de alegría, amor y unión que trascienden lo cotidiano.

Así que **cuida tus relaciones, invierte tu tiempo en las personas que realmente importan,** y abre tu corazón a quienes traen luz a tu vida. Amplía ese círculo cuando sea necesario.

Porque es en ese círculo de conexión, cuidado y camaradería donde encontrarás la verdadera esencia de la felicidad y la realización —**hoy, mañana y siempre.**

Lo que importa es la interpretación, no la canción.

CELINE DION

26° Cuestionario del Hito

P1. ¿Cuál es una de las mejores formas de encontrar realización duradera?
a) Enfocándonos en nosotros mismos.
b) Evitando la gratificación instantánea tanto como sea posible.
c) Convirtiéndonos en una persona atractiva.
d) Enfocándonos en los demás.

P2. ¿Qué podrías hacer para crear una realización duradera?
a) Convertirte en comediante y ver lo positivo en todo.
b) Evitar los desafíos para no decepcionarte.
c) Rodearte de buenos amigos y crear nuevas conexiones con personas.
d) Hacer todo con moderación.

P3. En el CÓDIGO BEA HERO™, la respuesta a "¿Cómo deberías dejar el presente?" es:
a) Al máximo.
b) Sin arrepentimientos.
c) Con interés.
d) En su plenitud.

P4. ¿Qué acciones podrían ir en contra de la realización personal?
a) La decepción.
b) El descuido.
c) No actuar.
d) Todas las anteriores.

P5. ¿Cuál es una posible razón para sentirse infeliz?
a) No crecer.
b) No aceptar las cosas cuando no son perfectas.
c) No estar abierto al cambio.
d) Todas las anteriores.

P6. ¿Cuál es el significado de la realización en la vida?
a) Una sensación de satisfacción al haber logrado ciertas tareas.
b) Una forma de ser realizado a través de otros en la vida.
c) Una manera de medir nuestro crecimiento personal basado en nuestro potencial reconocido.
d) Una percepción de autoestima.

P7. ¿Qué es un elemento de realización en la vida?
a) Un sentido de propósito que nos permite encontrar nuestras pasiones.
b) Realizar aquello para lo que sentimos que fuimos creados.
c) Perseguir metas importantes y, en última instancia, vivir una vida de felicidad auténtica.
d) Todas las anteriores.

P8. ¿Qué se describe como la clave para convertirse en una persona interesante?
a) Ser curioso acerca de los demás.
b) Compartir tus logros.
c) Mantenerte reservado.
d) Conocer todas las últimas tendencias.

P9. ¿Cuál es una buena forma de iniciar una conversación con alguien?
a) Ignorarlo hasta que te hable.
b) Hacer una pregunta o compartir una observación.
c) Hablar extensamente sobre ti mismo.
d) Esperar a que se vaya y luego enviarle un mensaje.

P10. ¿Cuál es un buen ejemplo de respuesta cuando te preguntan por qué estás haciendo preguntas?
a) "Estoy aburrido y matando el tiempo."
b) "Creo que cada persona que conozco tiene algo valioso que enseñarme."
c) "No es asunto tuyo."
d) "Solo tengo curiosidad por ti y tu vida."

P11. ¿Cuál es una forma efectiva de recordar a alguien después de una conversación?
a) Olvidar su nombre pero recordar su cara.
b) Terminar con un cumplido genuino para recordar su sonrisa.
c) Tomarle una foto.
d) Guardar su número de teléfono de inmediato.

P12. ¿Qué implica la frase "las personas son como un libro abierto"?
a) Todos son fáciles de entender.
b) Las personas llevan consigo historias, experiencias y sabiduría valiosas.
c) Puedes leer los pensamientos de las personas si te esfuerzas.
d) Las personas son predecibles y simples.

P13. ¿Cuál es una de las mayores recompensas de ayudar a otros o abrirte a ellos?
a) Obtener beneficios económicos.
b) Crear alegría, conexiones y amistades duraderas.
c) Hacerse famoso por tu amabilidad.
d) Evitar tus propios problemas enfocándote en los demás.

P14. ¿Qué determina la calidad de nuestra vida, según el texto?
a) Las personas que conocemos.
b) La calidad de las preguntas que hacemos.
c) La cantidad de alegría que damos a otros.
d) Con qué frecuencia meditamos.

P15. ¿Por qué deberías evitar compararte con los demás?
a) Porque los demás siempre tienen menos habilidades.
b) Porque cada camino es único, y el crecimiento es personal.
c) Porque compararse es señal de debilidad.
d) Porque no importa lo que hagan los demás.

P16. ¿Por qué es importante explorar el mundo interior?
a) Ayuda a evitar responsabilidades sociales.
b) Te conecta con un universo infinito dentro de ti.
c) Es la única forma de lograr riqueza personal.
d) Evita que los desafíos externos te afecten.

1d, 2c, 3d, 4d, 5d, 6a, 7d, 8a, 9b, 10b, 11b, 12b, 13b, 14b, 15b, 16b

¿Qué es posible?
Vivir una vida extraordinaria.

CÓDIGO BEA HERO™

Hagamos un repaso...

CAPÍTULO 26: DESPERTAR ALEGRÍA EN LOS DEMÁS

PLENITUD DURADERA
- ¿Cómo lograrla?
  - Enfócate en las necesidades de los demás en lugar de solo en las tuyas
  - Enseña, comparte, contribuye, ayuda, haz voluntariado en una buena causa
  - Crea algo con significado
  - Ayuda con moderación, sin agotarte

- ¿Cuál es el proceso?
  - Rodéate de una variedad de buenos amigos
  - Crea nuevas conexiones
  - Expande tu red

- La curiosidad es la clave para volverse interesante
  - Habla con cualquiera
  - Las personas hablan sobre lo que aman y lo que odian
  - Nunca pierdas la oportunidad de conocer y aprender de una buena persona
  - A las personas les gustas cuando tú muestras que ellos te gustan

- "Quien encuentra un amigo fiel, encuentra un tesoro"

- Cuidado con los antagonistas de la plenitud:
  - Decepción, insatisfacción, abandono personal, baja autoestima, no sentirse suficiente...
- ¡Cuando lo necesites, pide ayuda!
- No mantengas tus desafíos en secreto.
- Siempre hay alguien con la capacidad de ayudarte.

- "Seamos Amigos" – Cartel de Logros

EVOCAR ALEGRÍA EN LOS DEMÁS

- Los ojos de las personas brillan cuando experimentan verdadera alegría
- Si los ojos de los demás no brillan a través de tus acciones, pregúntate por qué
- ¿Quién soy en el trabajo? ¿Quién soy al cerrar este libro?
- ¿Estoy inspirando a otros? ¿Soy quien eleva? ¿Soy quien trae soluciones?

- Brindar alegría a alguien no significa resolver sus problemas
- Sé el facilitador y el apoyo
- Deja que las personas crezcan enfrentando sus propios desafíos
- Enseña a pescar, no pesques por ellos
- AYUDAR A OTROS A AVANZAR ES EL REGALO DE LA PLENITUD EN LA VIDA

27

EL VIAJE DEL HÉROE HACIA ADELANTE

Al llegar al final de este libro, **quiero tomar un momento para decirte lo orgulloso que estoy de ti.** Completar esta parte de tu viaje como Héroe no es tarea fácil, y es una prueba de tu compromiso por convertirte en la mejor versión de ti mismo. ¡Felicidades por haber llegado tan lejos! Ahora **estás listo para avanzar en la vida, con poder e inspiración renovados.**

Tu viaje como Héroe está lejos de haber terminado. Cuando termines este libro, no lo dejes acumular polvo. **Comparte lo que has aprendido con los demás, despertando en ellos las posibilidades, tal como tú has despertado las tuyas.** Los héroes no son seres solitarios; estamos conectados por una misión compartida: inspirar y elevar a los demás.

En mi ciudad, los Héroes en formación organizamos actividades grupales y encuentros, creando una comunidad vibrante de personas apasionadas.

Me encantaría que **hicieras lo mismo en tu ciudad o pueblo.** Abraza el poder de pertenecer a una comunidad que vive del apoyo mutuo, el ánimo y la alegría compartida.

Muchos de mis compañeros Héroes se han convertido en algo más que amigos: son mi familia elegida. **Juntos, nos impulsamos y creamos algo verdaderamente extraordinario.**

Para seguir apoyando tu camino, te invito a visitar **nuestro sitio web oficial: <u>www.beahero.world</u>.** Allí encontrarás un verdadero tesoro de recursos gratuitos para impulsar tu crecimiento e inspiración.

También descubrirás nuestra colección oficial de productos—una línea que no es solo indumentaria, sino un símbolo de nuestro compromiso con el camino del Héroe.

El equipo del Héroe es exclusivo para quienes han tomado la decisión consciente de hacer el Juramento del Héroe, y para los niños cuyos corazones ya laten con el poder infinito de lo que están destinados a ser.

Además, cuando te encuentres con otro Héroe, practiquen juntos las preguntas y respuestas memorizadas del CÓDIGO BEA HERO™. He creado este código para instalar profundamente en nuestro subconsciente las victorias sanas del viaje del Héroe.

Y por último, quiero recordarte que BEA HERO™ ahora eres tú. Tú eres la visión, la comunidad, la gota poderosa en el océano de energía HERO.

Comparte, aprende y conecta para ayudarnos a crecer. Visualicemos juntos a millones de personas en todo el mundo movidas por esta causa. ¡TÚ!

Un Honor Especial para los Héroes

La insignia BEA HERO™ es más que un símbolo. Es un voto silencioso — un susurro de coraje, crecimiento y ese llamado inquebrantable a levantarte, incluso cuando el mundo te dice que te arrodilles.

Este emblema no se regala, se gana — a través del fuego de la reflexión, con los primeros pasos en este viaje sagrado, y con el momento en que tomas el Juramento del Héroe con el corazón abierto.

Nuestra mercancía del Héroe no trata de apariencia, sino de recordatorio silencioso — una insignia para quienes han enfrentado sus propias sombras y se han atrevido a avanzar de todos modos. Esta exclusividad no busca separar, sino honrar.

Es para asegurar que quien lleve esta insignia cargue su peso, no como decoración, sino como devoción. Dice: "Elegí el camino. Lo recorro cada día." Eres un Héroe en formación — no porque seas perfecto, sino porque sigues adelante, porque te importa, porque te atreves a inspirar.

Para despertar verdaderamente este poder interior, **practica el CÓDIGO BEA HERO™**. Deja que se ancle en tu subconsciente, día tras día, como el agua que moldea la piedra. Estas líneas sagradas no son simples palabras, sino códigos sabios — diseñados para ayudarte a conquistarte a ti mismo, recuperar tu fuerza, y encarnar lo que siempre estuviste destinado a ser, mientras te diviertes en el proceso.

Y un día lo entenderás: ya no necesitarás un símbolo. Ni un logo. Ni un título. Porque el poder nunca estuvo en lo que llevabas puesto, sino en quién te estabas convirtiendo.
 La insignia se desvanece. Pero la verdad de tu corazón, el fuego de tu causa, y la sabiduría que transmites, eso es eterno.

Así que sigue adelante. Sigue creciendo. Sigue dando. Y cuando llegue el momento, sé tú quien ilumine el camino para otros, en silencio, con firmeza, con amor.

Sobre el Autor

Alessio Favaretto es piloto internacional de aerolínea, autor y fundador de BEA HERO™, un movimiento dedicado a desbloquear el potencial humano a través del propósito, la resiliencia y la acción consciente.

Nacido en Roma y criado entre África y el norte de Italia, Alessio descubrió su pasión por la aviación desde temprana edad. A los diecinueve años, ya había obtenido sus licencias de piloto y se graduó como técnico aeronáutico.

Más adelante se mudó a Australia, donde se convirtió en un instructor de vuelo reconocido y realizó estudios de posgrado en Factores Humanos en la Universidad de Swinburne.

Habiendo volado junto a más de mil pilotos en diversas aerolíneas internacionales y guiado a cientos de estudiantes, la carrera de Alessio ha sido una profunda exploración del liderazgo, la conexión humana y el crecimiento personal. En respuesta a la crisis financiera de 2008, amplió su trayectoria hacia el sector inmobiliario, el contenido digital y el coaching—sentando así las bases de BEA HERO™.

Actualmente reside en América del Norte y, tras haber visitado casi todos los continentes, Alessio continúa inspirando a otros a superar sus limitaciones y vivir como una fuerza para el bien.

WWW.BEAHERO.WORLD

Nuestra Comunidad

www.ingramcontent.com/pod-product-compliance
Lightning Source LLC
Chambersburg PA
CBHW061129120626
46546CB00005B/1713